Gestión auxiliar de personal

Alicia Jiménez García

ic editorial

Gestión auxiliar de personal
© Alicia Jiménez García

1ª Edición

© IC Editorial, 2025

Editado por: IC Editorial
c/ Cueva de Viera, 2, Local 3
Centro Negocios CADI
29200 Antequera (Málaga)
Teléfono: 952 70 60 04
Fax: 952 84 55 03
Correo electrónico: iceditorial@iceditorial.com
Internet: www.iceditorial.com

ISBN: 978-84-1184-963-0
Depósito Legal: MA 1148-2025

Impresión: PODiPrint
Impreso en Andalucía – España

Nota de la editorial: IC Editorial pertenece a Innovación y Cualificación S. L.

Presentación del manual

El **Certificado de Profesionalidad** es el instrumento de acreditación, en el ámbito de la Administración laboral, de las cualificaciones profesionales del Catálogo Nacional de Cualificaciones Profesionales adquiridas a través de procesos formativos o del proceso de reconocimiento de la experiencia laboral y de vías no formales de formación.

El elemento mínimo acreditable es la **Unidad de Competencia.** La suma de las acreditaciones de las unidades de competencia conforma la acreditación de la competencia general.

Una **Unidad de Competencia** se define como una agrupación de tareas productivas específica que realiza el profesional. Las diferentes unidades de competencia de un certificado de profesionalidad conforman la **Competencia General,** definiendo el conjunto de conocimientos y capacidades que permiten el ejercicio de una actividad profesional determinada.

Cada **Unidad de Competencia** lleva asociado un **Módulo Formativo,** donde se describe la formación necesaria para adquirir esa **Unidad de Competencia,** pudiendo dividirse en **Unidades Formativas.**

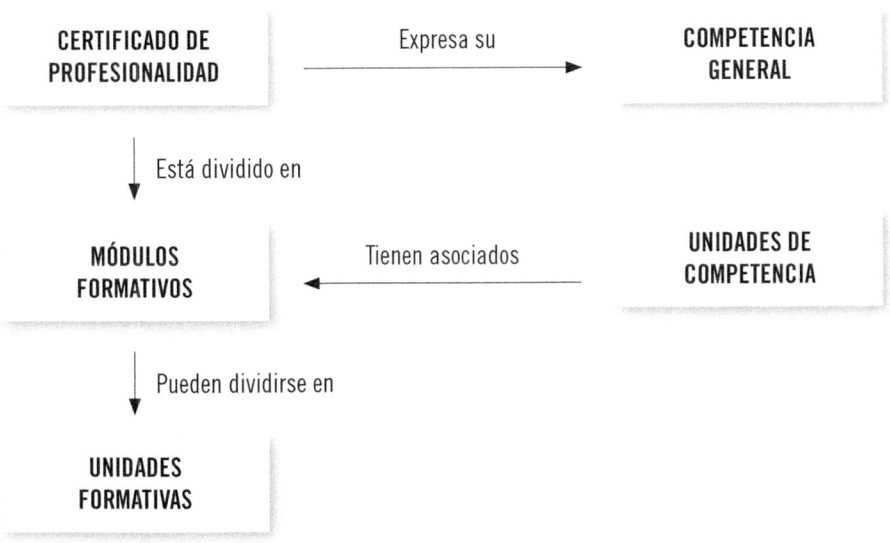

El presente manual desarrolla el Módulo Formativo **MF0980_2: Gestión auxiliar de personal,**

asociado a la unidad de competencia **UC0980_2: Efectuar las actividades de apoyo administrativo de Recursos Humanos,**

del Certificado de Profesionalidad **Asistencia documental y de gestión en despachos y oficinas.**

| MF0980_2
**GESTIÓN AUXILIAR
DE PERSONAL** | Tiene
asociado el
◄———— | **UNIDAD DE COMPETENCIA
UC0980_2**
Efectuar las actividades de
apoyo administrativo de
Recursos Humanos |

FICHA DE CERTIFICADO DE PROFESIONALIDAD

(ADGG0308) ASISTENCIA DOCUMENTAL Y DE GESTIÓN EN DESPACHOS Y OFICINAS (R. D. 645/2011, de 9 de mayo)

COMPETENCIA GENERAL: Asistir a la gestión de despachos y oficinas profesionales, y/o departamentos de Recursos Humanos, de forma proactiva, organizando y apoyando la gestión administrativa y documental del mismo, y realizando las gestiones de comunicación internas y externas, la preparación y presentación de expedientes y documentos jurídicos propios ante las Administraciones Públicas, así como el mantenimiento del archivo, según los objetivos marcados, respetando los procedimientos internos y las normas legales establecidas.

Cualificación profesional de referencia		Unidades de competencia	Ocupaciones o puestos de trabajo relacionados:
ADG310_3 ASISTENCIA DOCUMENTAL Y DE GESTIÓN EN DESPACHOS Y OFICINAS (R. D. 107/2008, de 1 de febrero)	UC0982_3	Administrar y gestionar con autonomía las comunicaciones de la dirección	• 3613.1039 Técnicos/as administrativos/as, en general • 3613.1020 Secretarios/as, en general • 3613.1020 Asistentes de despachos y oficinas • 4223.1017 Empleados/as administrativo servicios de personal • 4223.1017 Secretarias/os en departamentos de Recursos Humanos • 3612.1018 Asistentes jurídico-legales
	UC0986_3	Elaborar documentación y presentaciones profesionales en distintos formatos	
	UC0987_3	Administrar los sistemas de información y archivo en soporte convencional e informático	
	UC0988_3	Preparar y presentar expedientes y documentación jurídica y empresarial ante Organismos y Administraciones Públicas	
	UC0980_2	Efectuar las actividades de apoyo administrativo de Recursos Humanos	
	UC0979_2	Realizar las gestiones administrativas de tesorería	

Correspondencia con el Catálogo Modular de Formación Profesional

Módulos certificado	Unidades formativas	Horas
MF0982_3: Administración y gestión de las comunicaciones de la dirección		80
MF0986_3: Elaboración, tratamiento y presentación de documentos de trabajo	UF0327: Recopilación y tratamiento de la información con procesadores de texto	60
	UF0328: Organización y operaciones con hojas de cálculo y técnicas de representación gráfica de documentos	40
	UF0329: Elaboración y edición de presentaciones con aplicaciones informáticas	40
MF0987_3: Gestión de sistemas de información y archivo	UF0347: Sistemas de archivo y clasificación de documentos	30
	UF0348: Utilización de las bases de datos relacionales en el sistema de gestión y almacenamiento de datos	90
MF0988_3: Gestión de documentación jurídica y empresarial	UF0522: Marco organizativo y normativo de las Administraciones Públicas y de la Unión Europea	70
	UF0523: Gestión de la documentación de constitución y de contratación de la empresa	80
MF0980_2: Gestión auxiliar de personal		90
MF0979_2: Gestión operativa de tesorería		90
MP0113: Prácticas profesionales no laborales		80

Esta edición de Gestión auxiliar del personal se encuentra actualizada a enero de 2025, quedando por tanto excluidas las posteriores modificaciones que se introduzcan en las materias abordadas en este manual.

Índice

Capítulo 1
Normativa laboral y de organización de las relaciones laborales de la empresa

Contenido

1. Introducción

En el presente capítulo se van a analizar y conocer las fuentes del Derecho Laboral que se clasifican según su origen.

Así pues, se empezará estudiando las normas laborales externas procedentes de la Unión Europea y de la Organización Internacional del Trabajo.

Seguidamente se examinará, como norma interna más importante que regula la relación laboral, la Constitución Española.

También se estudiarán, como normas con un rango inferior a la Constitución pero que también regulan las relaciones de trabajo, el Estatuto de los Trabajadores, la Ley de la Seguridad Social, los convenios colectivos y por último, los contratos de trabajo.

2. La normativa laboral

Las relaciones laborales necesitan de una regulación para su control, ya que parten de una situación de desigualad del personal frente al empresario. De dicha necesidad nace el Derecho Laboral, cuya función básica es la ordenación de los derechos y obligaciones que emanan de la relación laboral entre personal y empresa.

Las fuentes del Derecho Laboral, tal como se estudiarán en este apartado, se clasifican según su origen en:

- **Normas laborales externas:** son normas aplicables a todo el territorio nacional en virtud de su pertenencia a la Unión Europea y a la OIT (Organización Internacional del Trabajo).

Dentro de las normas laborales externas, se encuentran:

  - **Reglamentos y directivas comunitarias de la Unión Europea:** son normas que se aplican a todo el territorio europeo, es decir, a todos los estados miembros de la Unión Europea y que deben incorporarse con carácter obligatorio a la legislación de cada uno de ellos.

Logotipo de la Unión Europea

- **Convenios de la Organización Internacional del Trabajo:** son convenios que elabora la OIT y que forman parte del ordenamiento jurídico de los países que lo ratifican.

Si un país perteneciente a la OIT no ratifica un convenio, este no tiene que contemplarlo en su ordenamiento jurídico.

Logotipo de la Organización Internacional del Trabajo

- **Normas laborales internas:** son aquellas normas laborales presentes en el ordenamiento jurídico español, que abarca desde la propia Constitución Española hasta los reglamentos sobre materia laboral.

Dentro de las normas laborales internas, se encuentran:

- **Constitución Española:** regula los derechos básicos de los trabajadores y las trabajadoras, y de los empresarios y las empresarias.
- **Leyes orgánicas:** regula los derechos fundamentales y las libertades públicas. En este sentido destaca la Ley Orgánica de Libertad Sindical.

▪ **Leyes ordinarias:** son leyes que se aprueban en las Cortes Generales y que no poseen carácter orgánico. Las más importantes son Estatuto de los Trabajadores, Ley General de la Seguridad Social, Ley reguladora de la jurisdicción social y la Ley de Prevención de Riesgos Laborales.

▪ **Normas con rango de ley:** dictadas por el Gobierno, son normas que regulan partes específicas de la normativa laboral.

▪ **Reglamentos laborales:** elaboradas por el gobierno tienen como principal función desarrollar leyes existentes para su posterior aplicación.

■ **Normas profesionales:** son materias utilizadas en las actividades del ámbito laboral. Entre ellas están:

▪ **Convenios colectivos:** son acuerdos entre la plantilla y la empresa que afectan a todos aquellos incluidos en su ámbito de aplicación.

▪ **Contratos de trabajo:** recogido por el Estatuto de los Trabajadores como fuente del Derecho Laboral, ponen de manifiesto la voluntad de las partes.

▪ **Usos y costumbres laborales:** corresponden a hábitos profesionales de aplicación en una determinada empresa.

Para una correcta aplicación de las normas laborales, deberá atender a una jerarquía de las normas y a la aplicación de una serie de principios.

En relación a la jerarquía normativa, se establece que una norma de categoría inferior no puede quebrantar lo dispuesto por la norma de categoría superior. Así pues, se establece el siguiente orden:

Jerarquía de las normas laborales
Reglamentos comunitarios (OIT y UE)
Constitución Española
Convenios de la OIT ratificados por el Estado español
Leyes orgánicas
Leyes ordinarias
Normas con rango ley
Reglamentos laborales
Convenios colectivos
Contrato de trabajo
Costumbre y uso laboral

Y en cuanto a los principios de aplicación, se deberá atender a los siguientes:

- **Principio pro operario:** cuando una norma permita varias interpretaciones se aplicará la que sea más favorable para la persona trabajadora.
- **Principio de la norma más favorable:** si a una relación laboral se le pueden aplicar varias normas, se escogerá la más beneficiosa para la persona trabajadora.
- **Principio de norma mínima:** las normas de rango inferior deben respetar los contenidos mínimos que establecen las de rango superior.
- **Principio de irrenunciabilidad de derechos:** las personas trabajadoras no podrán renunciar a ningún derecho que establezca la ley o convenio colectivo vigente en su ámbito de aplicación.

 Aplicación práctica

La Organización Internacional del Trabajo firma un convenio cuyo contenido es la mejora de las condiciones salariales para los trabajadores y las trabajadoras con estudios universitarios.

Además, España, aprueba en las Cortes Generales una ley que congela las mejoras salariales para las personas trabajadoras con estudios universitarios y mejora la de aquellos que no tengan estudios universitarios.

¿Qué debes hacer, como empresaria, ante la demanda de una trabajadora con estudios universitarios con el salario congelado?

SOLUCIÓN

Si el gobierno ratifica el convenio elaborado por la OIT, se debe mejorar las condiciones salariales de la trabajadora ya que posee estudios universitarios.

Si el gobierno no ratifica el convenio elaborado por la OIT, no está en la obligación de mejorar las condiciones salariales de la trabajadora universitaria.

3. Normas laborales constitucionales

La Constitución Española de 1978 es la norma más importante del ordenamiento jurídico español y aunque no todo su contenido es laboral, sí aborda los puntos más importantes de una relación de trabajo.

La Constitución contempla las garantías, protección y libertades que tienen los individuos dentro del territorio nacional, y en el ámbito laboral regula los derechos de la plantilla y la empresa, y la responsabilidad de la Administración del Estado. De forma que en su artículo 7 se encomienda lo siguiente:

Los sindicatos de trabajadores y las asociaciones empresariales contribuyen a la defensa y promoción de los intereses económicos y sociales que les son propios. Su creación y el ejercicio de su actividad son libres dentro del respeto a la Constitución y a la ley. Su estructura interna y funcionamiento deberán ser democráticos.

El contenido laboral de la Constitución Española de 1978 se localiza en el Título I. De los derechos y deberes fundamentales y más concretamente en:

- Capítulo II de Derechos y libertades, recoge los siguientes derechos:

  - Derecho a la libertad sindical y a la huelga (art. 28).
  - Derecho al trabajo (art. 35).
  - Derecho a la negociación colectiva y a la aplicación de medidas de conflicto colectivo (art. 37).
  - Derecho a la libertad de empresa (art. 38).

- Capítulo III de los Principios Rectores de la Política Social y Económica, establece que los poderes públicos están obligados a:

  - Llevar a cabo una política orientada al pleno empleo, fomentar la formación profesional, velar por la seguridad en el trabajo y garantizar el descanso necesario (art. 40).
  - Mantener un régimen público de seguridad social (art. 41).

4. Estatuto de los Trabajadores

El Estatuto de los Trabajadores se encuentra regulado por el Real Decreto Legislativo 2/2015 y se define como la norma principal que rige los derechos y obligaciones de los trabajadores y las trabajadoras en el territorio español.

El ET consta de 92 artículos, repartidos en 9 Capítulos y 22 secciones y 3 Títulos, que regula la relación laboral individual y colectiva en un sentido amplio, siendo su estructura la siguiente:

Título I	Título II	Título III
Relación individual del trabajo:	Representación colectiva y reunión de los trabajadores:	De la negociación y Convenios colectivos:
- Derechos y deberes básicos.		
- El contrato de trabajo.	- Derecho de representación	- Procedimiento.
- Tiempo de trabajo.	colectiva.	- Disposiciones generales.
- El salario.	- Derecho de reunión.	
- Faltas y sanciones.		

De todas ellas, por su importancia se va a hacer referencia, a continuación, a los derechos y deberes laborales generales y la representación colectiva.

4.1. Derechos y deberes laborales

Como resultado de la aplicación del Estatuto de los Trabajadores a una relación laboral, se derivan para la persona trabajadora una serie de derechos y deberes. En el caso de los deberes, estos son de obligado cumplimiento para la persona trabajadora, en caso contrario podría enfrentarse a un despido o cualquier acción legal. En cuanto a los derechos, el trabajador y la trabajadora están amparados legalmente para que en el caso de falta de alguno de ellos, pueda denunciarlo ante las autoridades correspondientes.

Los derechos básicos están recogidos en el Título I, y son:

- Trabajo y libre elección de profesión u oficio.
- Libre sindicación.
- Negociación colectiva.
- Adopción de medidas de conflicto colectivo.
- Huelga.
- Reunión.
- Información, consulta y participación en la empresa.

En la relación de trabajo, los derechos son:

- A la ocupación efectiva.
- A la promoción y formación profesional en el trabajo, así como al desarrollo de planes y acciones formativas tendentes a favorecer su mayor empleabilidad.
- A no ser discriminados directa o indirectamente para el empleo, o una vez empleados, por razones de sexo, estado civil, edad dentro de los límites marcados por esta ley, origen racial o étnico, condición social, religión o convicciones, ideas políticas, orientación sexual, afiliación o no a un sindicato, así como por razón de lengua, dentro del Estado español. Tampoco podrán ser discriminados por razón de discapacidad, siempre que se hallasen en condiciones de aptitud para desempeñar el trabajo o empleo de que se trate.
- A su integridad física y a una adecuada política de prevención de riesgos laborales.
- Al respeto de su intimidad y a la consideración debida a su dignidad, comprendida la protección frente al acoso por razón de origen racial o étnico, religión o convicciones, discapacidad, edad u orientación sexual, y frente al acoso sexual y al acoso por razón de sexo.
- A la percepción puntual de la remuneración pactada o legalmente establecida.
- Al ejercicio individual de las acciones derivadas de su contrato de trabajo.
- A cuantos otros se deriven específicamente del contrato de trabajo.

En cuanto a los deberes básicos que el personal debe cumplir, están:

- Cumplir con las obligaciones concretas de su puesto de trabajo, de conformidad a las reglas de la buena fe y diligencia.
- Observar las medidas de seguridad que se adopten.
- Cumplir las órdenes e instrucciones del empresario en el ejercicio regular de sus facultades directivas.
- No realizar la misma actividad para más de una empresa, cuando se produzca concurrencia desleal.
- Contribuir a la mejora de la productividad.
- Aquellos que se deriven del contrato de trabajo.

4.2. Representación colectiva

El personal tiene derecho a participar en la empresa a través de los órganos de representación, que podrá ser a través de una representación unitaria, así como una representación sindical.

La representación unitaria de una empresa se lleva a cabo a través de los delegados de personal y el comité de empresa.

Mientras que la representación sindical en una empresa se produce a través de las secciones sindicales y los delegados sindicales.

Este apartado se va a centrar en la representación unitaria.

Tal como se ha citado antes, los órganos que pertenecen a la representación unitaria son los **delegados de personal** y los **comités de empresa.** Para la determinación de estos se tendrá en cuenta el número de trabajadores/as en la empresa, y dependiendo de la dimensión de la misma, podrá existir también el comité intercentro.

Los **delegados de personal** están considerados como órganos individuales que ejercen de común acuerdo ante el empresario, la representación para la que fueron elegidos. Estos delegados solo podrán ser elegidos en aquellas empresas o centro de trabajo que cuenten con un número de trabajadores/as comprendido entre 10 y 50. Excepcionalmente, el ET establece que las empresas o centros que posean entre 6 y 10 trabajadores/as, podrán contar con un delegado de personal si la decisión ha sido adoptada entre la plantilla por mayoría. La elección de estos órganos se realizará por sufragio libre, personal, secreto y directo. El número de delegados que corresponden según el número de trabajadores/as es el siguiente: hasta 30, un delegado, de 31 a 49, tres delegados.

Los **comités de empresa** están considerados como órganos de representación colegiados, cuyas actuaciones van encaminadas a defender los intereses de las personas trabajadoras en la empresa o centro de trabajo. Estos se crean en aquellas empresas cuya plantilla sea superior a 50.

Existen también los denominados **comités de empresa conjunto,** los cuales se podrán crear en aquellas empresas que posean en una misma provincia dos o más centros de trabajo, cuyo número de trabajadores/as contados de forma individual es inferior a 50, pero de forma conjunta es superior a dicha cantidad.

Asimismo, el **comité intercentro** es aquel que se constituye conforme al convenio colectivo vigente, cuando en una misma empresa existan con anterioridad, varios comités de centro. Este contará como máximo con 13 miembros, y sus competencias son las otorgadas por dicho convenio colectivo.

El **número de miembros** que pueden tener el comité de empresa, va en proporción al número de trabajadores/as que posea la empresa, tal como se muestra en la siguiente escala:

Nº DE TRABAJADORES/AS	Nº DE MIEMBROS
De 50 a 100	5
De 101 a 250	9
De 251 a 500	13
De 501 a 750	17
De 751 a 1.000	21
Más de 1.000	2, por cada 1.000 trabajadores/as o fracción, con el límite de 75.

Tanto los delegados de personal como los distintos comités de empresa cuentan con iguales competencias y poseen garantías específicas para ejercer sus funciones.

El mandato de los delegados de personal y de los miembros del comité de empresa tiene una duración de 4 años. Sin embargo, la duración de este puede ser inferior cuando exista cese de la persona trabajadora ocasionado por cualquier causa, cuando se haya producido la sustitución del mismo; o cuando se hayan celebrado elecciones parciales a causa de la reestructuración del número de representantes por aumento de la plantilla en la empresa.

Una vez llegado el final del periodo de duración del mandato, este se entenderá prorrogado automáticamente, si no se organizan nuevas elecciones.

Los representantes de las personas trabajadoras tienen las facultades de:

- Convocar y presidir asambleas.
- Llevar a cabo acciones judiciales y administrativas relacionadas con sus competencias, cuando la decisión haya sido adoptada por la mayoría de los miembros de los órganos de representación.
- Proponer un conflicto colectivo, cuando el mismo se produzca, únicamente, en el ámbito de la empresa o del centro de trabajo.
- Realizar la declaración de huelga, por acuerdo adoptado de forma mayoritaria entre los miembros de los órganos de representación.

 Aplicación práctica

Fornitur S. L. cuenta con una plantilla de 1.000 personas, ¿cuántos representantes de las personas trabajadoras habrá?, ¿y si fueran 3.500?

Continúa en página siguiente >>

<< Viene de página anterior

SOLUCIÓN

Si su empresa tiene 1.000 habrá 21 representantes, sin embargo con 3.500 la empresa contará con 27. (De 1.000 a 3.500 existe una diferencia de 2.500 trabajadores/as, si 1.000 obtienen 21 representantes, se van sumando dos por cada 1.000 trabajadores/as o fracción; por lo tanto, esos 2.500 suman 6).

5. Ley General de la Seguridad Social

La Seguridad Social se puede definir como el conjunto de medidas tomadas por el Estado cuyo propósito es la protección, ayuda, prevención y el remedio ante acontecimientos de riesgos, desamparo o siniestro de los ciudadanos.

La regulación de la Seguridad Social se lleva a cabo por la Ley General de la Seguridad Social cuyo texto refundido es aprobado por el Real Decreto Legislativo 8/2015. Esta norma regula las relaciones del personal y la empresa con la Seguridad Social y las prestaciones sociales a las que las personas trabajadoras tienen derecho, siendo su estructura la siguiente:

Título I Normas generales del sistema de Seguridad Social:	Título II Régimen general de la Seguridad Social:	Título III Protección por desempleo:
- Campo de aplicación y estructura del sistema de la S.S. - Afiliación, cotización y recaudación. - Acción protectora. - Gestión de la Seguridad Social. - Colaboración en la gestión de la S.S. - Régimen económico. - Procedimiento y notificaciones en materia de S.S.	- Campo de aplicación. - Inscripción de la empresa y normas sobre afiliación, cotización y recaudación. - Aspectos comunes de la acción protectora. - Prestaciones de la S.S. y normas generales.	- Normas generales. - Nivel contributivo. - Nivel asistencial. - Régimen de las prestaciones. - Disposiciones especiales aplicables a determinados colectivos. - Régimen de obligaciones, infracciones y sanciones. - Derecho supletorio.

Continúa en página siguiente >>

<< Viene de página anterior

Título IV Régimen especial de la Seguridad Social de los Trabajadores por cuenta propia o autónomos	Título V Protección por cese actividad	Título VI Prestaciones no contributivas
- Campo de aplicación. - Afiliación, cotización y recaudación. - Acción protectora. - Sistema especial para trabajadores por cuenta propia agrarios.	- Disposiciones generales. - Situación legal de cese de actividad en supuestos especiales. - Régimen de la protección. - Régimen financiero y gestión de las prestaciones. - Régimen de obligaciones, infracciones y sanciones.	- Prestaciones familiares en su modalidad no contributiva. - Pensiones no contributivas. - Disposiciones comunes a las prestaciones no contributivas.

En la práctica, la gestión de la Seguridad Social se realiza a través de instituciones públicas y privadas, siendo por tanto su estructura la siguiente:

■ **Competencia ministerial:** reservada al ministerio competente en materia laboral.

■ **Entidades gestoras:**

▎ INSS (Instituto Nacional de la Seguridad Social) reconoce el derecho a la asistencia sanitaria y a prestaciones económicas, excluyendo el desempleo.

▎ INGESA (Instituto Nacional de Gestión Sanitaria) se encarga de la administración y gestión de los servicios sanitarios.

▎ IMSERSO (Instituto de Mayores y Servicios Sociales), gestiona las pensiones no contributivas de invalidez y jubilación, así como los servicios complementarios de las prestaciones de la Seguridad Social.

▎ ISM (Instituto Social de la Marina) asiste a los trabajadores y a las trabajadoras del mar y gestiona este régimen especial.

■ **Servicios comunes:**

▪ Tesorería General de la Seguridad Social (TGSS), cuya función es gestionar los recursos económicos y la administración financiera.
▪ Gerencia de informática de la Seguridad Social, tiene como función la informatización del sistema de la Seguridad Social.

■ **Entidades colaboradoras:**

▪ Mutuas patronales, son asociaciones de empresarios/as que se agrupan para gestionar conjuntamente una serie de servicios relacionados con la atención a su personal por accidentes de trabajo y enfermedades profesionales.
▪ Empresas, estas colaboran en la gestión de la Seguridad Social. De forma obligatoria, abonando prestaciones que posteriormente son reintegradas por la Seguridad Social. Y voluntariamente, asumen funciones de asistencia sanitaria y la gestión de prestaciones en supuestos de enfermedad profesional o accidente laboral.

■ **Organismos autónomos:**

▪ SEPE (Servicio Público de Empleo Estatal) cuya función es reconocer, suspender, reanudar y extinguir el derecho a las prestaciones por desempleo.
▪ INSST (Instituto Nacional de Seguridad y Salud en el Trabajo) cuya función es analizar y estudiar las condiciones de seguridad y salud en el trabajo, y su mejora.

 Sabía que...

Algunos de los organismos y entidades que componen la estructura de la Seguridad Social disponen de sedes electrónicas en las que se pueden gestionar distintos trámites de una forma ágil, rápida y segura. En la propia Sede Electrónica de la Seguridad Social existen

Continúa en página siguiente >>

<< Viene de página anterior

enlaces para el portal web del INSS (llamado Tu Seguridad Social) y para IMPORTASS que es el portal de la TGSS.

5.1. Campo de aplicación

El campo de aplicación de la Seguridad Social hace referencia al conjunto de personas que se incluyen dentro del Sistema de la Seguridad Social, de forma que van a ser sujetos de derechos y obligaciones, siempre que ejerzan su actividad en territorio nacional y estén incluidos, según el artículo 7.1 de la LGSS, en alguno de los siguientes apartados:

- Trabajadores/as por cuenta ajena.
- Trabajadores/as por cuenta propia mayores de 18 años.
- Socios trabajadores/as de cooperativas de trabajo asociado.
- Estudiantes.
- Funcionarios públicos, civiles y militares.

La Seguridad Social se mantiene, básicamente de las aportaciones económicas que realizan los citados sujetos y las empresas. Dichas aportaciones, obligatorias, se realizan mediante las cotizaciones, las cuales darán lugar al acceso a prestaciones y servicios que se incluyen dentro de la **modalidad contributiva,** tal como se estudiará más adelante.

Pero la Seguridad Social no solo protege a los sujetos que contribuyen con sus cotizaciones a su mantenimiento, sino que determinados sujetos por cumplir ciertas condiciones tales como: situación de necesidad y carencia de recursos económicos propios, tendrán acceso a determinadas prestaciones denominadas **no contributivas.**

5.2. Derechos y deberes de los sujetos obligados

Tal como se ha comentado con anterioridad, la Seguridad Social se mantiene, básicamente, de las aportaciones económicas que realizan las personas trabajadoras y las empresas. Por lo tanto, uno de los deberes fundamentales de ambos es cotizar.

La cotización se lleva a cabo a través de las aportaciones realizadas por ambas partes.

 Aplicación práctica

Rafael, pescador desde hace 20 años, a causa de una neumonía necesita hospitalización. En este caso, ¿podría Rafael percibir alguna ayuda? En caso afirmativo, ¿ante qué entidad?

SOLUCIÓN

Sí, Rafael, además de recibir la asistencia sanitaria necesaria, puede percibir la prestación económica de incapacidad temporal por enfermedad común.

La entidad que gestiona esta prestación es el Instituto Social de la Marina (ISM).

Otro de los deberes de la empresa, es evaluar, organizar y planificar la **prevención de los riesgos laborales** en su actividad empresarial. Para ello, la empresa podrá asumir las actividades preventivas (personalmente, a través de personas trabajadoras cualificadas, estableciendo un servicio de prevención propio) o contratar un Servicio de prevención ajeno.

Aquellas empresas que contraten determinados colectivos de trabajadores/as y cumplan con determinados requisitos, tendrán derecho a la aplicación de determinadas bonificaciones en los costes sociales de estos (disminución del pago a la Seguridad Social).

En cuanto a los derechos de las personas trabajadoras, estas tendrán acceso a determinadas prestaciones, siempre y cuando cumplan con determinados requisitos. Algunas de dichas prestaciones son:

Prestaciones del Régimen General de la Seguridad social (derechos)	
Asistencia sanitaria	Prestación de servicios médicos y farmacéuticos necesarios para conservar o restablecer la salud de las personas protegidas y su aptitud para el trabajo, así como servicios de recuperación física y, en algunos casos, prótesis y aparatos ortopédicos.
Incapacidad temporal	Situación en la que se encuentran las personas trabajadoras impedidas de forma temporal para trabajar a causa de enfermedad o accidente, ya sea derivada de la realización del trabajo o no, mientras reciban asistencia sanitaria de la Seguridad Social o de la Mutua.
Nacimiento y cuidado de menor	Prestación económica que trata de cubrir la pérdida de rentas del trabajo o de ingresos del personal de la empresa, cuando se interrumpe su actividad por el descanso y los permisos derivados del nacimiento de un hijo o adopción, guarda con fines de adopción y acogimiento familiar de un menor de 6 años.
Riesgo durante el embarazo	Prestación económica que se percibirá por el período de suspensión del contrato de trabajo en el caso en que debiendo la mujer trabajadora embarazada cambiar de puesto de trabajo, al influir este negativamente en su salud o en la del feto, por otro compatible con su estado, dicho cambio de puesto no resulte técnica u objetivamente posible o no pueda razonablemente exigirse por motivos justificados.
Riesgo durante la lactancia natural	Prestación económica que se percibirá por el período de suspensión del contrato de trabajo en el caso en que debiendo cambiar de puesto de trabajo o de actividad por riesgo durante la lactancia natural de un menor de 9 meses, dicho cambio no resulte técnica u objetivamente posible o no pueda razonablemente exigirse por motivos justificados.
Cuidado de menores afectados por cáncer u otra enfermedad grave	Prestación económica que se reconocerá a los progenitores, adoptantes o guardadores con fines de adopción o acogedores de carácter permanente, en aquellos casos en que ambos trabajen, para el cuidado del menor o menores (hasta los 23 años de edad) que estén a su cargo y se encuentren afectados por cáncer o por otra enfermedad grave, que requiera ingreso hospitalario de larga duración.

Continúa en página siguiente >>

<< Viene de página anterior

Prestaciones del Régimen General de la Seguridad social (derechos)

Incapacidad permanente	Prestación económica que percibe una persona para cubrir la pérdida de rentas que sufre como consecuencia de una enfermedad o accidente, cuando ve reducida o anulada su capacidad laboral de forma presumiblemente definitiva.
Lesiones permanentes no invalidantes	Prestación económica por una sola vez, que se reconoce a las personas trabajadoras que sufran lesiones, mutilaciones y deformidades causadas por accidentes de trabajo o enfermedades profesionales, que sin llegar a ocasionar una incapacidad permanente, supongan una disminución de su capacidad física.
Jubilación	Podrán ser beneficiarios de la pensión de jubilación los trabajadores y las trabajadoras que cesen total o parcialmente en su actividad laboral y reúnan los requisitos dispuestos.
Muerte y supervivencia	Recoge las prestaciones establecidas para compensar las difíciles situaciones económicas por la muerte de determinadas personas (padre, madre, cónyuge).

6. Convenios colectivos

El convenio colectivo se define como un acto o acuerdo libremente adoptado entre los representantes de las personas trabajadoras y la empresa, por medio del cual se van a regular las condiciones de trabajo y de productividad. Igualmente podrán regular la paz laboral a través de las obligaciones que se pacten, en un ámbito determinado.

En este sentido, el artículo 37 de la Constitución Española establece:

La Ley garantizará el derecho a la negociación colectiva laboral entre los representantes de los trabajadores y empresarios, así como la fuerza vinculante de los convenios.

Se reconoce el derecho de los trabajadores y empresarios a adoptar medidas de conflicto colectivo. La Ley que regule el ejercicio de este derecho, sin perjuicio de las limitaciones que pueda establecer, incluirá las garantías precisas para asegurar el funcionamiento de los servicios esenciales de la comunidad.

El derecho a la negociación colectiva está regulado en los artículos 82 a 92 del Estatuto de los Trabajadores.

Los elementos que caracterizan al convenio colectivo son:

- **Elemento subjetivo:** referido a las partes que celebran el acuerdo, constituidas por la representación de las personas trabajadoras y la empresa.
- **Elemento objetivo:** referido a los contenidos objeto del acuerdo, en cuanto afecte a los intereses individuales y colectivos de las personas trabajadoras y la empresa.
- **Elemento relativo a la eficacia:** referido a la atribución de un singular vínculo que pretende garantizar su efectivo cumplimiento de forma cualitativamente diversa a lo común, en las obligaciones derivadas de los contratos.

Por otro lado, los efectos de carácter normativo que produce el convenio colectivo se concretan en lo siguiente:

- El contenido de ese acuerdo no es necesario que se traslade a cada uno de los contratos de trabajo para que vincule a las partes, sino que se aplica directa y automáticamente en la relación individual de trabajo.
- Las reglas fijadas en los convenios van a regir no solo para los firmantes del acuerdo, sino también para cada uno de los integrantes del colectivo por ellos representados, sean trabajadores/as o empresarios/as.
- El convenio colectivo es indisponible por las partes de modo que estas no pueden disponer de forma contraria al contenido del convenio colectivo que les afecte.

6.1. Ámbito: territorial, funcional, personal y temporal

Las partes negociadoras tienen total libertad para fijar el ámbito de aplicación del convenio. De este modo, podrá encontrar las siguientes posibilidades:

- Desde un punto de vista territorial, los ámbitos de aplicación más usuales del convenio son: local, comarcal, provincial, de CC. AA. o nacional.

- Desde un punto de vista funcional, el convenio puede ser de centro de trabajo, de empresa, o de rama de actividad económica.
- Desde un punto de vista personal, el convenio puede ceñirse solo a unas categorías o grupos profesionales (Convenios Franja) o extenderse a todo el personal del ámbito funcional.

La combinación de los ámbitos señalados da lugar a la siguiente clasificación, atendiendo al ET:

- **Convenios colectivos de ámbito de empresa:** se incluyen no solo los convenios colectivos del ámbito de la empresa, sino también aquellos de un ámbito inferior a la empresa para los cuales, además, rigen las mismas reglas.
- **Convenios colectivos de ámbito superior a la empresa:** se incluyen diferentes ámbitos aunque todos van a tener idéntica denominación (supra empresariales) de modo que pueden ser convenios colectivos locales, comarcales, provinciales, a nivel autonómico o estatal.
- **Convenios Franja:** se refiere a un ámbito reducido de profesionales que ejercen la misma actividad. Es posible, por tanto, que una empresa tenga un convenio colectivo que afecte a toda la plantilla de la empresa, pero que a la vez, un grupo de esa empresa o el personal de un sector determinado dentro de esa empresa, tengan un convenio franja. A su vez, estos tipos de convenios pueden ser:

  - **De eficacia general:** si se cumplen los requisitos de suficiente representatividad de las personas trabajadoras. Se aplicaría a todos los que pertenecen a un sector determinado, en todos los centros de trabajo de esa empresa.
  - **De eficacia limitada:** si no cuentan con la suficiente representatividad para adquirir el carácter de general, este convenio franja solo afectaría a las personas trabajadoras representadas por los sujetos representantes.

Cuando en una empresa existe un Convenio Franja existiría, por tanto, un convenio colectivo general para todos los trabajadores y las trabajadoras y un Convenio Franja para una categoría profesional determinada, que bien se aplicaría con carácter general (si se cumplen los requisitos de representatividad) o de forma limitada.

Respecto a la posible existencia de los dos convenios (el general y el de franja) regiría el **principio de especialidad,** puesto que el Convenio Franja regula de forma más precisa el sector o actividad al que está dirigido.

En cuanto al **ámbito temporal,** indicar que los convenios colectivos tienen por objeto regular las relaciones laborales en un periodo de tiempo concreto y serán las partes negociadoras quienes tienen la libertad de establecer su duración.

6.2. Negociación del convenio colectivo

El derecho a la negociación del convenio colectivo corresponde a los representantes de las personas trabajadoras y a la empresa. En el Estatuto de los Trabajadores, en sus artículos 87 y 88, se especifican los sujetos que pueden participar en la negociación de los convenios colectivos de eficacia general (Estatutarios) y los requisitos que han de concurrir en las partes negociadoras (empresarios/as y trabajadores/as).

La iniciativa del procedimiento de negociación corresponde a la representación de las personas trabajadoras o de la empresa, que deberán reunir los requisitos de capacidad y legitimación exigidos al respecto.

Este impulso inicial se llevará a cabo por medio de una comunicación por escrito que deberá ser enviada a los sujetos con los que se quiere negociar y tener el siguiente contenido:

- La legitimación y, en su caso, la representación que ostenta quién lo envía.
- Los ámbitos del convenio (personal, funcional, territorial y temporal) que se pretende negociar.
- Las materias objeto de negociación.

Además, habrá que enviar una copia, a efectos de registro, a la autoridad laboral correspondiente, en función del ámbito territorial del convenio.

La parte receptora de la comunicación deberá responder a la propuesta de negociación y ambas partes establecerán un calendario o plan de negociación. Para ello, en el plazo máximo de un mes a partir de la recepción de la comunicación se procederá a constituir la comisión negociadora.

En la comisión negociadora confluirán los representantes de las personas trabajadoras y de la empresa, los cuales deberán negociar bajo el principio de buena fe.

El acuerdo sobre el convenio colectivo se alcanzará cuando obtengan el voto favorable de la mayoría de cada una de las dos representaciones, si bien debe tenerse en cuenta que el voto no es igualitario sino ponderado en atención a la representatividad real del sujeto colectivo a que cada miembro de la comisión negociadora representa.

Los requisitos que tiene que cumplir un convenio colectivo para ser válido son:

- Con forma escrita, para garantizar y facilitar su conocimiento y, con ello, fomentar la seguridad jurídica.
- Debe estar firmado por ambas partes participantes.
- Hay que depositarlo ante la autoridad laboral correspondiente para su registro.
- Hay que publicarlo en el Boletín Oficial que corresponda (del Estado, de las CC. AA., o de la provincia).

Respecto a los dos últimos requisitos es necesario mencionar las siguientes precisiones:

- El convenio debe ser presentado para su registro ante la oficina correspondiente de la autoridad laboral (Estado o CC. AA.), en el plazo de 15 días desde su aprobación en la comisión negociadora.
- La oficina de la autoridad laboral correspondiente realizará un registro de legalidad y lesividad. Si hay una o varias cláusulas contrarias al ET, se podrá impugnar de oficio el convenio colectivo ante la autoridad judicial laboral, que es la única competente para rechazar un convenio.

■ Una vez revisado y registrado el convenio, se ordenará su depósito y, en el plazo de 20 días, se publicará en el boletín correspondiente a su ámbito territorial. Una vez publicado, el convenio colectivo entrará en vigor al día siguiente de su publicación, a no ser que las partes hayan establecido otra fecha al respecto.

6.3. Contenido

El convenio colectivo podrá regular las materias de índole económica, laboral, sindical, y en general, cuantas otras afecten a las condiciones de empleo y al ámbito de relaciones de las personas trabajadoras y sus organizaciones representativas, con la empresa y las asociaciones empresariales.

Sin perjuicio de la libertad de las partes para determinar el contenido de los convenios colectivos, en la negociación de los mismos se deberá observar la regulación de un:

■ **Contenido mínimo o necesario:** tales como la determinación de las partes, el ámbito de aplicación del mismo (personal, funcional, territorial y temporal), procedimientos para solventar las discrepancias sobre la no aplicación de las condiciones de trabajo reguladas por art. 82.3 del ET, forma y condiciones de denuncia del convenio, y la designación de una Comisión Paritaria del Convenio de representación de las partes negociadoras.

■ **Contenido sustancial o normativo:** algunas de las materias que pueden ser objeto de regulación por el convenio serán las referidas a: condiciones de trabajo y de empleo, a la organización del trabajo, a las relaciones colectivas de las personas trabajadoras y a la protección social complementaria.

■ **Contenido obligacional:** este estaría formado por aquéllas cláusulas que crean derechos y obligaciones para las partes firmantes del convenio, cuyo contenido sería la regulación de las relaciones colectivas de los representantes de las personas trabajadoras con la parte empresarial. A través de este contenido, los sujetos negociadores se comprometen a cumplir lo pactado por convenio. Es posible que se introduzcan cláusulas en esta materia, por la que las partes se comprometen a resolver las cuestiones de una forma determinada dirigida a evitar y prohibir cualquier tipo de conflicto durante la vigencia del convenio. Estas son las denominadas cláusulas de paz laboral.

6.4. Vigencia

La vigencia de un convenio colectivo se determinará por las partes negociadoras, aunque se podrá establecer vigencias distintas en función de materias o grupos de materias.

Una vez **vencido el convenio colectivo y denunciado** (por ambas partes o de forma unilateral), las partes legitimadas deberán negociar para su renovación, mientras se mantendrá en vigor el convenio, las partes deben someterse a procedimientos de mediación para solucionar las diferencias existentes. Además también se pueden someter a procedimientos de arbitraje. Independientemente de estos procedimientos, si no se llegara a acuerdo en la negociación, la vigencia del convenio colectivo se mantiene.

El **plazo máximo** para la negociación del convenio colectivo se establece en **un año** desde la denuncia del convenio colectivo. Finalizado dicho plazo sin que se haya acordado un nuevo convenio, las partes deben someterse a procedimientos de mediación para solucionar las diferencias existentes. Además también se pueden someter a procedimientos de arbitraje. Independientemente de estos procedimientos, si no se llegara a acuerdo en la negociación, la vigencia del convenio colectivo se mantiene.

Algunos de los contenidos prorrogados podrán modificarse mediante acuerdos parciales llevados a cabo por las partes, para adaptarse a las condiciones en las que se encuentra la empresa o la actividad del sector, y cuya duración será la que determinen las partes negociadoras.

Aplicación práctica

La empresa Cirolita S. L., que se dedica a la elaboración de tabletas de chocolate, establece un convenio colectivo como resultado de un acuerdo entre los representantes de las personas trabajadoras y la empresa, produciéndose una sustitución de la jornada laboral partida (de 9 a 2 y de 5 a 8) por una continua (de 8 a 4).

El convenio ha sido publicado el 15 de septiembre de 20X1 en su correspondiente Boletín Oficial y su entrada en vigor será el 1 de enero de 20X2.

Sebastiana que es una empleada de la empresa, llegado el día 1 de octubre de 20X1, ¿a qué hora debe personarse en su puesto de trabajo?

SOLUCIÓN

A las 9 de la mañana, pues aunque el convenio ha sido publicado en el Boletín Oficial correspondiente, no entrará en vigor hasta el 1 de enero de 20X2.

7. El contrato de trabajo y las relaciones laborales en la empresa

Hasta ahora se han estudiado las normas internas como la Constitución, el Estatuto de los Trabajadores, la Ley General de la Seguridad Social y los convenios colectivos, todos ellos regulan aspectos generales y relevantes de las condiciones laborales que se deben dar en una prestación de servicios por cuenta ajena. Condiciones laborales que se traducen en derechos y obligaciones para las empresas y su personal, como pueden ser: el tiempo y la jornada de trabajo, el salario, la acción protectora, etc.

Ante el inicio de una nueva relación laboral, las partes podrán negociar diferentes aspectos de las relaciones laborales no reguladas en las citadas normas, por ello en la cumplimentación y redacción del contrato de trabajo, se podrán plasmar a través de cláusulas aquellas condiciones laborales pactadas y no recogidas en las citadas normas.

En próximos capítulos se abordará el estudio de las diferentes modalidades contractuales y su cumplimentación, donde se deberán tener en cuenta las condiciones laborales reguladas en las diferentes normas laborales, las cuales podrán ser mejoradas mediante la negociación entre las partes, e introducir dichas mejoras mediante cláusulas contractuales que se dirigen a plasmar las mejoras en las condiciones laborales, tales como: mejoras salariales, de la acción protectora de la seguridad social, primas de seguros de vida o accidente, cláusulas resolutivas de la relación laboral, indemnizaciones, etc.

8. Resumen

Las relaciones de trabajo se regulan por una serie de normas laborales que se ordenan jerárquicamente y a las que se le aplican unos principios, tales como: norma más favorable, norma mínima, etc.

Según su origen dichas normas se dividen en externas e internas:

- Dentro de las **fuentes externas** del Derecho Laboral se encuentra la Unión Europea y la Organización Internacional del Trabajo.
- En relación a las **normas laborales internas** en orden a jerarquía se encuentra la Constitución Española seguida por el Estatuto de los Trabajadores, que es la norma principal que regula las relaciones de trabajo, y la Ley de la Seguridad Social que contiene un conjunto de medidas que toma el Estado con la intención de proteger, ayudar, prevenir y remediar acontecimientos de riesgo que afecten al pueblo español.

Las normas profesionales están capitaneadas principalmente por el convenio colectivo que es el acuerdo entre trabajadores/as y empresarios/as y existen diferentes tipos según sus ámbitos y formas de aplicación, tales como:

- De ámbito de empresa.
- De ámbito superior a la empresa.
- De franja.

Todo este entramado normativo deriva en unos derechos y deberes de los sujetos que forman parte de la relación laboral.

Ejercicios de repaso y autoevaluación

1. **Si un reglamento laboral europeo dictamina que el salario mínimo interprofesional se establece en 1.200 €...**

   a. ... aunque en el Estatuto de los Trabajadores delimite otra cantidad hay que fijar la que implanta el reglamento europeo.
   b. ... no afectaría, porque nuestro país se rige por la Constitución Española.
   c. ... sí se implantaría porque no existe ninguna normativa orgánica que diga lo contrario.
   d. ... el empresario amparado en el convenio colectivo, tiene total libertad para establecer el SMI.

2. **Ordene las siguientes normas laborales jerárquicamente de menor (vértice) a mayor (base) según su importancia:**

   ▌ Constitución Española
   ▌ Leyes orgánicas
   ▌ Leyes ordinarias
   ▌ Convenios colectivos
   ▌ Contrato de trabajo

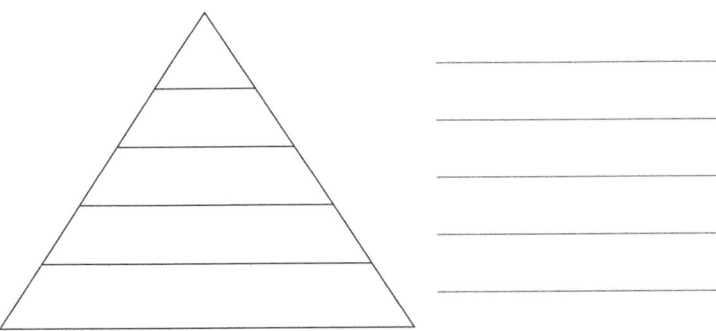

3. Entre los derechos de los trabajadores y las trabajadoras establecidos en el Estatuto de los Trabajadores se destacan:

    a. Huelga.
    b. Ocupación efectiva.
    c. Libre sindicación.
    d. Todas las opciones son correctas.

4. Si un país miembro de la Unión Europea y de la Organización Internacional del Trabajo, no ratifica un acuerdo de esta última...

    a. ... está incumpliendo la ley.
    b. ... debe adaptarlo a la normativa laboral.
    c. ... no tiene que contemplarlo en su ordenamiento jurídico.
    d. ... tiene que contemplarlo en su ordenamiento laboral.

5. Complete la siguiente frase:

Las normas con rango de ley están dictadas por el _____, son normas que _____ partes específicas de la normativa _____.

6. ¿Por qué esta compuesta las normas laborales profesionales?

_____

_____

7. ¿Qué es el Estatuto de Trabajadores?

_____

_____

8. Relacione las siguientes palabras:

    a. Entidades gestoras
    b. Servicios comunes
    c. Entidades colaboradoras
    d. Organismos autónomos

    __ SEPE
    __ Tesorería General de la SS
    __ Empresas
    __ INSS

9. La Seguridad Social esta compuesta por dos regímenes, ¿cuáles son?

_____

_____

10. ¿Desde cuántos puntos de vista puede analizarse un convenio colectivo?

_____

_____

Capítulo 2

Gestión de los Recursos Humanos

Contenido

1. Introducción

En este capítulo se van a estudiar las diferentes tareas que son llevadas a cabo por el personal que integra el Departamento de Recursos Humanos, profundizando en los procesos de selección del personal y la formación de los mismos.

Asimismo, se expondrá información sobre dichos procesos y el control del personal de la organización mediante aplicaciones informáticas.

Por último, se va a tratar la normativa y diferentes aspectos con respecto a la empresa basados en la gestión de la calidad total, la protección de datos en la empresa, la prevención de riesgos laborales, y la protección del medioambiente.

2. El departamento de RRHH en la empresa

Debido a la competitividad existente entre las empresas y a las constantes fluctuaciones del entorno, una buena gestión de los recursos humanos es fundamental para conseguir el éxito empresarial. Disponer de personal cualificado supone una garantía para la organización, ya que este es el principal activo de una compañía.

Además las empresas están compuestas por diferentes departamentos y en función a diversos factores determinarán la existencia o no de un Departamento de Recursos Humanos.

Estas razones determinan la creación del área de recursos humanos dentro de la empresa, cuyas funciones y tareas están todas relacionadas con el personal de la empresa. Su objetivo es optimizar al máximo el capital humano.

Entre las principales tareas y funciones que debe llevar a cabo el personal del Departamento de Recursos Humanos destacan:

- **Descripción y análisis de puestos de trabajo:** ante una nueva contratación es fundamental tener clara la información referente a cada puesto de trabajo, ya que, a la hora de realizar una selección, se deben considerar las características propias del puesto para seleccionar a la persona adecuada.

- **Evaluación del desempeño:** consiste en una valoración, tanto cuantitativa como cualitativa, de la aportación que cada trabajador/a hace a la empresa, así como el grado de eficacia a la hora de llevar a cabo sus funciones y sus tareas.
- **Selección de personal:** es el proceso cuya finalidad es encontrar y elegir a la persona o personas adecuadas para cubrir un determinado puesto de trabajo, teniendo en cuenta las necesidades de la empresa.
- **Formación:** es una herramienta utilizada por las organizaciones para la adquisición y/o renovación de conocimientos y habilidades de los empleados para una continua mejora del rendimiento de los mismos.
- **Comunicación interna:** es el proceso por el cual los miembros de una organización se mantienen informados y además es una herramienta estratégica para el correcto funcionamiento de la organización.

En los próximos apartados se va a proceder al estudio de la selección y formación del personal.

3. Selección de personal

Tal como se ha indicado con anterioridad, una de las funciones del Departamento de Recursos Humanos es la selección de personal, cuya finalidad es la de cubrir las necesidades laborales de la empresa para que esta sea más productiva y competitiva en el mercado.

Por ello, la selección de personal deberá partir de una planificación del proceso, donde se tendrá que determinar:

- Los puestos de trabajo a cubrir en el presente, así como la previsión de personal que requerirá la misma para un futuro.
- Las técnicas de selección más adecuadas a utilizar según el puesto de trabajo a cubrir.
- Las fuentes donde reclutar e instrumentos para atraer y contactar con los candidatos más idóneos para la organización.

- Profesionales que intervendrán en el proceso.
- Los plazos a cumplir, etc.

El proceso de selección es complejo y, por tanto, requiere tiempo en cuanto a su planificación y preparación. Si se espera a que surja la necesidad de cubrir una vacante para poner en marcha el proceso, este tiende a acortarse en el tiempo, se hace más deprisa y pierde eficacia, de ahí la necesidad de planificar.

 Importante

El Análisis y Descripción de Puestos de Trabajo (ADTP) es el proceso que estudia y analiza los diferentes puestos de trabajo de una organización, con el objetivo de especificar las funciones, responsabilidad, conocimientos, habilidades, destrezas y competencias necesarias para el desempeño exitoso del puesto. El proceso de análisis y descripción de puestos de trabajo es muy útil a la hora de:

- Establecer los criterios de selección.
- Establecer las fuentes de reclutamiento.
- Seleccionar las técnicas de selección más adecuadas.
- Establecer las condiciones de contratación.
- Establecer los programas de integración.
- Establecer los programas de formación y desarrollo.

3.1. Fases del proceso de selección

Las empresas más competitivas analizan sus futuras necesidades laborales como un medio para alcanzar una mayor productividad. Por ello, una vez determinados los puestos de trabajo a cubrir así como su perfil, el proceso de selección incluirá las siguientes fases:

- **Reclutamiento:** proceso de búsqueda y captación de personas que se muestren interesadas en el puesto a cubrir y que reúnan el perfil necesario para desempeñarlo. En esta fase se determinará dónde buscar a los candidatos que mejor se ajusten al perfil solicitado (fuentes internas o externas). También se determinarán los recursos humanos, técnicos y materiales necesarios para llevar a cabo el proceso.

- **Preselección:** se trata de realizar un primer filtro de candidatos que, de entrada, no van a seguir en el proceso de selección por no cumplir los requisitos mínimos exigidos al hacer la oferta. Esta primera filtración se realizará mediante el estudio de cartas de presentación, currículum vítae, historiales profesionales recibidos, etc.

- **Aplicación de exámenes o pruebas:** tal como se estudiarán en el apartado siguiente, podrán ser pruebas profesionales, psicotécnicas, situacionales y/o de simulación, pruebas médicas, y entrevistas.

- **Informe final:** se trata de analizar e integrar toda la información disponible, elaborando los perfiles de cada candidato y redactando un informe con la descripción sintetizada de todo el proceso seguido, así como los resultados obtenidos en relación a las características evaluadas.

- **Toma de decisiones y contratación:** análisis y valoración de resultados, contraste de perfiles, elección de candidatos y comunicación a seleccionados y no seleccionados, y consecuentemente la celebración del contrato.

Fases del proceso de selección

Reclutamiento

Preselección

Aplicación de exámenes o pruebas

Informe final

Toma de decisiones y contratación

Las empresas en todo el proceso de captación y selección de personal, deberán establecer las medidas de protección y seguridad de la documentación que manejan y almacenan, para mantener la debida confidencialidad de los candidatos en cumplimiento de lo establecido en la Ley Orgánica 3/2018 y Reglamento (UE) 2016/679.

La selección de candidatos se podrá llevar a cabo mediante un reclutamiento interno o externo de los mismos. Por ello, se podrá diferenciar entre fuentes internas y fuentes externas, es decir, el reclutamiento interno implica la incorporación de aspirantes entre las personas trabajadoras de la empresa, y el reclutamiento externo implica la utilización de las fuentes externas de reclutamiento del mercado laboral.

Muchas organizaciones siguen la política de informar a sus empleados/as sobre los puestos vacantes antes de intentar reclutar a personas ajenas a la compañía. De forma que el reclutamiento mediante fuentes internas podrá darse por:

- **Promociones o planes de promoción:** consisten en un ascenso en sentido vertical en la jerarquía de la empresa que conlleva generalmente un ascenso de categoría profesional y un incremento de responsabilidades y de sueldo.
- **Traslados/rotación interna:** consisten en promover o trasladar a una persona trabajadora de un puesto de trabajo a otro en sentido horizontal, sin que ello suponga necesariamente un cambio de categoría profesional, ni un incremento de sueldo, aunque sí un cambio en las actividades que normalmente realiza.
- **Planes de sucesión y organigrama dinámico:** consiste en determinar o establecer quién puede sustituir al titular de un puesto en el caso que este cause baja laboral. Tienen como finalidad evitar que los puestos vitales o importantes de la empresa puedan quedar vacantes sin que exista ninguna persona preparada para ocuparlo inmediatamente.
- **Personal de la empresa en general:** consiste en la difusión o publicación de las necesidades que tiene la empresa de cubrir un determinado puesto con el objetivo de que sus trabajadores/as que crean poseer los requisitos necesarios presenten sus candidaturas para el proceso de selección.

Se recurrirá a las **fuentes externas** cuando se quiere cubrir un puesto vacante por personas ajenas a la organización, ya sean fuentes convencionales o telemáticas como:

- **Recomendaciones de las personas que ya trabajan en la empresa.** Se han realizado estudios que demuestran que las personas que han sido contratadas a través de recomendaciones internas tienden a quedarse más tiempo en la empresa y demuestran mayor satisfacción con el trabajo que los reclutados mediante otros procedimientos.
- **Centros de formación profesional:** muy útiles para reclutar aspirantes para puestos administrativos, especialistas y técnicos jóvenes sin experiencia.
- **Colegios profesionales:** pueden ser muy ventajosos cuando el puesto requiere que su ocupante posea una determinada titulación.
- **Oficinas del SEPE:** su función primordial es el registro, clasificación y aportación de aspirantes a las empresas que lo soliciten. Este organismo puede realizar también funciones de selección, formación y orientación si las empresas así lo demandan.
- **Agencias de colocación:** cumplen la misma función que el SEPE, registro y clasificación de personas que buscan empleo.
- **ETT (Empresas de Trabajo Temporal):** se emplean especialmente para puestos operativos y administrativos, aunque su actividad se va extendiendo a otros tipos de puestos ya que su utilización permite a las empresas usuarias, por un lado, disminuir el tiempo y los costes asociados al reclutamiento y a la selección, y por otro, comprobar sin ningún compromiso cómo trabaja el aspirante antes de hacerle un contrato temporal o indefinido.
- **Consultoras de RR.HH.:** se trata de empresas cuya actividad es la presentación de diversos servicios dentro del área de selección de personal.
- **Portales de empleo:** se trata de sitios web especializados que ofrecen a sus usuarios un servicio de búsqueda de empleo, ya sea de pago o gratuito, y que también podrán integrar las ofertas existentes en el mercado. Ejemplo de ellos son: InfoJobs, LinkedIn, Empléate, etc.

Sabía que...

En la actualidad son muchas las Agencias de colocación, ETT, consultorías, etc. las que ofrecen sus servicios a través de internet y representan una fuente de reclutamiento que permite obtener en un breve plazo de tiempo obtener un alto número de candidaturas.

3.2. Técnicas más utilizadas en la selección

Las pruebas a realizar van a depender mucho del tipo de puesto a cubrir, del número de vacantes, de los conocimientos requeridos, etc.

Para determinar qué aspirante resulta adecuado para cubrir un puesto vacante es necesario comprobar si este reúne las características y requisitos necesarios para desempeñarlo, comparando el perfil del puesto con el del aspirante. Aquí juega un papel fundamental el análisis y descripción de puestos de trabajo.

Importante

El proceso de ADTP tiene como objetivo final la descripción del puesto, para ello será necesario llevar a cabo las siguientes fases:

I **Planificación del proceso:** aquí se determinan los puestos a analizar y el personal que va a colaborar en el proceso. También se determinará a los encargados de ejecutar el análisis y las técnicas a utilizar para recoger información de los puestos.
I **Ejecución:** aquí se procederá a la recogida de información sobre el puesto (lugar que ocupa un puesto de trabajo en el organigrama; funciones y tareas, y los medios o materiales empleados para llevarlas a cabo; formación exigida; experiencia; responsabilidad, etc.) a través de técnicas como: entrevista, técnica del diario, observación directa o cuestionarios. Seguidamente se analizará la información para realizar una descripción de los puestos y con el objetivo de obtener la aprobación de empleados/as y superiores.
I **Control del proceso:** se recomienda llevar un control del proceso a lo largo de su realización y hasta el final.

Generalmente, el comportamiento o conducta adecuada en un puesto de trabajo conlleva que la persona que lo desempeñe posea ciertas características o cualidades, las cuales pueden evaluarse a través de diversas técnicas como los test, cuestionarios, entrevistas, técnicas grupales, etc. Por lo tanto, se podrán realizar en el proceso:

- **Pruebas profesionales:** sirven para comprobar la formación con el objeto de decidir si esa persona es adecuada a las características exigidas por el puesto. Dichas pruebas podrán ser: orales, donde se valorarán los conocimientos, presencia, expresión, etc.; escritas, se pueden cuestionar aspectos prácticos y hacerlas simultáneamente a varios candidatos; y, prácticas, cuyo objetivo es comprobar los conocimientos y experiencias en cuanto a una actividad o función determinada.
- **Pruebas psicotécnicas:** las personas aspirantes deberán cumplimentar test, cuestionarios o inventarios elaborados por especialistas, que permitirá evaluar aspectos o rasgos psicológicos, tales como inteligencia, aptitudes, personalidad, intereses, valores, actitudes, motivación, etc.
- **Pruebas situacionales y/o de simulación:** consiste en enfrentar a las personas candidatas a la práctica real, es decir, se exponen a una situación dentro del contexto de empresa donde ha de resolver un problema planteado de antemano, con el objeto de que puedan poner de manifiesto su forma de realizar una tarea real. El objetivo es determinar si la persona posee las competencias genéricas y/o técnicas exigidas por el puesto y determinar el nivel en que las posee. Ejemplos de pruebas situacionales son: el *role-playing,* dinámica de grupo, técnicas de simulación y análisis de casos.
- **Técnicas grupales:** son utilizadas para observar y cuantificar distintas áreas comportamentales de las personas aspirantes en función de su forma de actuar e interactuar en el grupo. Con ello se pueden evaluar, por ejemplo, actitudes, motivaciones, valores, capacidad de toma de decisión, resolución de problemas, fluidez de palabra, trabajo en equipo, liderazgo, etc.
- **Assessment center:** esta técnica tiene el objetivo de identificar y evaluar las competencias de las personas candidatas para el correcto desempeño del puesto de trabajo. No solo se utiliza en selección de personal, también puede ser empleada con otras finalidades, como son: promoción, identificación temprana del potencial directivo de una

empresa, establecimiento de necesidades de formación e, incluso, como un método de formación en sí misma.

Sin embargo, **la entrevista** es la herramienta de selección más utilizada. Se define como una comunicación de carácter verbal entre dos o más personas con el propósito de intercambiar información, ideas u opiniones y con un carácter estrictamente profesional.

Con la entrevista de selección se pretende indagar en el comportamiento pasado o presente de cada candidato/a para pronosticar su previsible conducta o actuación futura, y en función de ello decidir si esta persona es conveniente.

 Sabía que...

En una entrevista de selección el tipo de preguntas que se realice es de suma importancia debido a que estas tienen una doble finalidad: recabar información y motivar al entrevistado para que quiera dar esa información.

Existen distintas formas de plantear la misma pregunta en función de los objetivos de la misma, del tipo de conducción de la entrevista, del número de participantes y de la experiencia del entrevistador. De forma que se podrán encontrar preguntas: directas, indirectas, abiertas y cerradas.

Las entrevistas se pueden clasificar en función de diferentes criterios:

- **Según el grado de planificación,** las cuales podrán ser: planificada y no planificada. Será planificada cuando el entrevistador tiene un plan trazado sobre el desarrollo de la entrevista, la cual será sistematizada aunque menos flexible. Será no planificada, cuando el entrevistador no tiene ninguna estrategia planteada, por lo que pueden dejarse puntos de información importantes sin tocar, y al mismo tiempo será mucho más flexible permitiendo establecer un clima de confianza donde el entrevistado interviene más.

- **Según el grado de intervención de quién realiza la entrevista,** se puede distinguir entre entrevista dirigida, semidirigida y no dirigida. Es dirigida cuando quien realiza la entrevista hace una serie de preguntas ya planificadas y la persona candidata debe responder de forma clara y precisa. Es semidirigida cuando las preguntas son generales y abiertas para que la persona entrevistada se extienda en las respuestas. Y no dirigidas cuando no requieren ningún grado de estructuración.
- **Según el número de personas que intervienen,** se puede distinguir entre entrevista individual, de grupo, de panel y sucesiva. En la individual participa solo una persona que entrevista y otra que es entrevistada. En la grupal habrá solo una persona que entrevista y varios/as aspirantes. En la entrevista de panel habrá varias personas que entrevistan y una sola entrevistada. Y en la entrevista sucesiva, cada candidato/a es entrevistado de forma individual pero por diferentes entrevistadores/as de forma sucesiva. Cada uno de ellos emitirá un informe.
- **Según el grado de tensión,** podrá ser entrevista normal y dura. Será normal cuando el clima sea relajado y de confianza. Y dura cuando haya un clima de tensión. Tiene como finalidad averiguar si la persona candidata es capaz de trabajar y reaccionar favorablemente en situaciones de tensión, incomodidad y presión.

En la entrevista fundamentalmente se dará la comunicación oral, ya sea presencial o la no presencial como es el caso de la conversación telefónica.

La comunicación presencial aporta al entrevistador más información que la no presencial, pues en ella se analizan otros elementos del lenguaje no verbal como es la postura, la expresión facial, la mirada, los gestos, etc., Por lo tanto, un buen uso de lenguaje no verbal puede ser muy ventajoso para las partes o al contrario.

Durante el proceso de la entrevista, el entrevistador dirigirá la conversación hacia el objetivo que busca, mientras que la del entrevistado es aportar información, por lo que ambas partes deben preparar la entrevista exhaustivamente. Finalizada la misma, es recomendable que el entrevistador elabore un informe con todos aquellos aspectos relevantes derivados de la comunicación, que podrán ser beneficiosos o no para la cobertura del puesto de trabajo.

3.3. Documentos de apoyo al proceso de selección

Tal como se ha ido estudiando a lo largo del capítulo y de acuerdo al proceso de selección empleado y aplicado, son múltiples los documentos de apoyo al proceso de selección, por ello en la siguiente tabla se muestra una relación de cualidades o características a medir, así como las técnicas o documentos que pueden utilizarse para su medición:

Características a considerar	Técnicas o documentos utilizados
Datos biográficos	Carta de presentación, solicitud de empleo, cuestionario ponderado de solicitud de empleo, currículum vitae, historial profesional, entrevista.
Experiencia laboral y profesional	Carta de presentación, solicitudes directas de empleo, cuestionario ponderado de solicitud de empleo, currículum vitae, historial profesional, entrevista.
Conocimientos	Pruebas profesionales (exámenes, pruebas psicotécnicas, entrevista).
Inteligencia y aptitudes	Pruebas psicotécnicas o test.
Personalidad, actitudes, valores, intereses	Inventarios, cuestionarios, entrevista, técnicas de grupo.
Habilidades interpersonales	Pruebas psicotécnicas, test situacionales, técnicas grupales y entrevista.

 Aplicación práctica

Carmen, directora y gestora de la empresa Clarosol S. L., desea contratar a un responsable de producción como directivo y a 3 contables.

¿Utilizaría las mismas herramientas de selección para los diferentes puestos?, en caso negativo ¿cuál utilizaría?

Continúa en página siguiente >>

<< Viene de página anterior

SOLUCIÓN

No utilizaría las mismas herramientas de selección, aunque la entrevista de trabajo es la más generalizada y permite obtener información necesaria sobre los candidatos, para el directivo sería idóneo realizar pruebas que midan su inteligencia, aptitudes y conocimientos, y para los tres contables se aplicarían herramientas que determinen su experiencia laboral y profesional.

3.4. Resultado

Concluidas las pruebas de selección se procederá a analizar e integrar toda la información disponible, elaborando los perfiles de cada candidato y redactando un informe con la descripción sintetizada de todo el proceso seguido, así como los resultados obtenidos en relación a las características evaluadas.

Seguidamente se analizarán y valorarán los resultados, contrastando los perfiles para la elección del candidato más apropiado. Se recomienda la comunicación del resultado tanto a los seleccionados como a los no seleccionados.

Una vez contratado al candidato se inicia el proceso de su incorporación. Durante el proceso de selección se ha ido facilitando e intercambiando información muy diversa, pero nunca suficiente sobre la vida de la empresa, por lo que se le facilitará y también se le proporcionará información amplia respecto a su ubicación y relaciones dentro de la organización.

El control del proceso de selección se lleva a cabo de forma paralela a la ejecución del mismo. Este control supone un análisis de los resultados obtenidos:

- Al final del reclutamiento.
- Tras la aplicación de pruebas o exámenes a los candidatos.
- Después del período de prueba.

El control que se realiza tras finalizar el período de prueba representa un análisis y balance final del grado de eficacia del proceso de selección. Por tanto habrá que comprobar si existe una correlación entre lo previsto y los resultados y rendimientos que se obtienen. De no existir tal correlación es preciso cuestionar las técnicas de análisis que se han utilizado, ya que no han alcanzado el valor predictivo que se esperaba a causa de:

- No haber elegido las técnicas correctas o las suficientes.
- No haberlas aplicado adecuadamente.
- Fallos en su tipificación, al no haber utilizado las convenientes muestras de comparación.
- Haberlas interpretado incorrectamente.
- Carecer de rigor o valor predictivo.

 Aplicación práctica

Rafael, director general de la empresa Estadísticas S. L., acaba de finalizar el proceso de selección, contratando a Ana como auxiliar de administración.

Rafael da por terminado el proceso, ¿es aconsejable acabar dicho proceso de esta forma?

SOLUCIÓN

No es aconsejable, lo idóneo sería que tras acabar el proceso de selección formalizándolo con un contrato de trabajo, debería informar a la trabajadora de todas las características que tiene su nuevo puesto además de ir realizando un seguimiento continuo a esta.

4. Formación de Recursos Humanos

Tal como se ha estudiado con anterioridad, una de las funciones o tareas de los responsables del Departamento de RR. HH. de una empresa es la planificación de la formación de sus trabajadores/as como herramienta para la adquisición y/o renovación de conocimientos y habilidades para una continua mejora del rendimiento y la productividad de la organización, así como una correcta adaptación de la empresa a los cambios futuros.

Por lo tanto, la formación es un esfuerzo planificado para proporcionar a las personas trabajadoras habilidades específicas para mejorar su desempeño a la hora de realizar sus tareas o funciones dentro de la organización.

4.1. Tipos de formación: ingreso, perfeccionamiento, desarrollo y complementaria

El personal de la empresa necesita formarse tanto para acceder al mercado laboral cómo para el desarrollo o perfeccionamiento de su actividad una vez dentro del mismo. Por lo tanto, a lo largo de la trayectoria laboral de los mismos se pueden dar diferentes modalidades de formación:

- **Formación de ingreso:** este tipo de formación se inicia con la incorporación de la persona trabajadora al puesto de trabajo. Se corresponde con la primera toma de contacto con la empresa y adquiere conocimientos de la empresa en general, sobre su estructura organizativa, sus objetivos, sus compañeros y los conocimientos específicos del puesto de trabajo que va a ejecutar, así como la posible planificación de su carrera dentro de la organización.
- **Formación de perfeccionamiento:** este tipo de formación pretende que las personas trabajadoras adquieran los conocimientos, habilidades, destrezas, etc., necesarios para un correcto desempeño de sus tareas. Es una formación dirigida a grupos de trabajadores/as en la empresa con la finalidad de fomentar su adaptación a futuros cambios.
- **Formación desarrollo:** hace referencia a la formación necesaria para la promoción profesional dentro de la organización. Este tipo de formación puede estar encaminada a la planificación de las carreras profesionales del personal dentro del plan estratégico de la empresa.
- **Formación complementaria:** es la formación que adquiere la persona trabajadora cuyo contenido no tiene por qué ser el específico del puesto de trabajo, aunque pueden complementar las competencias del mismo.

Sabía que...

Los planes de carrera hacen referencia al análisis de las diferentes trayectorias profesionales de cada trabajador/a dentro de una organización, y los requisitos para evolucionar a través de dicha trayectoria, lo cual supone un gran instrumento de motivación de los empleados al ver que tienen posibilidad de desarrollo en su organización. Con ello rendirán al máximo de sus posibilidades, en pos de conseguir una carrera profesional dentro de su propia empresa.

4.2. Proyecto de formación: Necesidades, creación de estrategias, búsqueda de entidades de formación y de fuentes de subvención, documentos

Cualquier proceso o proyecto de formación de la plantilla implica una serie de **tareas,** tales como:

- **Análisis de la necesidad:** la empresa deberá identificar que insuficiencias formativas tiene la plantilla para el desarrollo de sus tareas y funciones correctamente.

  En el análisis de la necesidad de formación, uno de los criterios más utilizados, por su sencillez, es el método o índice de Hackman y Oldham (IHO), cuya ventaja radica en la relación de la formación general del personal en sí con la tarea que este realiza en su puesto de trabajo. Como inconveniente se encuentra que solo tiene en cuenta la motivación interna del puesto.

  Se calculará el IHO de la siguiente forma:

$$IHO = [(DA + IT + ST) / 3] \times A \times R$$

Dónde:
  DA: Diversidad de aptitudes.
  IT: Identidad de la tarea.
  ST: Significado de la tarea.

A: Autonomía.

R: Retroalimentación desde el puesto laboral en sí.

El valor que se obtiene de dichos cálculos se compara con la escala de motivación interna del puesto pudiendo dar los siguientes resultados:

Fases de un plan de formación

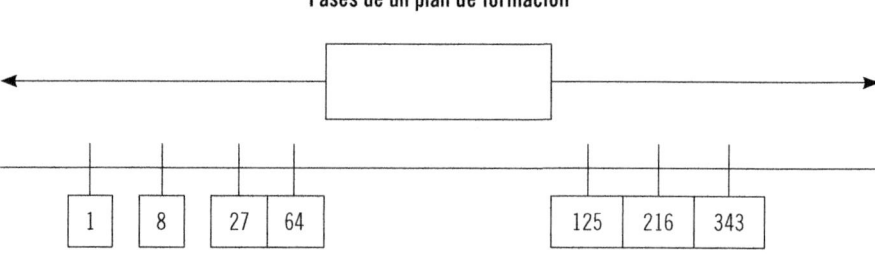

IHO ≤ 64: necesita un plan de formación.
64 ≤ IHO ≤ 125: es aconsejable revisar la formación del trabajador/a.
IHO ≥ 125: no es necesario actuar en el plan de formación a corto plazo.

- **Creación de estrategias:** para que la formación de la plantilla de una organización sea eficaz y un éxito, se debe partir de la creación de un plan o proyecto de formación. El proyecto de formación es una herramienta de gestión que ayuda al desarrollo de las estrategias de una organización o empresa, en materia de cualificación y desarrollo de sus trabajadores/as a las que va dirigido y que detallará el conjunto coordinado de materias o acciones formativas seleccionadas para un período determinado de tiempo.
  Dicho plan parte del análisis de la necesidad de formación y favorecerá el logro de los objetivos presentes o futuros de una organización o empresa, permitiendo la adaptación de las personas a la evolución de las competencias en los puestos de trabajo, facilitando su promoción profesional y cerciorando una innovación tecnológica y el éxito en la implantación de nuevos modelos organizativos.
- **Búsqueda de entidades de formación:** el desarrollo de los planes de formación o ejecución de acciones formativas, se podrá llevar a cabo por entidades especializadas en formación o dentro de la propia empresa.

Pero por falta de infraestructura para llevar a cabo la impartición de las mismas se ven en la necesidad de buscar entidades de formación que permitan a sus trabajadores/as acceder a la formación necesaria para el desempeño de sus funciones o tareas, pudiendo ser la misma presencial, teleformación o una combinación de estas. Por ello, las empresas podrán buscar y seleccionar aquellas entidades de formación que cubran sus necesidades, para ellos gran parte de las entidades de formación ofrecen en sus páginas web información sobre el catálogo de cursos disponibles.

 Sabía que...

La acción formativa se define como aquellas acciones dirigidas a la adquisición y mejora de las competencias y cualificaciones profesionales, pudiéndose estructurar en varios módulos formativos con objetivos, contenidos y duración propios.

La ejecución de dichas acciones se podrá llevar a cabo por entidades especializadas en formación o dentro de la propia empresa, y en ambos supuestos se requerirán recursos tales como:

- **Recursos humanos:** compuestos por todas las personas que hacen posible la realización de la formación: directivos y responsables de formación (personal que está implicado en las fases del proceso de formación); técnicos de formación (personal que se dedica a funciones de diseño, diagnostico, evolución y control); formadores (entidades de formación, personas que entregan la formación); personal de apoyo (personas dedicadas a funciones administrativas, informáticas, etc.).
- **Recursos materiales:** comprenden los elementos que se utilizan para el desarrollo de la formación, tales como: instalaciones (donde se realiza la formación) y el material pedagógico (apoyan el proceso de formación a través de documentación, simuladores, proyectos, etc.).
- **Recursos funcionales:** formados por los elementos abstractos que permite la formación, comprende horarios, matriculas, subvención, etc.

La formación del personal vinculada al desarrollo de su actividad laboral, se engloba dentro del Sistema de Formación Profesional para el Empleo en el ámbito laboral, regulado por la Ley 30/2015, de 9 de Septiembre y por la Ley Orgánica 3/2022, de 31 de marzo.

 Sabía que...

El sistema de formación profesional para el empleo está integrado por el conjunto de instrumentos y acciones que tienen por objeto impulsar y extender entre las empresas y sus trabajadores/as y las personas desempleadas, una formación que responda a sus necesidades y contribuya al desarrollo de una economía basada en el conocimiento.

El citado sistema se financia según lo establecido en la Ley de Presupuestos Generales del Estado, mediante los fondos provenientes de:

- La cuota de formación profesional que aportan las empresas y sus trabajadores/as.
- Las ayudas procedentes del Fondo Social Europeo.
- Las aportaciones específicas establecidas en el presupuesto del Servicio Público de Empleo Estatal, así como de las comunidades autónomas en el ejercicio de su competencia.

Entre otros, dichos fondos de formación profesional para el empleo, según art. 6.5 de la Ley 30/2015, se utilizarán para las siguientes formas de financiación:

I *Bonificaciones en las cotizaciones empresariales a la Seguridad Social, que no tendrán carácter subvencional. Se aplicarán a la formación programada por las empresas para sus trabajadores y trabajadoras y a los permisos individuales de formación.*

I *Subvenciones en régimen de concurrencia competitiva, que se aplicarán a la oferta formativa para personas trabajadoras desempleadas y ocupadas, incluida la dirigida específicamente a personas trabajadoras autónomas y de la economía social, así como a los programas públicos mixtos de empleo-formación. La concurrencia estará abierta a todas las entidades de formación que cumplan los requisitos de acreditación y/o inscripción conforme a la normativa vigente.*

Las empresas, desde el primer día del año, dispondrán de una cuantía o crédito de formación, cuyo límite estará en función a lo ingresado por el concepto de formación profesional en el año anterior y al tamaño de la empresa, que podrán utilizar mediante las bonificaciones en las cotizaciones empresariales a la Seguridad Social. Actualmente el crédito de las empresas en función a la plantilla será (Disposición adicional 81ª Ley 22/2013, de 23 de diciembre).

Plantilla	Crédito
De 6 a 9 trabajadores/as	100 %
De 10 a 49 trabajadores/as	75 %
De 50 a 249 trabajadores/as	60 %
De 250 o más trabajadores/as	50 %

Las empresas con plantillas de hasta 5 trabajadores/as dispondrán de un crédito mínimo de 420 €.

Podrán acceder a la formación programada todas las personas trabajadoras asalariadas (incluidos quienes durante su participación en la formación accedan a la situación de desempleo o se vean afectados por medidas temporales de suspensión del contrato por causas económicas, técnicas, organizativas o de producción), incluidos los fijos-discontinuos en los períodos de no ocupación, que presten servicios en las empresas y entidades públicas no incluidas en el ámbito de aplicación de los acuerdos de formación en las Administraciones Públicas, que coticen por formación con independencia de su tamaño o sector de actividad.

El requisito para la correcta bonificación en las cotizaciones es que las acciones formativas programadas por las empresas guarden relación con la actividad empresarial (art. 9.2 Ley 30/2015). Por lo tanto, las acciones se desarrollarán con la flexibilidad necesaria en cuanto a contenidos y el momento de su impartición para atender las necesidades formativas de la empresa de manera ágil y ajustar las competencias de sus trabajadores/as a los requerimientos cambiantes.

Según art. 9.5 de la Ley 30/2015, las empresas participarán en la financiación de la formación de sus trabajadores/as, según los porcentajes mínimos siguientes, que irán en función a la plantilla, de aplicación sobre el coste total de la formación:

Plantilla	Porcentaje de cofinanciación privada
De 1 a 5 trabajadores/as	Exentos
De 6 a 9 trabajadores/as	5 %
De 10 a 49 trabajadores/as	10 %
De 50 a 249 trabajadores/as	20 %
De 250 o más trabajadores/as	40 %

La Fundación Estatal para la Formación en el Empleo (FUNDAE) es la entidad que tiene entre otras funciones:

- Gestionar las subvenciones y bonificaciones que obtiene las empresas para llevar a cabo las acciones formativas.
- Contribuir al impulso y difusión del sistema de formación profesional para el empleo en el ámbito laboral entre las empresas y sus trabajadores/as.
- Dar asistencia y asesoramiento a las pymes posibilitando su acceso a la formación profesional para el empleo, así como apoyo técnico a los órganos administrativos competentes en la orientación a los trabajadores y a las trabajadoras.

La Fundación Estatal para la Formación en el Empleo pone a disposición de las empresas y entidades de formación una aplicación informática, así como **documentos** y manuales de utilización de la misma para gestionar las subvenciones.

4.3. Incorporación y actualización de datos del proceso de formación

Se ha estudiado la necesidad de crear una estrategia de formación, que determine las necesidades de formación de la plantilla, en función a los objetivos a alcanzar por la empresa. Para el éxito de dicha estrategia se requiere de:

- Un análisis y control del desarrollo de la estrategia de formación, para verificar aquellos aspectos conseguidos como los no alcanzados o no deseados, para establecer las acciones de mejora y corrección de los mismos.
- La constante incorporación y actualización de datos del personal de la empresa, así como análisis de las nuevas necesidades del personal.

En este sentido, resultan muy útiles las aplicaciones informáticas que permiten llevar a cabo la gestión laboral de la empresa, concretamente se verá el manejo de la aplicación *Nominasol*. En relación a la incorporación y actualización de datos del personal de la empresa, *NominaSol* permite gestionarlos seleccionando la ficha **Empresa,** el grupo **Ficheros** y la opción **Trabajadores.** De esta forma se mostrarán los que están activos en la empresa.

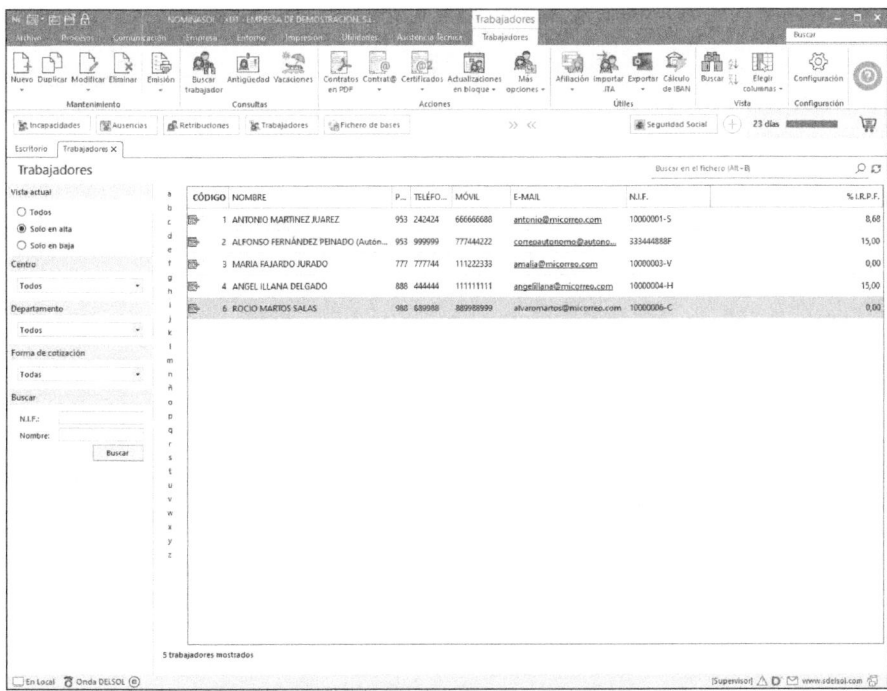

Para gestionar los datos de formación *NominaSol* no cuenta con una función específica, solo bastará con actualizar la ficha de cada trabajador/a. Para ello, se hace doble clic en la persona seleccionada y en la ventana que se muestra se selecciona la ficha **Trabajador,** el grupo **Mostrar** y la opción **Personal.** En el cuadro de texto **Observaciones** se añadirán, modificarán o eliminarán los datos relacionados con su formación.

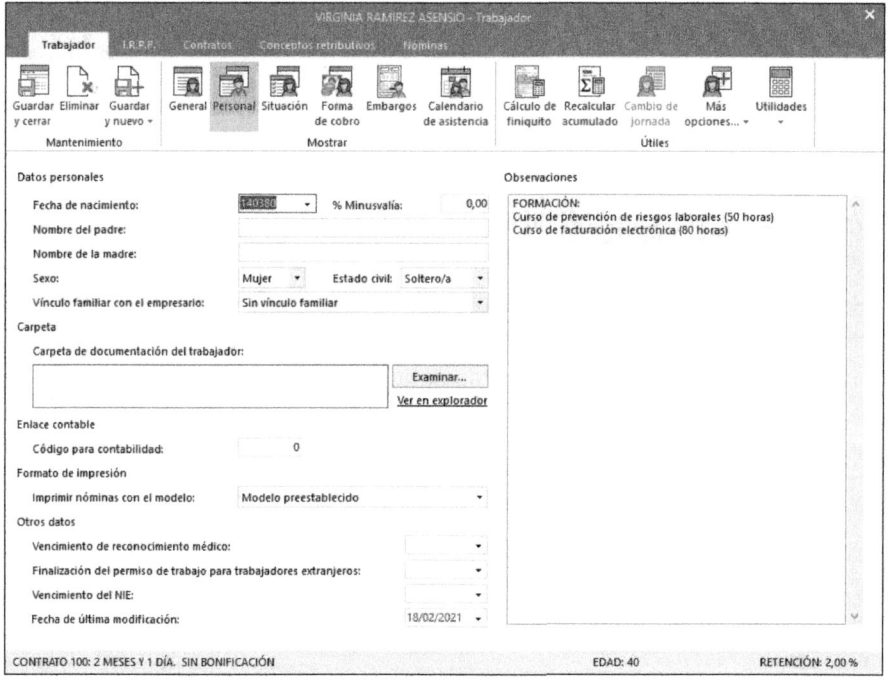

Para saber más...

Una vez actualizados los datos de formación del personal de la empresa, con *NominaSol* se pueden obtener informes en distintos formatos aplicando determinados filtros.

Para ello, se selecciona la ficha **Impresión**, el grupo **Empresa** y la opción **Trabajadores ->
Trabajadores.** El listado de informes que se pueden elegir es el que se muestra a continuación:

Continúa en página siguiente >>

<< Viene de página anterior

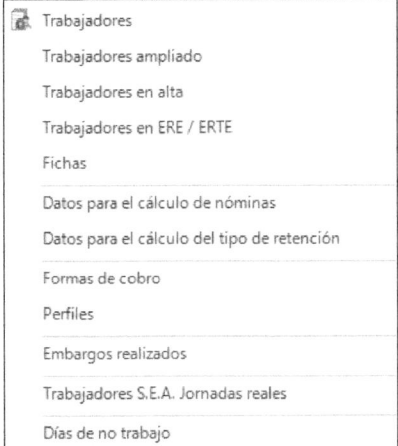

Cuando se elige la opción **Perfiles,** en la ventana que se abre se permite establecer diferentes filtros por: departamentos, estado civil, sexo, etc.

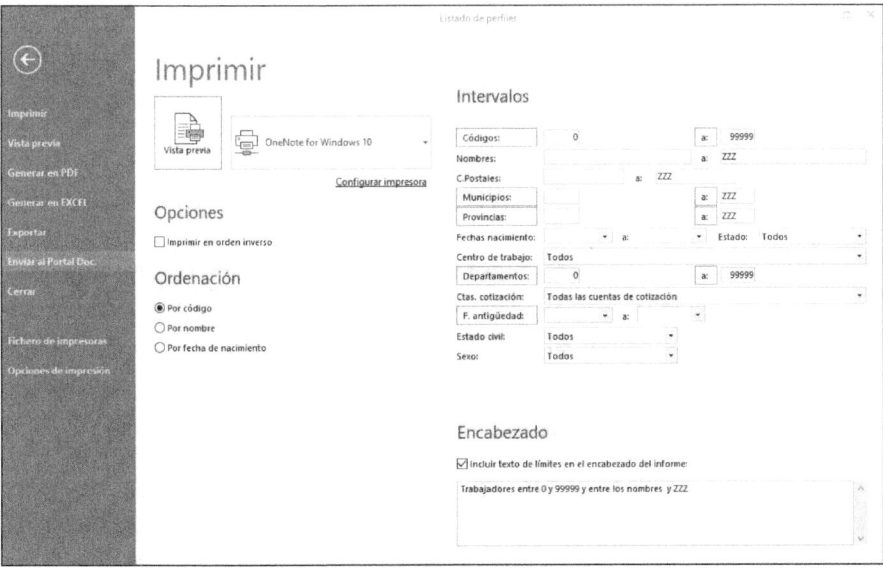

Además, antes de obtener el informe se puede realizar una vista previa y seleccionar si se quiere obtener en pdf, Excel, exportarlo o enviarlo al portal Doc.

Continúa en página siguiente >>

<< Viene de página anterior

Si se elige la opción que crea un documento Excel con el informe, habrá que indicar la ruta de destino del fichero y Aceptar la acción. Un ejemplo de informe en Excel es el que se muestra a continuación:

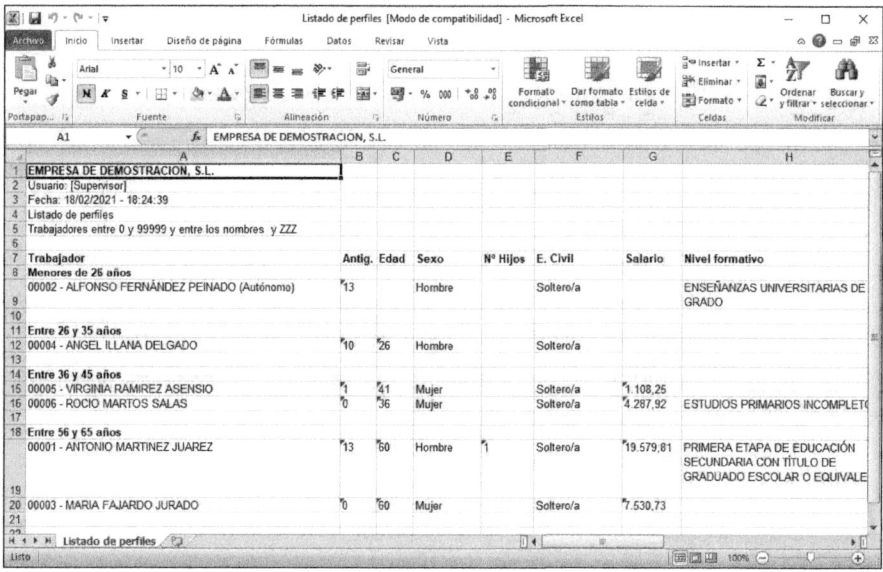

5. Aplicaciones informáticas para la gestión de recursos humanos

Para la gestión y control de los recursos humanos de una empresa, existe un amplio abanico de programas informáticos que facilitan las tareas derivadas de las relaciones contractuales de una empresa y con sus trabajadores/as.

5.1. Tipos y características

En función de las características de la empresa, tales como: el tipo de actividad que desarrolla y el tamaño de la misma, determinará la adquisición de un programa informático u otros.

En la elección del mismo también influirá el tipo de tareas que sean necesarias gestionar o llevar a cabo, tales como: selección de personal, formación, gestión de contratos de trabajo, nóminas, controles de asistencia, de absentismo laboral, etc.

Por ello, las empresas van a encontrar programas o *software* de gestión de recursos humanos estándar, con muy diferentes características que deberán estudiar para comprobar si cubren sus necesidades, e incluso, habrá empresas que opten por la creación de un programa de gestión de recursos humanos a medida.

Tal como se ha comentado con anterioridad, aquí se tratará la aplicación de *NominaSol,* aunque sus conceptos y procesos son aplicables a la mayoría de las aplicaciones del mercado.

5.2. Carga de datos: introducción y actualización

En el próximo capítulo, se aprenderán a gestionar diferentes funciones o tareas de una aplicación informática de gestión del personal, tales como: actualización de tablas varias, altas de empresas y trabajadores/as, cálculos de nóminas, los procesos de afiliación y cotización, pago de nóminas, etc. En este apartado se va a abordar una tarea de gran importancia: la introducción o alta de un convenio colectivo en la aplicación, así como la actualización del mismo.

Los convenios colectivos, dados de alta en una aplicación, podrán ser objeto de utilización por diferentes empresas, lo que implicará un ahorro de tiempo, al definirse a nivel de convenio los grupos profesionales, el sistema de retribución de los mismos, antigüedades, etc., datos que van a ser asumidos por las diferentes empresas a las que sea de aplicación el mismo.

Por ello es de vital importancia una correcta organización e introducción de datos y actualización de los mismos en el programa de nóminas pues, implicará un ahorro de tiempo y evitará errores, por ello se recomienda:

- En primer lugar, crear el convenio colectivo a utilizar y a continuación sus diferentes grupos o categorías profesionales.

- En segundo lugar, la creación de la empresa en cuyos datos se plasmará el convenio colectivo de aplicación y creado previamente, de esta forma, la empresa asumirá todos los datos del convenio colectivo definidos con anterioridad.
- Por último, la creación de las personas que integran la plantilla de la empresa, asumiendo estos los datos definidos en la empresa así como los datos definidos en el convenio colectivo.

Creación del convenio colectivo

Todas las empresas y su personal incluidos dentro del ámbito de aplicación de un convenio colectivo, quedarán obligados al cumplimiento de lo establecido en el mismo y durante toda su vigencia.

Para la creación de un Convenio colectivo se deberá seleccionar la ficha **Entorno,** el grupo **Convenios** y la opción **Convenios → Convenios.**

Con ello, en *NominaSol,* se abrirá la ventana **Convenios colectivos,** que mostrará los convenios existentes y también permitirá crear nuevos convenios, así como modificar, duplicar o borrar alguno de los ya existentes.

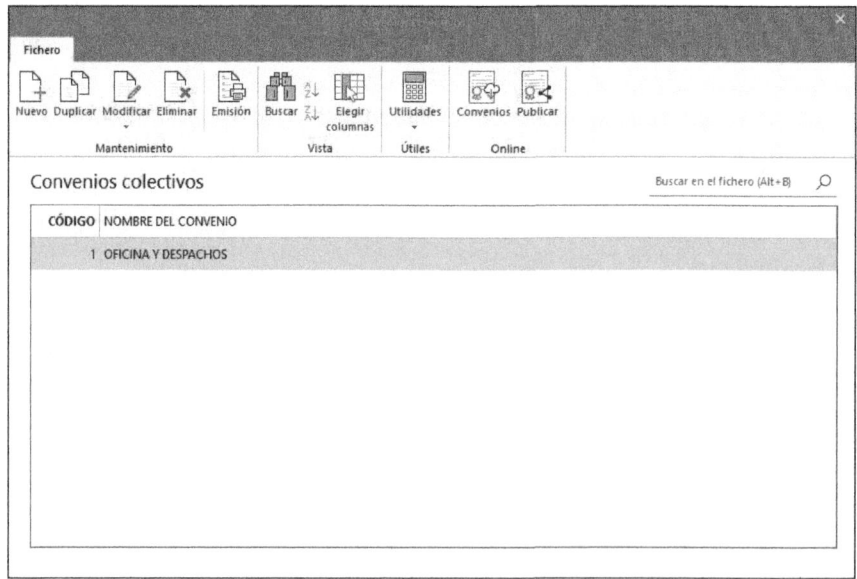

Al pulsar el botón **Nuevo,** se mostrará la ventana **Nuevo convenio colectivo,** tal como se muestra a continuación. En su parte superior se deberán cumplimentar datos generales, tales como: código oficial del convenio colectivo, su descripción, vigencia, jornada máxima legal, etc.

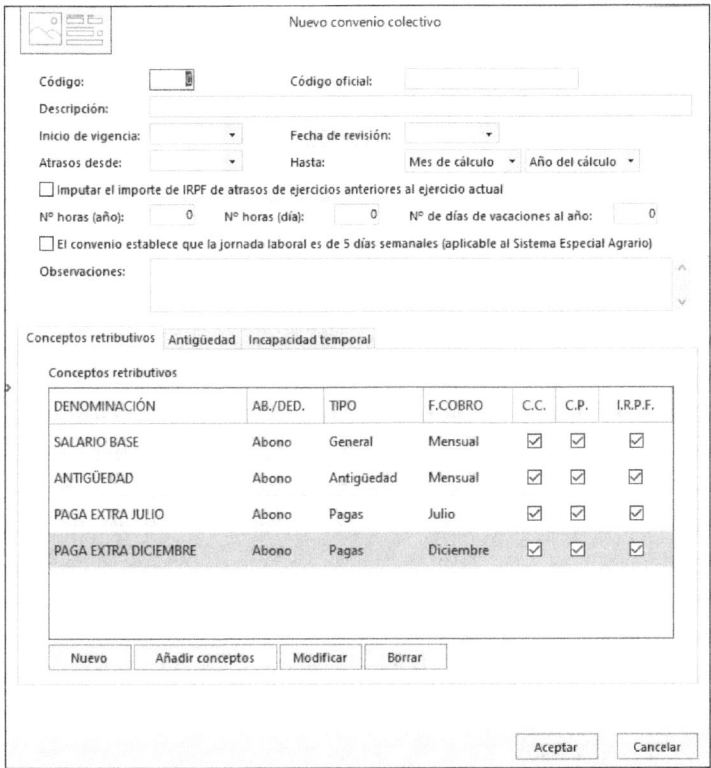

En la parte inferior de la ventana se muestran las tres fichas siguientes:

- **Conceptos retributivos:** por defecto y al crear el convenio ya vienen definidos 4 conceptos retributivos básicos: salario base, pagas extras de julio y diciembre, y la antigüedad, los cuales se podrán modificar o borrar con ayuda de los botones inferiores. Con ayuda del botón **Nuevo,** se podrán crear nuevos conceptos que serán configurados desde cero, o añadir alguno de los conceptos predefinidos, que ofrece el programa, a través del botón **Añadir conceptos.**

- **Antigüedad:** los convenios pueden establecer aumentos periódicos en concepto de permanencia de la persona trabajadora en la empresa, para ello se pulsará el botón **Nuevo** y se definirá una escala de incrementos que podrán venir dados por un porcentaje o un importe fijo dado en convenio colectivo.

- **Incapacidad temporal:** esta ficha permitirá configurar la prestación a pagar al trabajador y a la trabajadora, mientras se encuentre en situación de Incapacidad Temporal ya sea derivada de una enfermedad o accidente, así como las distintas prestaciones definidas en la Seguridad Social.

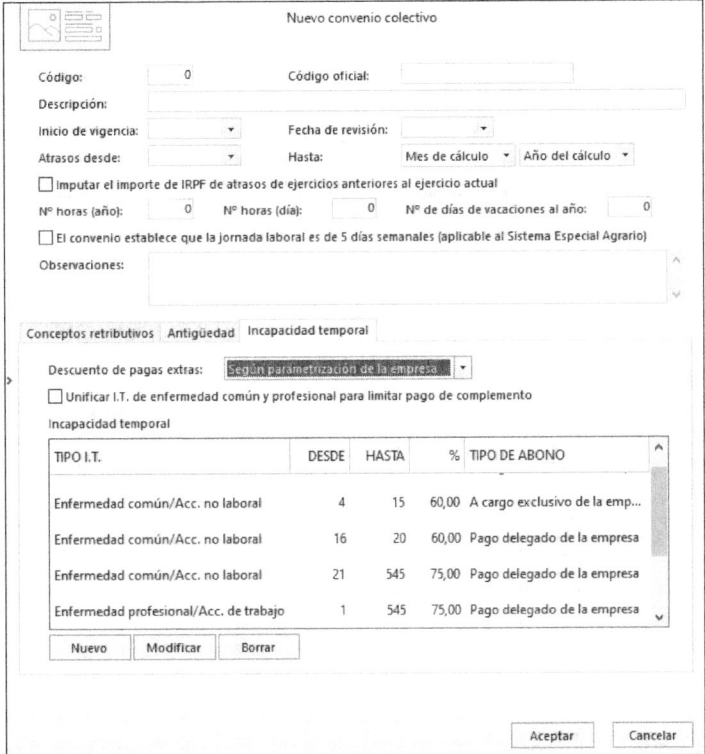

Se deberá tener en cuenta que todos los conceptos, antigüedades, y mejoras en incapacidades creadas a nivel de convenio, serán trasladados a sus categorías y consecuentemente a la empresa y sus trabajadores/as. Para finalizar con la creación y definición del convenio se pulsará el botón **Aceptar.**

Creación de categorías profesionales

Una vez creado el convenio colectivo, el siguiente paso será introducir las diferentes categorías ya determinadas en el convenio colectivo de aplicación en la empresa. Para ello, se elegirá la opción **Convenios -> Categorías.**

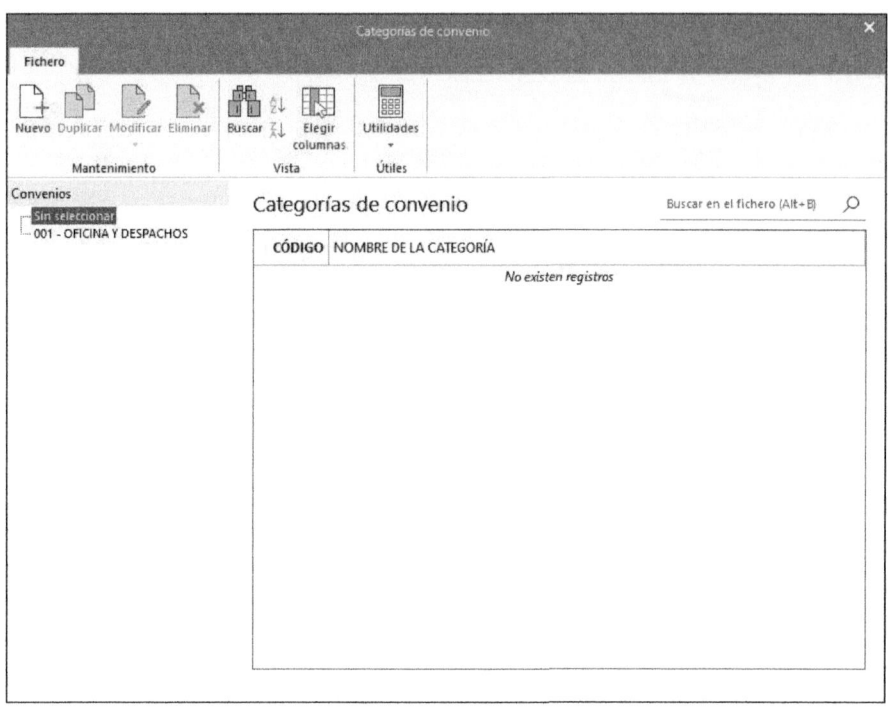

En esta nueva ventana se seleccionará el convenio al que se le van a crear sus categorías y seguidamente se elegirá la opción **Nuevo** del grupo **Mantenimiento.** La ventana que se abre es:

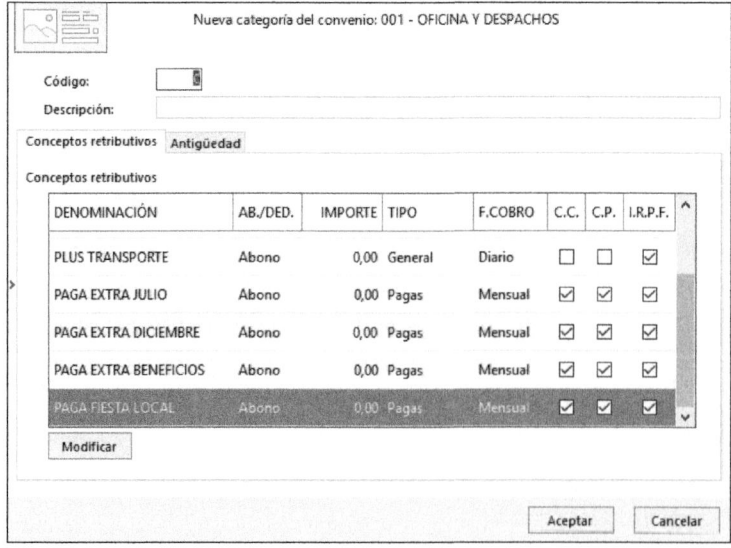

En la ventana **Nueva categoría del convenio,** se tendrán que cumplimentar los campos de: **Código** y **Descripción** de la categoría a crear, y a continuación se podrá observar, cómo las fichas de **Conceptos retributivos** y **Antigüedad,** muestran los contenidos definidos en el proceso de creación del convenio. Concretamente se tendrá que acceder a cada uno de los conceptos retributivos del convenio y modificarlos para introducir el importe del concepto según establezca el convenio. Para guardar los cambios y la categoría se pulsará el botón **Aceptar.**

Actualización de un convenio colectivo

Ante la publicación en BOE de una revisión salarial del convenio aplicable en la empresa, se tendrá que actualizar el importe de los conceptos retributivos en sus diferentes categorías profesionales. Para ello, se accederá a la opción de **Actualización -> Actualizar tablas salariales** dentro del grupo **Convenios.**

Tras acceder a la citada opción se mostrará la ventana **Actualizar tablas salariales de convenio,** donde se seleccionará el convenio a actualizar y con ello se mostrarán todas las categorías, tal como se muestra a continuación.

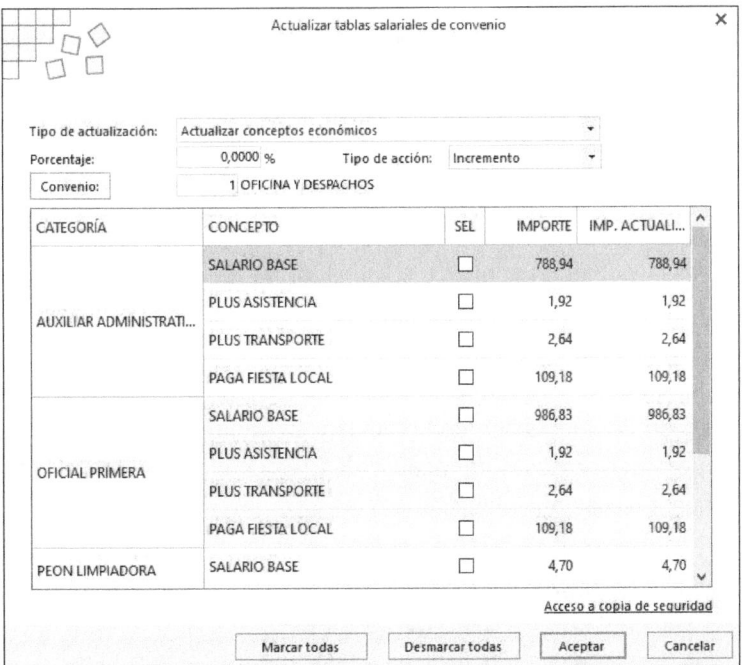

En dicha ventana se determinará el tipo de actualización: incremento o decremento, y se establecerán los parámetros de actualización de los conceptos económicos o los tramos de antigüedad mediante:

- un porcentaje dado y selección de aquellos conceptos a modificar;
- o actualización manual de cada uno de los importes de los conceptos retributivos.

Para guardar los cambios se pulsará el botón **Aceptar,** con ello, los conceptos actualizados serán trasladados al personal de las empresas que apliquen el convenio en cuestión.

6. Control de personal. Documentos básicos: listados, horarios, hojas de control

Las empresas, según art. 20 del ET (R. D. Legislativo 2/2015), en el ejercicio de sus facultades de dirección y control podrán establecer las medidas que consideren oportunas sobre sus trabajadores/as, con la finalidad de:

- Establecer un control del cumplimiento de las funciones y tareas marcadas a la plantilla, con el fin de velar por el cumplimiento de los objetivos generales de la empresa y de no ser así, se buscarán los posibles problemas de funcionamiento y sus causas, para establecer soluciones que minimicen los mismos y permitan conseguir el cumplimiento de los objetivos.
- Llevar a cabo un control disciplinario, de forma que se compruebe que la persona trabajadora cumpla con las obligaciones y deberes nacidos de la relación laboral.
- Llevar un control de incidencias laborales que pueden tener implicaciones en la elaboración de nóminas y en la cotización empresarial, como puede ser procesos de incapacidad temporal, nacimiento y cuidado de menor, vacaciones, huelga, etc.

? | Sabía que...

El Real Decreto-ley 8/2019 de 8 de marzo regula la obligación empresarial de tener un registro de la jornada de trabajo de toda la plantilla.

Cada empresa determina cómo llevar a cabo dichos procesos, por ejemplo:

- Listados de las tareas llevadas a cabo por su personal, los cuales podrán ser analizados.
- Sistemas de control del cumplimiento del horario o jornada laboral.
- Hojas de control de incidencias laborales.
- Etc.

Por lo tanto, la implantación de controles en la empresa permite ganar en productividad y competitividad, así como establecer normas de comportamiento y evitar:

- Los retrasos y las ausencias reiteradas.
- Reducir las horas improductivas y pagadas.
- Acabar con malas prácticas.
- Falta de implicación en la empresa y desmotivación laboral.
- Bajada del rendimiento individual y del resto de personal.
- Etc.

En la actualidad gran parte de dichos procesos se llevan a cabo mediante aplicaciones informáticas, donde el personal podrá: fichar sus entradas y salidas al centro de trabajo, plasmar las tareas llevadas a cabo en la jornada laboral, etc. Dichas aplicaciones también permiten llevar a cabo la confección de contratos de trabajo, cálculos de nóminas, gestión de la cotización empresarial, etc.

Por otro lado, las empresas deberán comunicar internamente a sus trabajadores/as el calendario laboral para el año, entre otros aspectos, para que estos sean conocedores de los períodos vacacionales y de forma que puedan elegir el período deseado así como hacer uso de los permisos a los cuales tienen derecho.

Por su parte, los trabajadores y las trabajadoras deberán comunicar a la empresa aquellas ausencias al trabajo, para que estas puedan planificar y programar sus labores dentro del sistema de producción y trabajo, y llevar a cabo los procesos necesarios de comunicación de datos, al Departamento de Recursos Humanos, por aquellas ausencias que impliquen variaciones en las nóminas y la cotización empresarial.

Por lo tanto, para el correcto funcionamiento de la empresa se requiere una cierta fluidez en la comunicación interna de la misma, en la que se deben dar una serie de aspectos básicos, con el fin de que no aparezcan situaciones no deseadas, tales como:

- **Escucha empática,** hace referencia a la escucha en la cual captamos el mensaje de la otra persona evitando prejuicios y poniéndonos en su papel. Con ello se muestra interés y atención ante diversas situaciones.
- **Escucha activa,** hace referencia a interesarse por la conversación haciendo preguntas, asintiendo y haciendo más fácil al emisor la transmisión del mensaje, con ello el mensaje además de ser escuchado es entendido.
- **Retroalimentación o** *feedback,* hace referencia a un proceso continuo que implica interacción entre dos partes donde el receptor responde a los mensajes emitiendo nueva información, con ello se comprueba si el mensaje ha llegado al receptor correctamente.
- **Evitar barreras en la comunicación,** tales como las físicas (ruido, interferencias, la distancia, etc.), psicológicas (pensamientos preconcebidos, estereotipos, etc.), y semánticas (utilización de palabra o acciones con distinto significado según el ámbito cultural o profesional).
- Etc.

En las **comunicaciones internas de la empresa a su personal,** estas podrán hacer uso de los tablones de anuncios, correo electrónico, mensajes en intranet, etc.

Mientras que la comunicación de cualquier incidencia **del personal a la empresa,** dependerá del procedimiento establecido por la misma, aunque un ejemplo de ello sería mediante la cumplimentación de un modelo de solicitud de permiso laboral, tal como se muestra a continuación:

Solicitud de permiso laboral

Información sobre el permiso

Nombre
empleado: _____

Número empleado: _____ Departamento: _____

Director: _____

Tipo de permiso solicitado:

☐ Enfermedad   ☐ Vacaciones   ☐ Defunción   ☐ Tiempo libre no remunerado

☐ Matrimonio   ☐ Miembro de jurado   ☐ Nacimiento y cuidado de menor   ☐ Otros

Días de permiso:
Desde: _____ hasta: _____

Motivo del permiso laboral:

Las solicitudes de permiso laboral se deben presentar dos días antes del primer día en que se estará ausente, a excepción del permiso por enfermedad.

_____   _____
Firma del empleado   Fecha

Aprobación del director

☐ Aprobada

☐ Rechazada

Comentarios:

_____   _____
Firma del director   Fecha

7. Fundamentos y principios básicos de un modelo de calidad total

La calidad, como herramienta de mejora para las empresas, surge en Japón tras la Segunda Guerra Mundial, definiéndose como la capacidad para satisfacer las expectativas y requisitos de los clientes, respecto a los productos o servicios que presta una organización, es decir, el grado en el que un conjunto de características propias a un producto cumple con las expectativas de los consumidores.

Dicho concepto ha ido evolucionando hasta llegar a la calidad total como un enfoque organizativo global, en el que participan todas las personas de la organización y que se centra en la mejora continua de los productos, de los servicios y de la organización, en cada una de sus fases, para alcanzar la mayor satisfacción del cliente. Por lo tanto, la calidad total es la suma de esfuerzos, de todos los miembros de una organización, para alcanzar una meta y superarla, así como lograr una mejora del producto o servicio.

Para que la implantación de un sistema de calidad total sea un éxito, dicho sistema deberá ajustarse a los siguientes principios o aspectos básicos:

- **Enfoque al cliente:** con la finalidad de lograr la satisfacción del cliente y cubrir sus necesidades actuales y futuras.
- **Liderazgo:** los directivos de una empresa deberán crear un clima laboral que permita a su personal implicarse para alcanzar los objetivos marcados, al mismo tiempo que cubren sus necesidades.
- **Participación del personal:** todos los miembros de la organización deben participar y con el desarrollo de sus habilidades contribuirán a la consecución de los objetivos.
- **Enfoque basado en procesos:** el desarrollo de las tareas y de las actividades, según un proceso ya definido, permitirá alcanzar el resultado deseado.
- **Enfoque de sistema para la gestión:** los procesos identificados como parte de un sistema contribuyen a aumentar la eficacia y eficiencia para alcanzar los objetivos de la organización.
- **Mejora continua:** la organización facilitará a su personal las herramientas necesarias para perfeccionar sus competencias y formación como medio para alcanzar la mejora y cumplimiento de los objetivos parciales y finales de la misma.

- **Enfoque basado en hechos para la toma de decisiones:** el análisis de datos e información obtenida de la propia organización, permitirá la toma de decisiones más efectivas y acertadas.
- **Relaciones mutuamente beneficiosas con el proveedor:** la selección de unos proveedores con los que tener una comunicación clara y abierta permitirá alcanzar una mejora para ambas partes.

Para la implantación de un sistema de gestión de calidad en una organización, se deben cumplir una serie de requisitos generales tales como:

- Concretar los procesos necesarios y su aplicación dentro de la organización, así como su secuencia y relación con el resto de procesos.
- Identificar los criterios y métodos para realizar y controlar dichos procesos.
- Facilitar los recursos y la información necesaria.
- Llevar a cabo un seguimiento y análisis del proceso de implantación.
- Llevar a cabo tareas de mantenimiento y mejora continua de todos los procesos.

Una de las claves de un sistema de calidad total es su afán por mejorar continuamente a través de la actuación (corregir y estandarizar), de la planificación (establecer los objetivos), de la verificación (evaluar y validar) y la realización (instituir e implementar).

 Sabía que...

Además de los requisitos generales, expuestos anteriormente, se requiere de unas exigencias en la documentación, tales como:

I Declaraciones documentadas de una política de la calidad y de objetivos de la calidad propios de cada organización.
I Un Manual de la calidad adaptado a las actividades de la organización (documento que engloba a todo el sistema de gestión).
I Procedimientos documentados (control de la documentación y de los registros, de auditoría interna, no conformidades, acciones correctivas y preventivas).
I Documentos de planificación, operación y control de los procesos.
I Los registros de calidad requeridos.

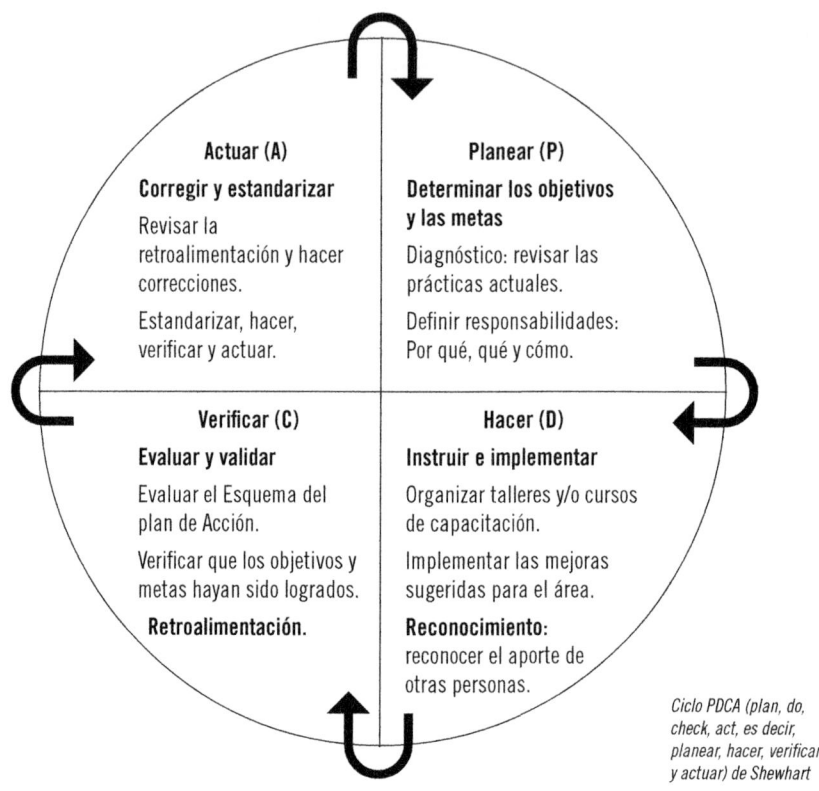

Ciclo PDCA (plan, do, check, act, es decir, planear, hacer, verificar y actuar) de Shewhart

Para la implantación de un sistema de calidad es primordial el compromiso de la dirección, lo cual se pone de manifiesto cuando la organización proporciona todos los recursos necesarios, ya sean humanos, materiales, etc.

En este sentido, el personal de una organización es esencial y su compromiso dará lugar al desarrollo de sus habilidades y capacidades en pro a la consecución de los objetivos. Por lo tanto, es de suma importancia que las empresas verifiquen que las habilidades y capacidades de su plantilla, se adecuen a los puestos de trabajo, ya sea por:

- Necesidades formativas requeridas por los propios trabajadores/as ante el desempeño de su trabajo.
- Proyectos o inversiones futuras que requieran ciertas capacidades o competencias.
- Futuros cambios tecnológicos, legislativos, etc.

Cualquier desajuste entre las capacidades y el perfil del puesto, determinará la necesidad de elaborar un plan de formación, de forma que los trabajadores y las trabajadoras recibirán la formación o acciones necesarias. Dichos planes se podrán abordar por la propia empresa o acudir a un centro de formación, tal y como se ha estudiado con anterioridad.

Para el éxito del plan de formación, las empresas deberán verificar que los contenidos del manual sean los necesarios para cubrir las necesidades de la formación requerida. Finalizadas las acciones formativas es de suma importancia mantener los registros del expediente al día, para ello se podrán conservar y archivar los listados de asistentes, los horarios de impartición y las hojas de control de asistencia.

Los trabajadores y las trabajadoras requieren que los planes de formación recibidos cubran las habilidades y competencias demandas en su puesto de trabajo, por ello la implantación de un sistema de calidad en la formación implica que la formación se ajuste a la realidad laboral. De forma que el personal, a lo largo del transcurso natural entre la formación y el empleo, perciban una continuidad entre ambas realidades.

 Aplicación práctica

La empresa Viro S. L., desea instaurar un sistema de calidad total. ¿Es aconsejable este tipo de sistemas de calidad para la empresa?

Si el sistema de calidad no se implanta de forma correcta, ¿qué consecuencias puede tener?

SOLUCIÓN

Sí es aconsejable instaurar este tipo de sistemas, ya que amplía el concepto de calidad (no solo se centra en el producto final, sino que en primer lugar se centra en el cliente y en el cuidado de su plantilla).

Continúa en página siguiente >>

<< Viene de página anterior

Si no se implanta de manera correcta un sistema de calidad, puede tener consecuencias negativas en la confianza del cliente por lo que se vuelve más vulnerable ante el mercado y los competidores, también afecta negativamente en la adaptación de los cambios que debe afrontar la empresa, ello dificultaría afrontar situaciones negativas o el cumplimiento de los objetivos.

8. Normas de protección de datos

El tratamiento de datos de carácter personal necesarios para el cumplimiento de la normativa laboral, se someterá a lo dispuesto en el **Reglamento (UE) 2016/679** del Parlamento Europeo y del Consejo, de 27 de abril de 2016 (RGPD) y en la **Ley Orgánica 3/2018,** de 5 de diciembre (LOPDGDD).

El RGPD tiene por objeto garantizar y proteger, en lo que concierne al tratamiento de los datos personales, las libertades y derechos fundamentales de las personas físicas. La LOPDGDD, por su parte, persigue adaptar el ordenamiento jurídico español al RGPD y garantizar los derechos digitales de los ciudadanos.

 Nota

Esta normativa comprende el tratamiento automatizado y no automatizado de los datos de carácter personal registrado, que los haga susceptibles de tratamiento y a toda modalidad de uso posterior de dichos datos por los sectores público y privado.

Se regirá por la citada ley orgánica y por el reglamento general, todo tratamiento de datos de carácter personal:

- Que tenga total o parcialmente carácter automatizado, así como, aquellos que no tengan dicho carácter y estén o sean susceptibles de incluirse en un fichero.
- Cuando esté relacionado con actividades de un establecimiento del responsable o del encargado en la Unión, independientemente de que el tratamiento sea o no en la Unión.
- Cuando se trate de datos personales de interesados que residan en la Unión, sea realizado por un responsable o encargado no establecido en la Unión y las actividades estén relacionadas con la oferta de bienes o servicios a dichos interesados o el control de su comportamiento.
- Cuando sea realizado por un responsable que no esté establecido en la Unión sino en un lugar en que el Derecho de los Estados miembros sea de aplicación según el Derecho internacional público.

 Definición

---

Tratamiento de datos
Cualquier operación o conjunto de operaciones realizadas sobre datos personales o conjunto de datos personales, ya sea por procedimientos automatizados o no, como la recogida, registro, organización, estructuración, conservación, adaptación o modificación, extracción, consulta, utilización, comunicación por transmisión, difusión o cualquier otra forma de habilitación de acceso, cotejo o interconexión, limitación, supresión o destrucción.

Tanto la LOPDGDD como el RGPD no se aplican al tratamiento de datos personales, que se encuentran en las siguientes circunstancias:

a. En el ejercicio de una actividad no comprendida en el ámbito de aplicación del Derecho de la Unión.
b. Por parte de los Estados miembros cuando lleven a cabo actividades comprendidas en el ámbito de aplicación del capítulo 2 del título V del Tratado de la Unión Europea.
c. Efectuado por una persona física en el ejercicio de actividades exclusivamente personales o domésticas.

d. Por parte de las autoridades competentes con fines de prevención, investigación, detección o enjuiciamiento de infracciones penales, o de ejecución de sanciones penales, incluida la de protección frente a amenazas a la seguridad pública y su prevención.

e. Cuando se trate de datos de personas fallecidas.

f. Cuando el tratamiento esté sometido a la normativa sobre protección de materias clasificadas.

 Importante

En el tratamiento de datos, se debe llevar un registro interno y por escrito. Se debe llevar un registro de las actividades de tratamiento siempre que se traten datos de riesgo o sensibles, salvo las empresas de menos de 250 personas en plantilla.

La normativa de protección de datos regula las siguientes categorías de datos:

- **Básicos:** incluye la información relativa a una persona física identificada o identificable, datos identificativos, tales como (nombre, NIF, etc.), características personales (estado civil, sexo, etc.), circunstancias sociales (aficiones, estilo de vida, etc.), información académica, profesional, comercial y económico-financiera.
- **Especiales:** incluye información y datos sensibles, tales como, origen étnico, datos sobre la salud, afiliación sindical, convicciones religiosas, etc.
- **Relativos a condenas e infracciones penales.**

Tanto la LOPDGDD como el RGPD establecen disposiciones específicas por categoría de datos. Las medidas a aplicar para garantizar la seguridad de la información tratada dependerán de cada entidad y del nivel de riesgo que establezca. Asimismo, está prohibido, de forma general, el tratamiento de datos incluidos en las categorías especiales.

Aplicación práctica

La empresa Table S. A., tiene información de sus trabajadores/as en relación a su número de cuenta, su teléfono, su nombre y apellidos, su número de la Seguridad Social y su afiliación sindical.

¿Qué tipo de protección merecen estos datos?

SOLUCIÓN

El número de cuenta, el teléfono, el nombre y apellidos así como el número de la Seguridad Social, se incluyen en la categoría de datos básicos. En este caso la empresa decidirá las medidas a aplicar para garantizar la seguridad de estos datos, dependiendo del nivel de riesgo que considere que tienen.

Sin embargo, de los datos referentes a la afiliación sindical, incluidos en la categoría de datos especiales, está prohibido su tratamiento.

Los **principios** que rigen el tratamiento de los datos personales son los siguientes:

- **Licitud, lealtad y transparencia:** deben ser tratados de manera lícita, leal y transparente en relación con el interesado.
- **Limitación de finalidad:** los datos recogidos con fines determinados, explícitos y legítimos, no serán tratados posteriormente de manera incompatible con dichos fines.
- **Minimización:** deben ser adecuados, pertinentes y limitados a lo necesario en relación con los fines para los que son tratados.
- **Exactitud:** deben ser exactos y, si fuera necesario, actualizados con respecto a los fines para los que se tratan.
- **Limitación del plazo de conservación:** deben ser mantenidos de forma que se permita la identificación de los interesados durante no más tiempo del necesario para los fines por los que se tratan.
- **Integridad y confidencialidad:** deben ser tratados de forma que se garantice su seguridad adecuada, incluida la protección contra el tratamiento

no autorizado o ilícito y contra su pérdida, destrucción o daño accidental, mediante la aplicación de medidas técnicas u organizativas apropiadas.

■ **Responsabilidad proactiva:** el responsable del tratamiento será responsable del cumplimiento de los demás principios del tratamiento, y debe ser capaz de demostrarlo.

Entre los derechos regulados por la normativa de protección de datos se incluyen algunos que afectan al ámbito laboral. En base a ellos, la persona trabajadora tiene derecho a la intimidad en el uso de los dispositivos digitales utilizados en el trabajo, a la desconexión digital y a la intimidad en el uso de dispositivos de videovigilancia y geolocalización.

8.1. La confidencialidad y salvaguarda eficaz e íntegra de ficheros

El control de acceso y actualización de información en una base de datos o programa de gestión laboral, se llevará a cabo, a través de la configuración de permisos a los usuarios que trabajan con la aplicación, con ello se mantendrá la debida confidencialidad y una salvaguarda eficaz e íntegra de la información

Al acceder al programa *NominaSol,* se solicita una clave de acceso, y al no tener creada ninguna, se accede con la establecida por el programa, denominada Supervisor. Pues bien, cada trabajador/a que utilice el programa puede disponer de un **usuario y clave propia,** con la cual tendrá acceso a un determinado número de operaciones; es decir, el usuario tendrá el paso restringido a ciertas opciones del programa. Esto le da la seguridad de que no se comentan errores, o se realicen procesos que los usuarios no deberán realizar, ya que los mismos corresponderán a otra jerarquía de la empresa.

Para crear una clave de seguridad en *NominaSol,* se accederá a la ficha **Archivo** y en el menú lateral que existe en la pantalla se seleccionará el botón **Opciones.**

Con ello se abrirá una nueva ventana denominada **Configuración de** *Nomi-naSol,* que permitirá configurar diversos parámetros del programa, tales como: correo electrónico, apariencia, opciones de impresión, etc., y entre las cuales, también se podrán crear y configurar los usuarios, para ello se seleccionará el segundo botón tal como se muestra en la siguiente ventana.

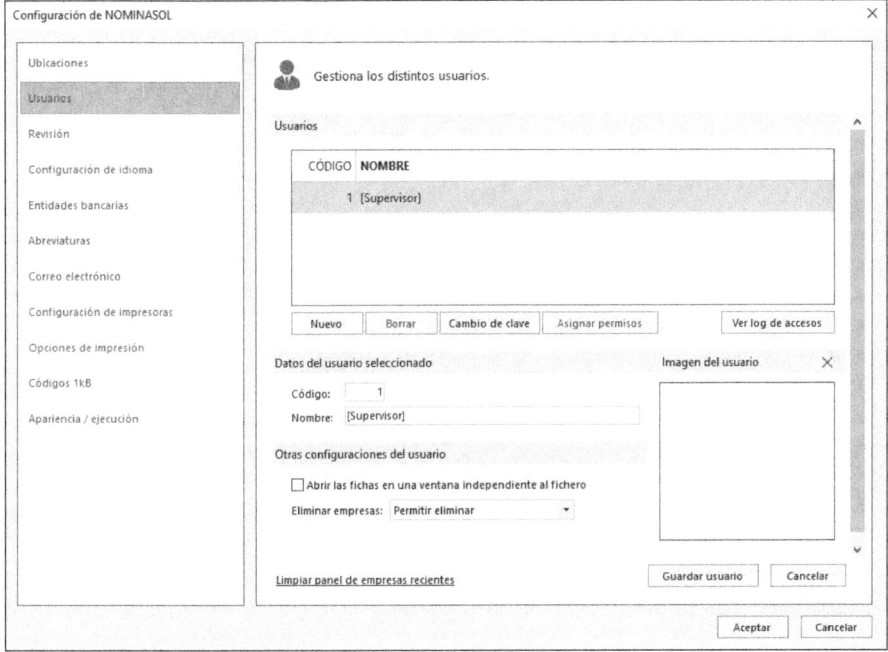

Para dar de alta un nuevo usuario se pulsará el botón **Nuevo,** y con ello se tendrá que introducir el código y nombre del usuario y seguidamente se pulsa-rá el botón **Guardar usuario.** A continuación, se seleccionará el botón **Asignar permisos** para configurar o asignar los accesos del nuevo usuario.

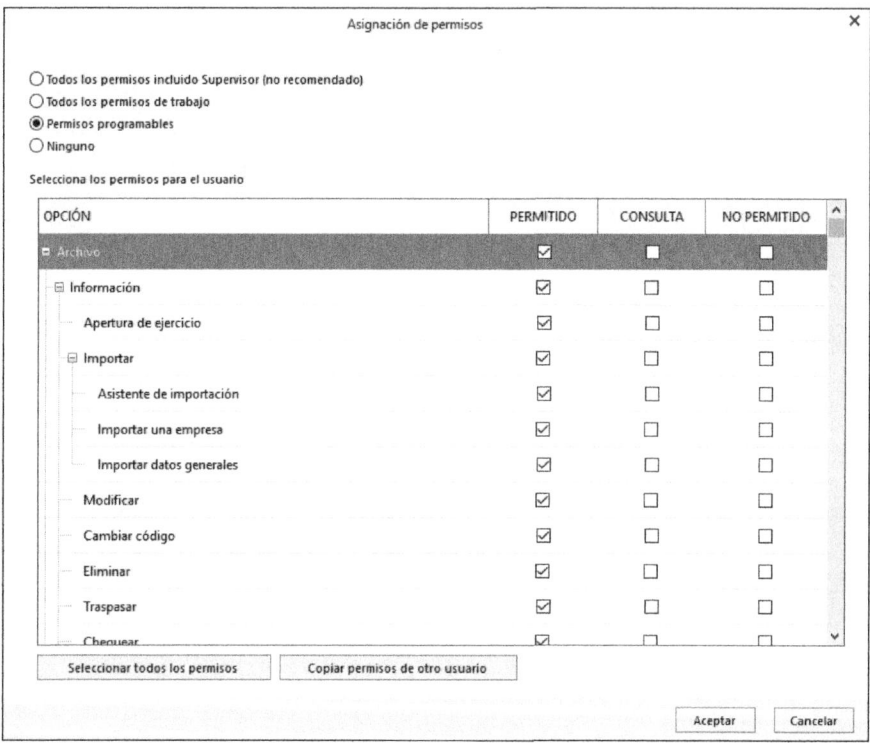

Los permisos podrán ser de cuatro tipos:

- **Todos los permisos, incluido Supervisor (no recomendado),** su elección permitirá realizar y acceder a cualquier información.
- **Todos los permisos de trabajo,** con esta opción se podrán realizar todas las tareas salvo la creación y configuración de usuarios.
- **Permisos programables,** su elección permitirá limitar las tareas que podrá llevar a cabo un usuario concreto, así como el acceso a la información mediante la configuración como consulta o incluso no permitir el acceso a diferentes funciones del programa.
- **Ninguno,** esta opción no permitirá acceder al usuario.

Para guardar la configuración del usuario creado o modificado, se deberá pulsar el botón **Aceptar.** La configuración de la clave de acceso se realizará una vez seleccionado el usuario deseado.

A través de la ventana **Cambio de clave de acceso de usuario** se puede:

- Crear desde el inicio la clave de usuario, introduciendo solo la nueva clave.
- Modificar la clave de usuario existente, incluyendo tanto la clave antigua como la nueva.

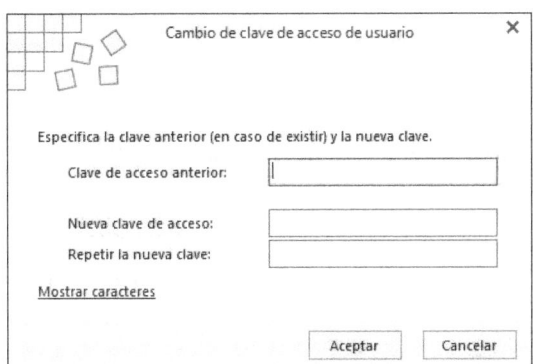

 Nota

El botón **Cambio de clave** solo estará activo para el usuario con el cual se ha accedido a la aplicación *NominaSol*.

8.2. Copia de seguridad

Una tarea de gran relevancia, en la salvaguarda eficaz de los datos contenidos en ficheros o bases de datos, es la realización de copias de seguridad.

Para llevar a cabo la copia de seguridad en *NominaSol* se tendrá que acceder a la ficha **Archivo** y a la opción **Seguridad** del menú lateral de la pantalla. De los botones que se muestran habrá que hacer clic en el primero denominado **Copia de Seguridad.** Con ello se mostrará la siguiente ventana:

En la ventana **Copia de Seguridad,** en primer lugar, se configurarán los datos que se desean copiar, los cuales podrán ser:

- Una empresa y año determinado, con esta opción se tendría que realizar tantas copias como empresas existentes en el programa, por lo que no sería la opción más eficaz y rápida.
- Una copia genérica de los datos del programa, esta opción copiaría datos generales del programa, tales como tablas, convenios, documentos, etc.
- Una copia completa, opción que englobaría todas las empresas existentes en el programa, así como los datos genéricos.

A continuación se especificaría el lugar donde se trasladaría la copia de seguridad, que podría ser una ruta predeterminada, una ubicación específica, correo electrónico, etc.

También se podrán seleccionar determinadas acciones como comprimir la información, no sobrescribir copias de seguridad o identificación de las copias con el nombre del programa. Para finalizar se pulsará el botón **Aceptar,** con ello se mostrará un mensaje sobre el proceso que se llevará a cabo y se deberá pulsar el botón **Sí.**

9. Prevención de riesgos laborales

Tal como se expuso en el capítulo anterior, la prevención de los riesgos laborales es otro de los deberes de la empresa respecto de su personal, definiéndose esta como el conjunto de acciones y medidas que se toman con el fin de prevenir, eliminar o minimizar los riesgos que están presentes en la actividad laboral.

9.1. Marco normativo básico en materia de prevención de riesgos laborales

La normativa vigente de prevención de riesgos laborales es amplia, sobre todo si aunamos la nacional y la internacional. Por ello, en este punto solo se analizará la más destacada.

9.1.1. La Ley de prevención de riesgos laborales

En concreto se trata de la Ley 31/1995, de 8 de noviembre, de Prevención de Riesgos Laborales, ley que afecta a casi todas las empresas, dentro de las cuales se encuentran las que realizan tareas administrativas y de oficina. Considerada la piedra angular de la normativa española en materia preventiva, es la transposición al Derecho Español de una serie de Directivas europeas, entre las que se encuentra la Directiva marco (Directiva 89/391/CEE).

Debido a su extensión, se van a analizar los puntos relacionados con las tareas administrativas o de oficina.

En primer lugar, comentar que su art. 4, referido a definiciones, afirma que:

Se entenderá por "prevención" el conjunto de actividades o medidas adoptadas o previstas en todas las fases de actividad de la empresa con el fin de evitar o disminuir los riesgos derivados del trabajo.

Se entenderá como "riesgo laboral" la posibilidad de que un trabajador sufra un determinado daño derivado del trabajo. Para calificar un riesgo desde el punto de vista de su gravedad, se valorarán conjuntamente la probabilidad de que se produzca el daño y la severidad del mismo.

Se entenderá como "equipo de trabajo" cualquier máquina, aparato, instrumento o instalación utilizada en el trabajo.

Se entenderá como "condición de trabajo" cualquier característica del mismo que pueda tener una influencia significativa en la generación de riesgos para la seguridad y la salud del trabajador. Quedan específicamente incluidas en esta definición:

a. Las características generales de los locales, instalaciones, equipos, productos y demás útiles existentes en el centro de trabajo.

b. La naturaleza de los agentes físicos, químicos y biológicos presentes en el ambiente de trabajo y sus correspondientes intensidades, concentraciones o niveles de presencia.

c. Los procedimientos para la utilización de los agentes citados anteriormente que influyan en la generación de los riesgos mencionados.

d. Todas aquellas otras características del trabajo, incluidas las relativas a su organización y ordenación, que influyan en la magnitud de los riesgos a que esté expuesto el trabajador.

Por otro lado, toda empresa debe saber que (art. 5):

La política en materia de prevención de riesgos laborales deberá promover la integración eficaz de la prevención de riesgos laborales en el sistema de gestión de la empresa.

Ya en el art. 14 de la citada ley, se citan aspectos básicos relacionados con derechos y obligaciones:

1. Los trabajadores tienen derecho a una protección eficaz en materia de seguridad y salud en el trabajo [...].

2. En cumplimiento del deber de protección, el empresario deberá garantizar la seguridad y la salud de los trabajadores a su servicio en todos los aspectos relacionados con el trabajo [...].

3. El empresario deberá cumplir las obligaciones establecidas en la normativa sobre prevención de riesgos laborales.

4. *Las obligaciones de los trabajadores establecidas en esta Ley, la atribución de funciones en materia de protección y prevención a trabajadores o servicios de la empresa y el recurso al concierto con entidades especializadas para el desarrollo de actividades de prevención complementarán las acciones del empresario, sin que por ello le eximan del cumplimiento de su deber en esta materia, sin perjuicio de las acciones que pueda ejercitar, en su caso, contra cualquier otra persona.*

5. *El coste de las medidas relativas a la seguridad y la salud en el trabajo no deberá recaer en modo alguno sobre los trabajadores.*

 Importante

Según el art. 15 de la Ley 31/1995, uno de los principios generales de la prevención dice que hay que adaptar el trabajo a la persona, en particular la elección de los equipos y los métodos de trabajo y de producción. Ello quiere decir que los sistemas adoptados para la realización de las tareas administrativas tienen que adaptarse a las personas trabajadoras y no al contrario.

Teniendo en cuenta que la mayor parte de las tareas de oficina son llevadas a cabo por personal cualificado, y según el art. 19, la empresa garantizará que cada trabajador/a reciba una formación teórica y práctica, suficiente y adecuada, en materia preventiva. Esta formación estará centrada específicamente en el puesto de trabajo o función de cada trabajador/a, adaptarse a la evolución de los riesgos y a la aparición de otros nuevos y repetirse periódicamente, en caso necesario.

También hay que destacar el art. 22, es decir, el referido a la Vigilancia de la salud. Según este:

■ La empresa tiene que garantizar la vigilancia periódica de la salud de su personal.
■ La vigilancia solo podrá llevarse a cabo si la plantilla da su consentimiento, aunque bien es cierto que será obligatoria cuando los reconocimientos médicos sean imprescindibles para evaluar los efectos de las condiciones de trabajo sobre la salud, cuando haya que verificar que el

estado de salud de una persona trabajadora no constituya peligros para el resto o para él mismo y cuando lo establezca una disposición legal.

■ Los resultados de la vigilancia solo serán facilitados al personal.

■ El/La empresario/a y personas/órganos con responsabilidades preventivas serán informados sobre las conclusiones, es decir, si una persona trabajadora es apta o no para el desempeño de su puesto de trabajo.

Por último, no olvidar que la plantilla también tiene obligaciones en materia preventiva (artículo 29):

1.º Usar adecuadamente, de acuerdo con su naturaleza y los riesgos previsibles, las máquinas, aparatos, herramientas, sustancias peligrosas, equipos de transporte y, en general, cualesquiera otros medios con los que desarrollen su actividad.

2.º Utilizar correctamente los medios y equipos de protección facilitados por el empresario, de acuerdo con las instrucciones recibidas de este.

3.º No poner fuera de funcionamiento y utilizar correctamente los dispositivos de seguridad existentes o que se instalen en los medios relacionados con su actividad o en los lugares de trabajo en los que esta tenga lugar.

4.º Informar de inmediato a su superior jerárquico directo, y a los trabajadores designados para realizar actividades de protección y de prevención o, en su caso, al servicio de prevención, acerca de cualquier situación que, a su juicio, entrañe, por motivos razonables, un riesgo para la seguridad y la salud de los trabajadores.

5.º Contribuir al cumplimiento de las obligaciones establecidas por la autoridad competente con el fin de proteger la seguridad y la salud de los trabajadores en el trabajo.

6.º Cooperar con el empresario para que este pueda garantizar unas condiciones de trabajo que sean seguras y no entrañen riesgos para la seguridad y la salud de los trabajadores.

9.1.2. El Reglamento de los Servicios de Prevención

Aprobado por el Real Decreto 39/1997, el 17 de enero, el Reglamento de los servicios de prevención es otra de las principales normas españolas sobre prevención de riesgos laborales.

Debido a su extensión, en este punto solo serán analizados brevemente los principales aspectos relacionados con las áreas que llevan tareas administrativas en las empresas.

En primer lugar, destaca el art. 2, es decir, el referido al Plan de PRL. Dice entre otras cosas:

- El Plan de PRL es la herramienta para integrar la actividad preventiva en el sistema general de gestión de la empresa, además de establecer la política preventiva.
- El Plan de PRL hay que recogerlo en un documento que estará a disposición, entre otros, de la plantilla, e incluirá hechos como la identificación de la empresa y de su actividad, el número y características de los distintos centros de trabajo, el número de empleados/as, la estructura organizativa, etc.
- Los principales instrumentos para llevar a cabo la gestión y aplicación del Plan de PRL son la evaluación de riesgos y la planificación preventiva.

El art. 10 del citado Reglamento, establece que el desarrollo de las actividades preventivas puede ser llevado a cabo por la empresa, la o las personas trabajadoras designadas para ello o por un servicio de prevención.

Por último, hay que destacar el art. 22.bis, ya que indica que es necesaria la presencia de recursos preventivos en el centro de trabajo cuando los riesgos puedan verse agravados o modificados, cuando se realicen actividades o procesos peligrosos (recogidos en Anexo I del R. D. 39/1997) y cuando lo requiera la Inspección de Trabajo y Seguridad Social (ITSS).

 **Definición**

Recurso preventivo

Según la Nota técnica de prevención 994, se considera recurso preventivo a una o varias personas designadas o asignadas por la empresa, con formación y capacidad adecuada, que dispone de los medios y recursos necesarios, y son suficientes en número para vigilar el cumplimiento de las actividades preventivas que así lo requieran.

9.1.3. Directivas sobre seguridad y salud en el trabajo

Una Directiva es un acto legislativo que establece una serie de objetivos que todos los países de la Unión Europea (UE) deben cumplir.

Desde el punto de vista de seguridad y salud en el trabajo, la principal de las directivas es denominada Directiva marco 89/391/CEE del Consejo, de 12 de junio de 1989, relativa a la aplicación de medidas para promover la mejora de la seguridad y de la salud de los/as trabajadores/as en el trabajo.

Se convirtió, desde su aparición, en un hito fundamental para la prevención de riesgos laborales, ya que imponía unos requisitos mínimos en materia de salud y seguridad en todos los países de la UE, permitiendo al mismo tiempo a los Estados mantener esos mínimos o establecer medidas más restrictivas.

 **Recuerde**

Ya se dijo anteriormente que la Ley 31/1995 de Prevención de Riesgos Laborales es la transposición al Derecho español de la Directiva 89/391/CEE.

Otras directivas relacionadas con la seguridad y salud en el trabajo son:

- Directiva 89/654/CEE del Consejo, de 30 de noviembre de 1989, relativa a las disposiciones mínimas de seguridad y de salud en los lugares de trabajo.
- Directiva 89/656/CEE del Consejo, de 30 de noviembre de 1989, relativa a las disposiciones mínimas de seguridad y de salud para la utilización por los trabajadores en el trabajo de equipos de protección individual.
- Directiva 90/269/CEE, de 29 de mayo de 1990, establece las disposiciones mínimas de seguridad y de salud relativas a la manipulación manual de cargas que entrañe riesgos, en particular dorsolumbares, para los trabajadores.
- Directiva 90/270/CEE del Consejo, de 29 de mayo de 1990, referente a las disposiciones mínimas de seguridad y de salud relativas al trabajo con equipos que incluyen pantallas de visualización.
- Directiva 91/383/CEE del Consejo, de 25 de junio de 1991, por la que se completan las medidas tendentes a promover la mejora de la seguridad y de la salud en el trabajo de los trabajadores con una relación laboral de duración determinada o de empresas de trabajo temporal.
- Directiva 92/85/CEE del Consejo, de 19 de octubre de 1992, relativa a la aplicación de medidas para promover la mejora de la seguridad y de la salud en el trabajo de la trabajadora embarazada, que haya dado a luz o en período de lactancia.
- Directiva 94/33/CE del Consejo, de 22 de junio de 1994, relativa a la protección de los jóvenes en el trabajo.
- Directiva 2009/104/CE del Parlamento Europeo y del Consejo, de 16 de septiembre de 2009, relativa a las disposiciones mínimas de seguridad y de salud para la utilización por los trabajadores en el trabajo de los equipos de trabajo.

9.2. Organismos responsables de Seguridad

Existen multitud de organismos que se encargan de velar por el cumplimiento de las normas en materia de riesgos laborales tanto a nivel nacional como internacional.

9.2.1. Organismos internacionales

Los organismos de carácter internacional están formados por la Unión Europea y la Organización Internacional del Trabajo. Estos organismos elaboran normativa de distinta índole, que posteriormente es adaptada por los países miembros a su ordenamiento jurídico.

Dentro de la **Unión Europea** destacan las siguientes instituciones:

- Agencia Europea para la Seguridad y la Salud en el Trabajo: tiene como función recoger toda la información técnica, científica y económica sobre la investigación relativa a la salud y seguridad en el trabajo, examinarla y difundirla a través de una red formada por un centro de referencia por cada Estado miembro, siendo el de España el Instituto Nacional de Seguridad y Salud en el Trabajo, y por los países de la AELC, países candidatos y posibles candidatos.
- Fundación Europea para la Mejora de las Condiciones de Vida y de Trabajo (EUROFOUND): su función es la recogida, análisis, debate y difusión de la información relativa a las condiciones de vida y trabajo.

La **Organización Internacional del Trabajo (OIT)** tiene como funciones la asistencia técnica, recopilación y difusión de información, y elaboración y aprobación de convenios y recomendaciones internacionales.

9.2.2. Organismos nacionales

Los organismos nacionales son todas aquellas instituciones de carácter general que se encargan de regular diferentes materias. Dentro de la materia laboral, en España existen varios organismos que se encargan de aspectos relacionados con el trabajo. Entre ellos destacan:

- Administración pública competente en materia laboral: cuya función es desarrollar la prevención, prestar asesoramiento técnico, vigilar y controlar el cumplimiento de la normativa de prevención de riesgos laborales, y sancionar las infracciones cometidas a dicha normativa.
- Instituto Nacional de Seguridad y Salud en el Trabajo: es el órgano científico técnico especializado de la Administración General del Estado

cuya misión es el análisis y estudio de las condiciones de seguridad y salud en el trabajo, así como la promoción y apoyo a la mejora de las mismas. Para ello, establecerá la cooperación necesaria con los órganos de las comunidades autónomas con competencias en esta materia.

■ Inspección de Trabajo y Seguridad Social: su función consiste en la vigilancia y control de la normativa sobre prevención de riesgos laborales.

■ Administración pública competente en materia sanitaria, tiene como función:

> ▮ El establecimiento de medios adecuados para la evaluación y control de las actuaciones de carácter sanitario que se realicen en las empresas por los servicios de prevención.
>
> ▮ La implantación de sistemas de información adecuados que permitan la elaboración de mapas de riesgos, estudios epidemiológicos, etc.
>
> ▮ La supervisión de la formación que deba recibir el personal sanitario en materia de salud laboral.
>
> ▮ La elaboración y divulgación de estudios, investigaciones y estadísticas relacionados con la salud de los trabajadores y las trabajadoras.

■ Comisión Nacional de Seguridad y Salud en el Trabajo: asesora a las Administraciones públicas en la formulación de las políticas de prevención y es órgano de participación institucional en materia de seguridad y salud en el trabajo.

■ Participación de empresarios/as y trabajadores/as: a través de las organizaciones empresariales y sindicales más representativas, la empresa y las personas trabajadoras pueden participar en la planificación, programación, organización y control de la gestión relacionada con la mejora de las condiciones de trabajo y la protección de la seguridad y salud de los trabajadores y las trabajadoras en el trabajo.

9.3. Proceso de identificación y evaluación de riesgos profesionales

La identificación y evaluación de los riesgos en una profesión, es el principio en el que se fundamenta una gestión activa de la seguridad y salud en el trabajo. De forma que mediante la evaluación de riesgo se obtendrá la información necesaria para tomar las decisiones oportunas sobre la adopción de acciones preventivas y las que se deben realizar.

Para realizar una evaluación sobre los distintos riesgos hay que:

- Analizar los riesgos.
- Valorar los riesgos.

Análisis de los riesgos

En primer lugar, se examinará a cada trabajador/a en cada una de sus actividades y se **analizarán los diferentes riesgos** o peligros que puedan causar lesiones personales, daños a la propiedad, daños al medioambiente, etc.

Para los distintos peligros, podemos considerar las siguientes cuestiones:

- Si existe una fuente de daño.
- Qué o quién puede sufrir daño.
- Cómo puede ocurrir el daño.

Algunos de los riesgos más comunes en los trabajos de oficina pueden ser: caídas al mismo o distinto nivel, choques/golpes contra objetos inmóviles, estrés, sobreesfuerzos, cortes, contactos eléctricos, incendios, etc.

El segundo paso será determinar la **estimación del riesgo,** la cual vendrá determinada por la severidad del daño (consecuencias) y por la probabilidad de que este ocurra. Es decir:

- La **severidad del daño** se trata del valor perjudicial de este si se llegase a producir. Para analizar la severidad, se deben tener en cuenta las partes del cuerpo que pueden ser perjudicadas y la naturaleza del daño. La severidad del daño se puede clasificar en:

Ligeramente dañino	Dañino	Extremadamente dañino
- Pequeños cortes y magulladuras. - Molestias e irritación de los ojos. - Dolor de cabeza. - Disconfort. - Lesiones sin baja o baja inferior a 10 días. - Etc.	- Torceduras importantes. - Conmociones. - Quemaduras. - Amputaciones de dedos. - Lesiones múltiples. - Fracturas. - Intoxicación considerable. - Sordera. - Lesiones que conllevan una baja superior a 10 días. - Etc.	- Cáncer y otras enfermedades crónicas. - Lesiones extremadamente graves. - Amputaciones de piernas, brazos, ojos... - Etc.

- La probabilidad de que ocurra el percance en una única situación de riesgo, dando lugar a las consecuencias estimadas como más probables. Para valorar la probabilidad del daño, previamente se analizará el lugar de la oficina donde se realizará la actividad, además de preguntar a la plantilla sobre las tareas a realizar en su puesto de trabajo. A continuación, se manejará como referencia la siguiente tabla de probabilidad:

Baja	Media	Alta
Es raro que ocurra el daño.	Hay posibilidades de que ocurra el daño.	El daño es normal que ocurra.

Valoración de los riesgos

Una vez obtenido el grado de riesgo, hay que valorarlo y decidir si es necesaria la adopción de medidas preventivas. Si se consideran necesarias, hay que asignar la prioridad y el tipo de medidas.

	Consecuencias		
	Ligeramente dañino	Dañino	Extremadamente Dañino
Baja	Riesgo trivial	Riesgo tolerable	Riesgo moderado
Probabilidad Media	Riesgo tolerable	Riesgo moderado	Riesgo importante
Alta	Riesgo moderado	Riesgo importante	Riesgo intolerable

Según las consecuencias del riesgo se deberá:

- Si es trivial, la prioridad de ejecución de medidas es baja. Además, no se requiere una acción específica.
- Si es tolerable, el grado de prioridad es medio. Aunque no se necesite mejorar la acción preventiva, deben buscarse una serie de soluciones y/o mejoras y realizarse unas comprobaciones periódicas que aseguren la eficacia de las medidas de control.
- Si es moderado, que supone una prioridad media-alta, los esfuerzos para reducir el riesgo tienen que ser serios. Además, las medidas para reducir este riesgo tienen que implantarse para un período determinado de tiempo.
- Si es importante, la prioridad de poner en acción las medidas preventivas es alta. El trabajo no debe comenzar hasta que haya desaparecido el riesgo, por lo que hay que actuar rápido para solucionar el problema.
- Por último, si es intolerable, ante este tipo de riesgo, hay que actuar inmediatamente y, no hace falta comentar que, no se continuará trabajando hasta que no desaparezca el riesgo. Si tomadas las medidas no desaparece el riesgo, el trabajo a realizar tiene que prohibirse.

Para finalizar, comentar que lo más normal es que cuanto más importante es el riesgo más inversión económica hay que realizar para tomar medidas preventivas y, de esta manera, hacer desaparecer el riesgo.

Aplicación práctica

La empresa Lavapa S. A., tiene 3 trabajadores, uno de ellos realizando la actividad que le compete, ha sufrido un accidente cuya consecuencia ha sido muy dañina. ¿Que alcance habrá tenido dicho accidente?

SOLUCIÓN

El trabajador por el grado de gravedad del accidente, habrá tenido lesiones muy graves pudiendo llegar incluso a fatales.

9.4. Daños y medidas correctoras de riesgos en el trabajo

Los daños o riesgos laborales se presentan en todo tipo de actividad, por tanto los trabajos de tipo administrativo desarrollados en oficinas, también suponen una fuente de riesgos.

Es importante destacar que si bien este tipo de actividad no da origen a accidentes graves, si pueden dar lugar a una serie de problemas para la salud de la plantilla que en muchos casos pueden cronificarse, por lo cual se deberá prestar especial atención al aspecto preventivo.

Los principales riesgos que pueden afectar a las personas trabajadoras que realizan su actividad en el ámbito administrativo, pueden tener su origen en las propias instalaciones como los ascensores o elevadores, la instalación eléctrica, el sistema de calefacción, etc. Estas instalaciones deben ser controladas a través del cumplimiento estricto de la normativa legal específica sobre Seguridad Industrial.

A continuación se exponen una serie de **riesgos** que se pueden presentar desde el punto de vista de la seguridad así como medidas preventivas o correctoras de los riesgos o daños.

- **Incendios:** su origen suele ser principalmente en áreas donde se almacenan materiales combustibles o líquidos inflamables. Las medidas van encaminadas tanto a evitar el inicio del incendio como a las técnicas para evitar su propagación.

  Mediante la **prevención** se pretende reducir al mínimo la probabilidad de inicio del incendio, para ello, se almacenarán los materiales combustibles en lugares alejados y aislados de las zonas de trabajo; los recipientes con líquidos inflamables deben estar debidamente etiquetados; evitar la conexión de múltiples equipos a un mismo enchufe y el mantenimiento de los cables en buenas condiciones, etc.

  Mientras que la **protección** se ocupa de evitar su propagación y de reducir al mínimo sus consecuencias, para ello debe existir una protección estructural (consiste en utilizar elementos constructivos que dificulten el avance del incendio, una vez producido, logrando un aislamiento en sectores de incendio controlados) y sistemas de detección y alarma contra incendios.

- **Contactos eléctricos y quemaduras:** generalmente se derivan de la utilización incorrecta de equipos eléctricos o del estado defectuoso de los mismos.

  En este tipo de daños o riesgos, las medidas van encaminadas a la verificación previa del correcto estado de los equipos, así como no se utilizarán los mismos con manos y/o pies mojados; no se manipulará la instalación eléctrica, cables y enchufes, y las averías serán tratadas por personal especializado o por el servicio de mantenimiento, etc.

- **Caídas:** caídas que podrán ser al mismo nivel o diferente y suelen tener su origen en condiciones materiales inseguras como suelos resbaladizos o deteriorados, moquetas rotas, cables en el suelo, etc., o en actos inseguros del personal: pérdida de equilibrio al inclinar las sillas hacia atrás, utilizar sillas o cualquier mueble para subir a lugares altos, etc.

  Se recomienda mantener el orden y una limpieza periódica, colocar y almacenar los documentos y archivos en los lugares destinados para ello (por ejemplo, armarios y estanterías), además de deshacerse de todos aquellos innecesarios. Limpiar inmediatamente el suelo siempre que caigan sobre él productos, como líquidos, grasas, desperdicios, residuos, etc. El suelo tiene que ser antideslizante. Los pasillos y zonas de paso tienen que estar libres de obstáculos. Utilizar escaleras y taburetes seguros para alcanzar y acceder a los estantes altos.

- **Estrés o fatiga mental:** se da cuando el estado general del organismo se ve alterado, sobre todo, en su equilibrio psíquico, por la acción de la contaminación ambiental como ruido, iluminación, temperatura, carga mental, etc. Las medidas a adoptar podrán ser:

  - En relación al ruido: insonorizar las paredes, buscando reducir el paso de ruido desde una sala a otra, además del ruido proveniente del exterior (personas por la calle, tráfico, trabajos que se estén realizando en la calle, etc.). Los aparatos y equipos utilizados deben ser los más silenciosos: climatizadores, fotocopiadoras, destructoras de documentos. Hablar lo menos posible con el resto de compañeros/as de trabajo y con volumen medio-bajo.

  - En relación al estrés visual: las medidas preventivas son referidas, en su mayor parte, al personal que realiza sus labores con ordenador. Por lo que se recomienda que la iluminación sea natural y en caso contrario será suave pero suficiente. Las ventanas deben estar situadas en los laterales de la sala de trabajo para evitar o disminuir deslumbramientos y reflejos. Mantener una cierta distancia a la pantalla del ordenador.

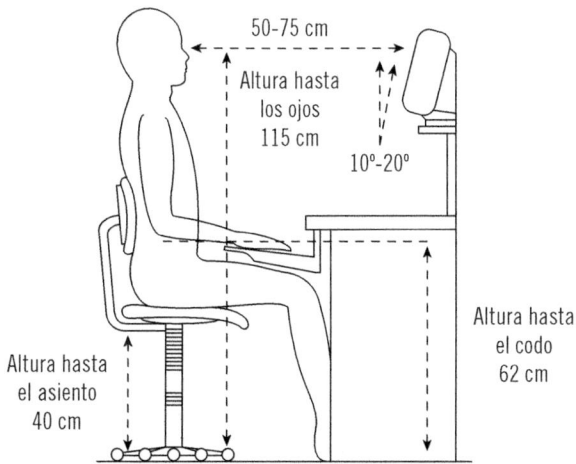

  - Estrés provocado por la temperatura, la temperatura óptima varía según las características del lugar de trabajo (muchas personas trabajadoras unidas, fotocopiadoras y ordenadores todo el día funcionando, etc.), se puede establecer una temperatura óptima ambiental situada entre 20 y 22 ºC. La temperatura controlada por medio de un climatizador deberá tener una velocidad del aire adecuada y no ocasionar molestias.

- Carga mental, provocada por un alto nivel de concentración, así como el grado en que las tareas desempeñadas obligan a estar en alerta, entre otras cosas. Se recomienda establecer cierta variedad de tareas a desarrollar, organizar el tiempo de trabajo, etc.

- **Sobreesfuerzos:** se produce por un inadecuado manejo de cargas, al trasladar o mover, de forma inadecuada mobiliario, equipos y materiales. Forman parte de una de las causas más importantes de baja médica en trabajo de oficina. Como medidas se evitará coger cargas con un peso excesivo. Al coger objetos, este movimiento se deberá realizar sin doblar la espalda, lo más pegado posible al eje del cuerpo y a una altura cercana al abdomen. No realizar estiramientos para alcanzar un objeto sino que hay que valerse de una escalera o un taburete. De estar sentados, el asiento debe poseer 5 patas, con un sistema de altura y respaldo regulable, se utilizará un reposapiés también regulable, el teclado tiene que permitir mantener un ángulo de unos 90º con los codos y dejar un espacio suficiente delante para que apoyen las muñecas.

- **Golpes con o contra objetos:** se producen principalmente contra las esquinas del mobiliario, cajones abiertos de mesas y archivos, puertas, etc. Como medida se recomienda que el mobiliario de la oficina mantenga una óptima distribución y orden acorde con el trabajo a realizar. Tener cuidado al cerrar cajones, ventanas o puertas.

- **Cortes y heridas punzantes:** producidos al manejar objetos de corte, grapadoras, destructora de documentos y durante la manipulación del papel. Se recomienda tener cuidado con la guillotina, grapadora manual o eléctrica, comprobando que posee homologación y una protección adecuada; trabajar muy concentrado y con mucho cuidado, así como seguir las instrucciones de uso de la maquinaria utilizada.

10. Normas básicas de protección del medio ambiente en el ámbito laboral

La legislación española en materia ambiental es extensa y muestra una gran variedad de obligaciones que afectan a las actividades empresariales y especialmente a las actividades empleadas en el sector industrial. Por lo que, el tratamiento y adecuación de la normativa ambiental por parte de las actividades empresariales es complicado.

Importante

Las empresas son uno de los primeros agentes que deben prestar una atención específica a la protección del medioambiente.

Las actividades a las que le afecta la legislación ambiental son aquellas cuyo ejercicio desencadena:

- Emisiones de sustancias a la atmósfera.
- Emisiones de vertidos a las aguas continentales y marítimas.
- Generación de residuos.
- Afección al suelo.
- Generación de ruido y vibraciones.
- Generación de sustancias y preparados peligrosos.

El **art. 45 de la Constitución Española** recoge el derecho de todos los ciudadanos a disfrutar de un medioambiente adecuado para el desarrollo de la persona, así como la obligación y deber de conservarlo, por lo tanto de ocasionarse algún daño existirá la obligación de repararlo.

Tal como se ha comentado con anterioridad, existe una gran diversidad de normas jurídicas las cuales desarrollan el precepto de la CE, y a pesar de ello no han sido capaces de prevenir reiterados accidentes, de diversa naturaleza, que han tenido gravísimas consecuencias para el entorno natural.

Con la publicación de la **Ley 26/2007 de 23 de octubre,** de Responsabilidad Medioambiental, se incorporan al ordenamiento jurídico español, las medidas de prevención y reparación de daños medioambientales recogidas en la Directiva 2004/35/CE del Parlamento Europeo y del Consejo, de 21 de abril de 2004.

Dicha ley incorpora un régimen administrativo de responsabilidad ambiental de carácter objetivo e ilimitado basado en los principios de prevención y de que «quien contamina paga». Con ella, la Administración pública debe garantizar el cumplimiento de la ley, de forma que exige a las empresas las obligaciones de:

- **Prevención y evitación de daños medioambientales,** haciendo extensiva su adopción para todo tipo de actividades y frente a todo tipo de comportamientos, tanto dolosos o negligentes, como meramente accidentales o imprevisibles.
- **Reparación de los daños medioambientales** causados por el desarrollo de actividades empresariales o profesionales. Con ello las empresas que dañen el medioambiente deberán restituir el hábitat a su estado inicial.

Por lo tanto, con esta ley se establece una responsabilidad medioambiental de las empresas, la cual difiere de la responsabilidad civil en la que pueda incurrir una empresa. Para ello, las empresas y profesionales que lleven a cabo actividades económicas (especificadas en el anexo III de la citada ley), deberán constituir una garantía financiera que les permita hacer frente a la responsabilidad medioambiental inherente a la actividad que pretendan desarrollar.

Según el art. 26 de la Ley 26/2007 dicha garantía financiera se podrá constituir mediante:

- Una póliza de seguro que se ajuste a la Ley 50/1980, suscrita con una entidad aseguradora autorizada para operar en España.
- La obtención de un aval, concedido por alguna entidad financiera autorizada a operar en España.

■ La constitución de una reserva técnica mediante la dotación de un fondo "ad hoc" con materialización en inversiones financieras respaldadas por el sector público.

 Sabía que...

Con la publicación del R. D. 2090/2008 de 22 de diciembre, entre otras materias, se desarrolla el régimen jurídico de las garantías financieras.

Con la publicación de la **Ley 2/2011, de 4 de marzo,** se pretende la introducción en el ordenamiento jurídico de las reformas estructurales necesarias para crear condiciones que favorezcan un desarrollo económico sostenible, definiéndose economía sostenible como:

> *...un patrón de crecimiento que concilie el desarrollo económico, social y ambiental en una economía productiva y competitiva, que favorezca el empleo de calidad, la igualdad de oportunidades y la cohesión social, y que garantice el* **respeto ambiental y el uso racional de los recursos naturales,** *de forma que permita satisfacer las necesidades de las generaciones presentes sin comprometer las posibilidades de las generaciones futuras para atender sus propias necesidades.*

En el respeto ambiental y uso racional de los recursos naturales, los poderes públicos en sus respectivos ámbitos, impulsarán:

■ Ahorro y eficiencia energética.
■ Promoción de las energías limpias, reducción de emisiones y eficaz tratamiento de residuos.

Las empresas así como su personal, en el desarrollo de sus tareas podrán implicarse en la protección del medioambiente mediante un consumo racional de la energía, así como la aplicación de la conocida técnica de las 3R, es decir: reducir, reutilizar y reciclar.

La técnica de las 3R, es trasladable a todos los ámbitos de la vida personal y empresarial, así como en las tareas propias del Departamento de Recursos Humano, pues:

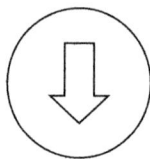

Reducir:
Es la más importante porque tiene un efecto directo en la reducción del daño al medioambiente, al aconsejar adquirir solo lo necesario (con ello se disminuye la cantidad de residuos que se generan) o imprimir la información o documentación realmente necesaria.

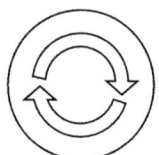

Reutilizar:
Es una acción encaminada a alargar la vida útil de un producto. Por ejemplo, cuando se configura la impresora para imprimir siempre por las dos caras.

Reciclar:
Tiene como objetivo aprovechar el producto ya usado para convertirlo en otro utilizable. Por ejemplo, cuando se utiliza el papel usado para elaborar otros productos.

11. Resumen

En este segundo capítulo se han estudiado diversas funciones que lleva a cabo el personal de Recursos Humanos, tales como:

- Proceso de selección de personal: partiendo del análisis y descripción de los puestos de trabajo y determinando aquella técnica de selección más adecuada para llevar a cabo un proceso exitoso.
- Determinación de proyectos de formación y reciclaje de los trabajadores y las trabajadoras según las necesidades de la organización.
- Control de personal.

Se ha comprobado la importancia de una correcta organización del trabajo con la utilización de programas de gestión que contribuyen al desarrollo de las funciones del Departamento de Recursos Humanos, lo cual implicará un ahorro de tiempo y un buen control de la organización.

Y por último se han abordado materias de gran calado en una organización como son la calidad, la protección de datos y del medioambiente, y la prevención de riesgos laborales.

Para que la implantación de un sistema de calidad total sea adecuada este deberá ajustarse a los siguientes principios o aspectos básicos:

- Enfoque al cliente.
- Liderazgo.
- Participación del personal.
- Enfoque basado en procesos.
- Enfoque de sistema para la gestión.
- Mejora continua.
- Enfoque basado en hechos para la toma de decisiones.
- Relaciones mutuamente beneficiosas con el proveedor.

Según la normativa de protección de datos personales se diferencian 3 categorías cuyo tratamiento depende de la que se trate, es decir, básicos, especiales, o relativos a condenas e infracciones penales.

La normativa vigente de prevención de riesgos laborales es amplia, sobre todo si se aúna nacional e internacional, encontrándose entre la más destacada: la Ley de Prevención de Riesgos Laborales, el Reglamento de los Servicios de Prevención y las directivas sobre seguridad y salud en el trabajo.

Ejercicios de repaso y autoevaluación

1. ¿Cuál es el objetivo principal del Departamento de Recursos Humanos?

_____

_____

_____

_____

2. Defina la planificación del proceso de selección.

_____

_____

_____

_____

_____

_____

_____

3. Complete el siguiente texto:

El _____ (ADTP) es el proceso que estudia y analiza los diferentes puestos de trabajo de una _____, con el objetivo de especificar las funciones, _____, conocimientos, _____, destrezas y competencias necesarias para el desempeño exitoso del _____.

4. Complete el siguiente esquema:

Fases del proceso de selección

```
┌──────────────────────────────────┐
│                                  │
└──────────────────────────────────┘
┌──────────────────────────────────┐
│                                  │
└──────────────────────────────────┘
┌──────────────────────────────────┐
│                                  │
└──────────────────────────────────┘
┌──────────────────────────────────┐
│                                  │
└──────────────────────────────────┘
┌──────────────────────────────────┐
│                                  │
└──────────────────────────────────┘
```

5. Relacione los diferentes tipos de formación que puede recibir el personal de la empresa con su definición.

    a. Formación de ingreso
    b. Formación complementaria
    c. Formación de perfeccionamiento
    d. Formación desarrollo

    __ Pretende que los/as trabajadores/as adquieran los conocimientos, habilidades, destrezas, etc., necesarios para un correcto desempeño de sus tareas.

    __ Se inicia con la incorporación de la persona trabajadora al puesto de trabajo que se corresponde con la primera toma de contacto con la empresa y adquiere conocimientos de la empresa en general, sobre su estructura organizativa, sus objetivos, etc.

    __ Formación cuyo contenido no tiene por qué ser el específico del puesto de trabajo, aunque puede complementar las competencias del mismo.

    __ Hace referencia a la formación necesaria para la promoción profesional del personal dentro de la organización. Este tipo de formación puede estar encaminada a la planificación de las carreras profesionales de los/as trabajadores/as dentro del plan estratégico de la empresa.

6. ¿Qué indica el IHO?

    a. El número idóneo de trabajadores/as para una empresa.
    b. El grado de inteligencia del personal de una empresa.
    c. La necesidad de formación de la plantilla de una empresa.
    d. Todas las opciones son correctas.

7. ¿En qué consiste la evaluación de riesgos de una profesión?

_____

_____

_____

_____

_____

_____

_____

8. Las empresas en el ejercicio de sus facultades de dirección y control podrán implantar las medidas de control que consideren oportunas sobre su personal, para ...

    a. ... establecer un control de cumplimiento de las funciones y tareas marcadas a la plantilla.
    b. ... establecer un control disciplinario, de forma que el trabajador y la trabajadora cumpla con sus obligaciones y deberes.
    c. ... establecer un control de incidencias laborales que puedan tener implicación en los costes sociales.
    d. Todas las opciones son correctas.

9. Indique si la siguiente frase es verdadera o falsa.

La calidad total es la suma de esfuerzos de todos los miembros de la organización para alcanzar una meta y superarla, así como lograr una mejora del producto o servicio.

    ☐ Verdadero
    ☐ Falso

10. De las siguientes normativas, ¿cuál incorpora al ordenamiento jurídico español, las medidas de prevención y reparación de daños medioambientales?

    a. Ley 26/2007 de 23 de octubre.
    b. R. D. 2090/2008 de 22 de diciembre.
    c. Ley 2/2011 de 4 de marzo.
    d. Ley 31/1995 de 8 de noviembre.

Capítulo 3

El contrato de trabajo

Contenido

1. Introducción

En el primer capítulo, se ha estudiado todas las fuentes normativas que regulan y delimitan las relaciones laborales con carácter general. En este capítulo se va a tratar de manera específica el nexo entre trabajador/a y empresario/a, que se materializa con el contrato de trabajo.

Por consiguiente, se va a empezar a analizar todos los términos relativos al contrato de trabajo (partes del contrato, formas, validez, duración).

Además se estudiará en profundidad los diferentes tipos de contratos de trabajo, así como sus particularidades, tales como su modificación, suspensión y extinción.

Se abordará en el capítulo el despido, resultante de la extinción del mismo. En el despido se analizarán sus causas, sus requisitos formales de procedimientos, los tipos de despidos y sus trámites.

Otro concepto que se estudiará es el finiquito, que es la consecuencia económica del despido, conocer su contenido, forma y su cálculo.

Y por último, se ampliarán todos estos puntos mediante aplicaciones informáticas y el uso de la página web del Servicio Público de Empleo Estatal (SEPE).

2. Definición de contrato de trabajo. Requisitos

Para el correcto funcionamiento de una empresa, esta debe proveerse de diferentes recursos tales como luz, agua, financiación, etc.; la adquisición de todos estos recursos se realiza mediante los correspondientes contratos.

En este sentido, uno de los elementos principales de una empresa es la mano de obra, que es regulada mediante el contrato de trabajo.

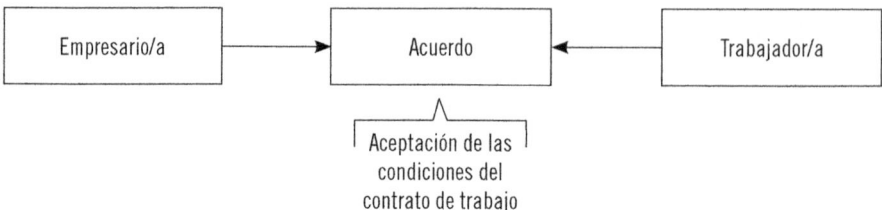

Se puede entonces detallar que un contrato de trabajo es un acuerdo entre la empresa y la persona trabajadora, donde este se compromete a prestar su servicio por cuenta ajena, bajo la dirección y supervisión del empresario o de la empresaria a cambio de una determinada retribución.

En el contrato de trabajo se fijan las características de la prestación: actividad laboral que debe desarrollarse, jornada, horario, salario, duración de la relación laboral, etc.

2.1. Requisitos

En todos los contratos existen 3 elementos esenciales, sin los cuales no serían válidos: consentimiento, objeto y causa. Las características de estos elementos distinguen al contrato de trabajo de otros contratos.

Elementos esenciales	Concepto y características
Consentimiento	- Manifestación de la voluntad de las partes de celebrar un contrato. - Es nulo todo consentimiento prestado bajo acciones de violencia, intimidación, engaño o fraude. - El consentimiento puede realizarse de forma verbal o escrita.
Objeto	- Es el trabajo prestado en determinadas condiciones (personal, voluntario, dependiente y por cuenta ajena) a cambio de una retribución. El objeto ha de ser posible y determinado.
Causa	- La razón por la cual se concierta el contrato.

3. Partes del contrato de trabajo: empresario/a y trabajador/a

Las partes que intervienen en un contrato de trabajo son:

- **El/La trabajador/a:** es la persona física que realiza un trabajo por cuenta ajena, voluntaria, dependiente y a cambio de un salario.
- **El/La empresario/a:** es la persona física, jurídica o comunidad de bienes, que recibe los servicios a cambio de entregar un salario.

Tanto una parte como la otra, deben tener capacidad para celebrar un contrato válido. Dicha capacidad vendrá determinada por unos requisitos de edad, titulación, nacionalidad, discapacidad, tales como:

Limitaciones para trabajar y contratar

Trabajador/a	Edad	- A partir de 18 años o emancipación se puede contratar libremente. - Con una edad de 16 y 17 años, se requiere de autorización de los padres o tutor legal. - Los menores de 16 años no pueden trabajar, salvo casos excepcionales de espectáculos públicos que tengan autorización escrita de la autoridad laboral y no revista peligrosidad para la salud del menor ni influya en su formación.
	Titulación	- Para ejercer ciertas profesiones se requiere de una adecuada titulación.
	Incapacidad	Se confirma la incapacidad para contratar o trabajar cuando lo dictamina una sentencia judicial.
	Nacionalidad	- Extranjero no comunitario: requieren de un permiso de trabajo. - Extranjero comunitario: gozan del derecho de libre circulación en el territorio europeo.
Empresario/a	Edad	- Pueden contratar libremente los mayores de 18 años, y los mayores de 16 años emancipados o que un juez así lo dictamine. - Los menores no emancipados pueden contratar representados por su padre, madre o, en su caso, tutor.
	Incapacidad	Los que tengan discapacidad serán asistidos por su representante legal, según determine la sentencia.

Aplicación práctica

Ana tiene 22 años y ayuda en una organización sin ánimo de lucro, ¿puede considerarse que realiza una prestación de trabajo?

SOLUCIÓN

No puede considerarse que realice ninguna prestación laboral, pues no cumple la característica que realiza una actividad retribuida y voluntaria, ello quiere decir que Ana, por la prestación de servicio no recibe una compensación monetaria y que dicha prestación la realiza sin ningún tipo de coacción.

 Aplicación práctica

La empresa Claro S. L., que se dedica a la fabricación de tabletas de chocolate, está interesada en contratar a Carla, huérfana, que tiene 16 años, a cambio de un sueldo. ¿Sería posible la contratación?

SOLUCIÓN

En principio la contratación no es posible, a menos que Carla obtenga una autorización de sus tutores legales, ya que según la ley ningún menor de edad puede realizar ninguna actividad laboral salvo autorización de los padres o tutores o emancipación.

4. Forma del contrato y su contenido

El contrato puede celebrarse de palabra, aunque deberá constar por escrito cuando así lo exige una disposición legal, y en su caso, entre otros, los contratos a tiempo parcial, fijos-discontinuos y de relevo, los contratos de trabajo a distancia, los contratados en España al servicio de empresas españolas en el extranjero, y los contratos de duración determinada (por circunstancias de la producción o sustitución de persona trabajadora) cuya duración sea superior a 4 semanas.

Los contratos que incumplan con esta obligación, se presumirá celebrado por tiempo indefinido y a jornada completa.

No obstante, cualquiera de las partes podrá exigir que el contrato se formalice por escrito, incluso durante el transcurso de la relación laboral.

 Nota

Aquellos contratos de trabajo formalizados por escrito, con una duración superior a 4 semanas, y que no recojan los elementos esenciales del contrato y/o las principales condiciones de ejecución de la prestación laboral, deberán ser informados por escrito en los términos y plazos que se establezcan reglamentariamente.

Cabe resaltar que el contrato de trabajo de forma escrita, posee ciertas cualidades de obligado cumplimiento, es decir, debe poseer una información mínima para que sea válido.

El contenido mínimo que debe poseer un contrato o información que hay que transmitir por escrito al trabajador y a la trabajadora en un plazo máximo de dos meses a partir del comienzo de la relación laboral es:

- La identidad de las partes del contrato de trabajo.
- El lugar donde se va a efectuar la prestación laboral o el domicilio empresarial en todo caso.
- El puesto de trabajo o grupo profesional al que pertenezca el trabajador y la trabajadora.
- La duración y la distribución de la jornada ordinaria de trabajo.
- La fecha de inicio de la actividad laboral, y de tratarse de una relación temporal se indicará su duración previsible.
- El salario que se va a percibir.
- La duración de las vacaciones y, en su caso, de qué modo se atribuyen y se determinan dichas vacaciones.

- Los plazos de preaviso que, en su caso, estén obligados a respetar las partes (empresario/a y trabajador/a) en el supuesto de extinción del contrato.
- El convenio colectivo que será aplicable a la relación laboral.

Aplicación práctica

Clarosol S. L., contrata de palabra a Blanca Díaz como auxiliar de oficina por un sueldo de 1.200 €/mes. ¿Cuáles son los elementos esenciales del contrato? ¿Qué obligación tiene la empresa con la trabajadora y respecto a dichos elementos?

SOLUCIÓN

Los elementos esenciales de todo contrato son:

I Consentimiento: lo conforman las partes del contrato (Blanca Díaz y Clarosol S. L.).
I Objeto: las tareas que se deben realizar correspondientes al puesto de auxiliar de oficina a cambio de 1.200 €/mes.
I Causa: corresponde al intercambio de salario por trabajo.

La empresa, al realizarse la contratación verbalmente, está obligada a dar información a la trabajadora sobre dichos elementos esenciales y las principales condiciones de trabajo, en un período máximo de dos meses, siendo el contrato indefinido y a jornada completa.

4.1. El período de prueba

Se corresponde con aquel período de tiempo durante el cual cualquiera de las partes (trabajador/a o empresario/a) puede extinguir la relación laboral sin necesidad de que se produzca un preaviso y por consiguiente sin derecho a indemnización.

El período de prueba deberá constar por escrito y su duración máxima quedará establecida en el convenio colectivo de aplicación o en su defecto en el Estatuto de los Trabajadores, que recoge las siguientes duraciones máximas:

- Técnicos titulados: 6 meses.
- Resto de trabajadores/as: 3 meses en empresas con menos de 25 trabajadores/as y 2 meses en empresas con 25 o más trabajadores/as.

El período de prueba de los contratos de duración determinada cuya duración no sea superior a seis meses, según redacción del art. 14 del ET, no podrá exceder de un mes salvo que el convenio colectivo de aplicación disponga otra cosa.

 Aplicación práctica

Carmen es una empresaria que quiere contratar a un nuevo trabajador por circunstancias de la producción, pero quiere asegurarse que el trabajador es conocedor del oficio, ¿que le aconsejaría a Carmen para realizar la contratación de manera efectiva?

SOLUCIÓN

Establecería un período de prueba, ya que con carácter facultativo se reconoce la posibilidad de concertar un período de prueba, por escrito, reconociéndose su inexistencia en caso de ausencia, salvo que esta se encuentre motivada por mala fe del trabajador o causa imputable al mismo.

La duración no podrá superar seis meses para los técnicos titulados ni dos o tres meses para los demás trabajadores.

5. Validez del contrato de trabajo

Para que una relación laboral sea lícita y por consiguiente un contrato de trabajo sea válido, este debe poseer unos requisitos materiales tal como se ha estudiado con anterioridad.

De otro modo, si no se cumple por alguna de las partes algunos de los puntos de obligado cumplimiento, podrá quedar el contrato anulado total o parcialmente.

La nulidad puede proceder, como ya se ha adelantado, de la inexistencia o vicios del **consentimiento** (error, violencia, intimidación, dolor), de la imposibilidad o ilicitud del **objeto,** así como de la inexistencia o ilicitud de la **causa.** A continuación, se van a explicar los tipos de nulidad:

- **Nulidad total:** si el contrato de trabajo resulta nulo, la persona trabajadora podrá exigir legalmente los derechos derivados de la actividad que ha venido realizando.
- **Nulidad parcial:** si se invalida solo una parte del contrato de trabajo, este permanecerá válido en el resto de fragmentos y se validará la parte nula según preceptos legales correspondientes.

6. Duración del contrato de trabajo

Con la finalidad de alcanzar la mayor adaptación entre las necesidades de una empresa y sus trabajadores/as, existen diferentes modalidades contractuales, de las que podemos establecer las siguientes clasificaciones:

Según la **duración del contrato** puede ser:

- **Indefinido o fijo:** cuando no existe fecha de finalización de la relación laboral.
- **De duración determinada o temporal:** cuando existe fecha de finalización.

Según la **jornada:**

- **A tiempo completo:** se trabajan las horas habituales en la actividad de que se trate.
- **A tiempo parcial:** el número de horas de trabajo es inferior al de la jornada a tiempo completo.

7. Modalidades de contratos de trabajo

Tal como se ha estudiado en el epígrafe anterior, los contratos de trabajo podrán ser: indefinidos o temporales y a jornada completa o parcial.

Con carácter general, un contrato se entiende celebrado por tiempo indefinido y a jornada completa, excepto que en el contrato de trabajo se establezca lo contrario.

A continuación se van a estudiar las diferentes modalidades de contratos existentes en el actual mercado laboral, que de una forma general se clasifican en:

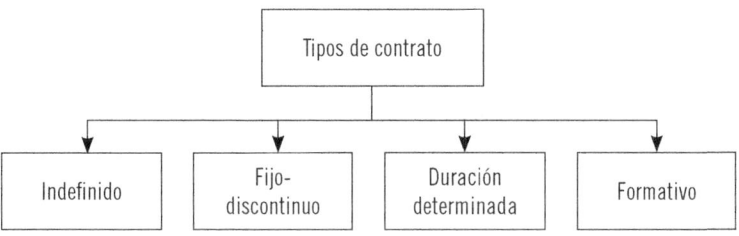

7.1. Contrato indefinido y contrato fijo discontinuo

Con carácter general, todo contrato de trabajo se considera celebrado por **tiempo indefinido según dicta el art. 15 del ET.** Así mismo, la norma establece que adquieren la condición de indefinidos o prorrogados por tiempo indefinido, aquellos contratos en los que concurran algunas de las siguientes causas:

- Los contratos formativos concertados en fraude de ley o en los que exista incumplimiento de las obligaciones formativas.
- El incumplimiento de la forma escrita en el contrato cuando esta sea exigible.
- La continuidad de la prestación laboral cuando haya finalizado el tiempo convenido en el contrato, sin que haya denuncia previa.
- El incumplimiento de las normas por las que se rigen los contratos de duración determinada.
- La falta de cumplimiento con el alta en la Seguridad Social de las personas trabajadoras temporales una vez transcurrido el período de prueba.

Los contratos indefinidos se pueden celebrar tanto a jornada completa como a jornada parcial y se formalizarán, en su mayoría, por escrito.

Nota

Aunque prevalece el contrato de duración indefinida, las empresas pueden concertar contratos de duración determinada cuando la justificación para ello esté motivada en circunstancias de la producción o por sustitución de una persona trabajadora.

La contratación indefinida cuenta con determinados incentivos y/o bonificaciones para fomentar su celebración. Estas medidas de fomento se desarrollarán a lo largo de la unidad.

Contrato fijo-discontinuo

La celebración del contrato fijo-discontinuo está supeditada a la realización de determinadas **actividades** consistentes en:

- Trabajos de carácter estacional.
- Trabajos relacionados con actividades productivas de temporada.
- Trabajos que sin tener el carácter de los anteriores, se desarrollan de forma esporádica y cierta en períodos, ya sean definidos o indefinidos.
- La prestación de servicios llevados a cabo para ejecutar contratas mercantiles o administrativas incluidas en la actividad propia de la empresa.

 Importante

Las empresas de trabajo temporal (ETT) pueden concertar contratos fijos-discontinuos con diferentes empresas usuarias que necesitan cubrir necesidades temporales mediante varios contratos sucesivos de puesta a disposición (Art. 10.3 Ley 14/1994, de 1 de junio).

Esta modalidad de contratación se ha de formalizar **por escrito** y su contenido incluye, entre otros términos, la duración del período, la jornada laboral y el horario.

El **llamamiento a la persona trabajadora** se realiza según se establezca en convenio colectivo o acuerdo de empresa. No obstante, este debe ser por escrito o por cualquier otro medio que permita justificar la notificación, a la persona interesada, de las condiciones de ingreso, en un plazo adecuado. La empresa tiene la obligación de facilitar a la representación legal de las personas trabajadoras (RLT) un calendario con los llamamientos previsibles del año o del semestre, e información sobre las altas efectivas.

Los **derechos** que tienen las personas trabajadoras fijas-discontinuas según el Estatuto de los Trabajadores son:

- Ejercer actuaciones pertinentes en caso de incumplimiento en algunos de los términos legales del llamamiento.
- Determinar su antigüedad en función de la duración total de la relación laboral y no según el período efectivo de prestación.
- Ser informadas, junto a la representación legal de las personas trabajadoras, de las vacantes existentes en puestos de trabajo fijos, para así poder solicitar su conversión voluntaria.
- Acceder, como colectivo prioritario, durante los períodos de inactividad a la formación del sistema de formación profesional para el empleo.

Los **convenios colectivos sectoriales** pueden regular preceptos relacionados con los contratos fijos-discontinuos, tales como:

- La creación de una bolsa de trabajo sectorial en la que se puedan registrar las personas trabajadoras fijas-discontinuas durante los períodos de inactividad, para fomentar su empleo y su formación continua.
- La celebración de este tipo de contratos a tiempo parcial, siempre que las características de la actividad de la empresa lo evidencien.
- La obligación de la empresa de contar con un censo anual de las personas trabajadoras fijas-discontinuas.
- El tiempo mínimo de llamamiento durante el año.

- El importe que la empresa ha de pagar en caso de finalización de la actividad sin que se haya producido el llamamiento a la persona trabajadora fija-discontinua.

7.2. Contrato de duración determinada

Para poder celebrar este tipo de contrato es necesario que concurra la causa objetiva, las circunstancias concretas que la justifican y la relación de estas con la duración, todo ello específicamente previsto como justificación de la temporalidad del contrato. Así, ya no es suficiente con la voluntad de las partes a someter el contrato a una de sus modalidades temporales.

Los supuestos en que pueden celebrarse estos contratos son:

- Por circunstancias de la producción, ocasionadas:

  - Por aumento eventual e imprevisible de la actividad, o
  - Por situaciones eventuales, probables y de duración limitada.

- Por sustitución de una persona trabajadora.

Los contratos de duración determinada, cualquiera que sea su modalidad, se pueden concertar a tiempo parcial.

La celebración del **contrato de duración determinada por circunstancias de la producción** puede obedecer al aumento eventual e imprevisible de la actividad de la empresa y sus fluctuaciones, que aun siendo propias de la actividad, provocan desajustes entre el empleo fijo disponible y el que se necesita en ese período. Este tipo de contratos no se pueden celebrar si la actividad es estacional o de temporada.

? Sabía que...

Entre las fluctuaciones que argumentan la celebración de este tipo de contrato se incluyen las originadas por las vacaciones anuales de las personas trabajadoras.

Con carácter general, su duración máxima es de seis meses; sin embargo, el convenio colectivo sectorial puede ampliarlo a un año. En el supuesto de que la empresa haya celebrado este contrato por un período inferior al legal, solo está permitida una prórroga, sin que se supere la duración máxima.

También se permite la celebración de este tipo de contratos cuando la empresa deba **ocuparse de situaciones eventuales, probables y con una duración reducida y delimitada** sin que se tenga en cuenta el número de personas trabajadoras requeridas para ello. No se consideran causa para la celebración de este tipo de contrato, los trabajos desarrollados en cumplimiento de contratas, subcontratas o concesiones administrativas que sean el objeto principal de la empresa.

Las características de este tipo de contrato son:

- Solo se puede utilizar como máximo durante 90 días al año y no de forma continuada.
- En su contenido, como elemento esencial, se deben incluir expresamente las situaciones que han motivado su celebración.
- La empresa está obligada a facilitar a la representación legal de las personas trabajadoras, en el último trimestre del año, una previsión anual de utilización de este contrato.

El **contrato de duración determinada por sustitución de una persona trabajadora** se puede concertar para:

- Sustituir a una persona trabajadora que tenga derecho a la reserva de su puesto de trabajo. En este supuesto es requisito indispensable incluir en el contenido del contrato el nombre de la persona sustituida y la causa de la sustitución. La norma permite que coincidan en el puesto de trabajo la persona sustituida y la persona sustituta, durante el menor tiempo posible para asegurar el correcto desarrollo del trabajo y como máximo, por quince días.

- Completar la jornada laboral de una persona trabajadora que tenga reducción de jornada, siempre que esté justificada en algunas de las causas legalmente establecidas y se especifique en el contrato el nombre de la persona sustituida y la causa de la sustitución.
- Cubrir de forma temporal un puesto de trabajo durante el proceso de selección o promoción. La duración máxima de este contrato es de tres meses u otro plazo inferior establecido por convenio colectivo. Una vez superado el tiempo máximo no se puede volver a celebrar un contrato nuevo con el mismo objeto.

 Ejemplo

El Departamento de Recursos Humanos de la empresa Finde va a contratar personal de forma temporal para cubrir unas situaciones ocasionadas durante este año.

El tipo de contrato de duración determinada que le corresponde a cada situación es:

- Permiso de Alberto por nacimiento de un hijo.
  El contrato es por sustitución de una persona trabajadora, al ser este un caso de sustitución de una persona con derecho a la reserva de su puesto de trabajo.
- Baja por accidente laboral grave de María.
  El tipo de contrato a celebrar es el mismo que el apartado anterior, ya que la incapacidad temporal es otro de los supuestos con derecho a la reserva de su puesto de trabajo.
- Incremento de la producción ocasionado por un excedente de materias primas.
  El contrato es por circunstancias de la producción al considerarse un hecho ocasional e imprevisible que provoca desajustes en la plantilla de la empresa.
- Proceso de selección del nuevo personal bilingüe para el departamento comercial.
  El tipo de contrato es por sustitución de la persona trabajadora al querer cubrir con este el tiempo que dura el proceso de selección del nuevo personal comercial.
- *Black Friday online* habitual en la empresa el día 8 de septiembre.

Continúa en página siguiente >>

<< Viene de página anterior

Para atender adecuadamente al cliente en ese día el contrato que se puede celebrar es por circunstancias de la producción por situación eventual, probable y de duración limitada, con independencia del número de personas a contratar.

▌ Reducción de jornada que empieza a disfrutar Joaquín para atender a sus padres mayores.

De igual forma, el tipo de contrato que se concertará será de duración determinada para sustituir a una persona trabajadora que tiene reducción de jornada por una de las causas legalmente establecidas en el art. 37.6 del ET.

Las personas trabajadoras que estén contratadas por cualquiera de las modalidades de contratos de duración determinada tienen los mismos derechos que las contratadas con contratos indefinidos, incluido el derecho a ser informadas por la empresa de los puestos de trabajo vacantes.

Encadenamiento de contratos temporales

Como medida para reducir la temporalidad en el empleo, se incorporó a la normativa laboral una regla que prohibía el encadenamiento sucesivo de contratos temporales en un plazo de tiempo determinado. De esta forma, adquiere la **condición de persona trabajadora fija,** quien se encuentre en alguno de los siguientes casos:

- Quien en un período de 24 meses haya estado contratado más de 18 meses con dos o más contratos por circunstancias de la producción.
- Quien ocupe un puesto de trabajo que haya estado ocupado más de 18 meses en un período de 24 meses con contratos por circunstancias de la producción.

En ambos casos se ha de tener en cuenta que la contratación haya sido:

- Para el mismo o diferente puesto de trabajo.
- Con la misma empresa o grupo de empresas.
- Directamente con la empresa o mediante ETT.

7.3. Contrato formativo

La empresa tiene disponible para su uso dos modalidades de contratación formativa, en alternancia con el trabajo y, para la obtención de la práctica profesional. Aunque cada una tiene sus características propias, estas cuentan con un conjunto de reglas comunes:

- Las personas contratadas bajo este tipo de contrato tienen cubiertas las contingencias comunes y profesionales de la Seguridad Social, así como desempleo y FOGASA.
- Las causas por las que se puede interrumpir la duración del contrato son IT, nacimiento, adopción, guarda con fines de adopción, acogimiento, riesgo durante el embarazo y la lactancia y violencia de género.
- El contrato se ha formalizar por escrito e incluir necesariamente el plan formativo individual (contenido de las prácticas o formación y las tutorías).
- Los límites de edad y de duración máxima del contrato no se aplican cuando se celebren con personas con discapacidad o de colectivos en situación de exclusión social. En este caso el contrato tiene que estar concertado con una empresa de inserción cualificada y registrada.
- Los puestos de trabajo, las actividades, los niveles o los grupos profesionales susceptibles de desarrollarse bajo un contrato formativo pueden estar regulados en convenio colectivo.
- No está permitido que la empresa celebre este tipo de contratos para cubrir los puestos de personas trabajadoras afectadas por medidas de flexibilidad interna (reducción o suspensión de jornada del art. 47 y 47 bis).
- Las personas trabajadoras que continúan en la empresa una vez finalizado el contrato formativo, no requieren período de prueba y la duración de aquel se computa como antigüedad.
- Mediante desarrollo reglamentario se definirán el número de contratos según el tamaño de la empresa, las personas en formación por tutor/a o los requisitos sobre la estabilidad de la plantilla.

La empresa que celebre contratos formativos está obligada a informar a la representación legal de las personas trabajadoras sobre los términos en los que se desarrollan, en concreto, los planes o programas formativos individuales, los requisitos y las condiciones de tutorización.

Contrato de formación en alternancia

Este tipo de contrato persigue compaginar el trabajo retribuido por cuenta ajena con la formación, ya sea formación profesional, estudios universitarios o derivada del Catálogo de Especialidades Formativas del Sistema Nacional de Empleo.

Este contrato se puede celebrar con personas que no tengan la cualificación profesional, reconocida por títulos universitarios, de grado medio o superior, especialista, máster profesional, de enseñanzas artísticas o deportivas o certificados del sistema de formación profesional (Ley Orgánica 3/2022, de 31 de marzo).

 Nota

Como excepción a lo anterior, la norma permite que se celebren contratos de formación en alternancia relacionados con estudios de formación profesional o universitaria, cuando la persona cumpla los siguientes requisitos: estar en posesión de otra titulación y no haber sido contratado anteriormente con un contrato formativo por una formación de igual nivel y en el mismo sector.

El ET establece un límite de edad de hasta treinta años, en el caso de celebrar el contrato según un certificado profesional de nivel 1 y 2, y de programas de formación en alternancia que pertenezcan al Catálogo de especialidades formativas del Sistema Nacional.

La tutorización que se requiere en esta modalidad contractual se debe llevar a cabo por dos personas, una designada por el centro de formación y otra por la empresa, con la adecuada formación o experiencia. Asimismo, el centro de formación en colaboración con la empresa ha de elaborar los planes formativos individuales, en los que se deben incluir el contenido de la formación, el calendario, las actividades y las tutorías.

La actividad realizada en la empresa por la persona contratada y la formación objeto del contrato formativo deben estar directamente relacionadas.

El contrato de formación en alternancia se caracteriza por las siguientes cuestiones:

- Su duración no puede ser inferior a tres meses ni superior a dos años. Además, se puede realizar en un solo contrato de forma no continuada a lo largo de varios años.
- Se incluye como elemento esencial, la formación teórica impartida por el centro o por la empresa, en su caso, y la formación práctica recibida por ambos.
- No se permite celebrar más de un contrato por cada formación completa (ciclo, titulación, certificado o itinerario). Sin embargo, sí está permitido que varias empresas celebren este tipo de contratación para una misma formación.
- El tiempo de trabajo efectivo de la persona contratada no puede ser superior al 65 % o 85 % de la jornada máxima, en el primer o segundo año respectivamente.
- No se pueden realizar horas extraordinarias (excepto en el caso de siniestros y otros daños extraordinarios y urgentes), horas complementarias, trabajos nocturnos ni trabajos a turnos.
- No existe período de prueba en este tipo contractual.
- La retribución es la prevista en el convenio colectivo de aplicación. En su defecto, esta no puede ser inferior al 65 % ni 75 % en el primer y segundo año respectivamente, según la establecida para el grupo profesional correspondiente; ni inferior al SMI.

? **Sabía que...**

No se pueden celebrar contratos de formación en alternancia cuando el puesto de trabajo, objeto de dicho contrato, ya hubiera estado cubierto en la empresa por la misma persona trabajadora con otro tipo de contrato durante más de seis meses.

Contrato de formación para la obtención de práctica profesional

Esta modalidad tiene por objeto conseguir la práctica profesional adecuada al nivel de estudios obtenido, el cual se requiere que sea un título universitario, de grado medio o superior, especialista, master profesional, de enseñanzas artísticas o deportivas, o certificado del sistema de formación profesional.

La contratación ha de realizarse durante los tres años (cinco años para las personas con discapacidad) siguientes a la finalización de dichos estudios. No se puede celebrar si la persona ya tiene experiencia profesional o ha realizado actividades formativas en la empresa durante más de tres meses.

El puesto de trabajo debe ser el adecuado para conseguir la práctica profesional relacionada con la formación objeto del contrato. Le corresponde a la empresa la elaboración del plan formativo individual, al igual que la designación de la persona responsable de la tutorización. La persona trabajadora, una vez finalizado su contrato, tiene derecho a recibir el certificado que acredita la práctica realizada.

En relación a las características propias del contrato, en esta modalidad contractual se establece que:

- Su duración no puede ser menor de seis meses ni mayor de un año, no pudiéndose celebrar este contrato por tiempo superior al máximo para una misma titulación o certificado, aun siendo de igual o distinta empresa.
- Se reconoce un período de prueba de un mes como máximo.
- La retribución es la regulada en el convenio colectivo de aplicación o, en caso de no existir, la correspondiente al grupo profesional relacionado. Además, esta no puede ser inferior a la retribución mínima fijada para la modalidad en alternancia ni al SMI que corresponda.

7.4. Contratos a tiempo parcial

Tal como se ha estudiado con anterioridad, tanto los contratos temporales como indefinidos, se podrán celebrar tanto a jornada completa como a tiempo parcial. De forma que, se entenderá que un contrato de trabajo se celebra a tiempo parcial cuando se acuerda la prestación de servicios durante un número de horas al día, a la semana, al mes o al año, inferior a la jornada de trabajo a tiempo completo comparable.

Los contratos a tiempo parcial, se formalizarán por escrito, indicándose el número de horas ordinarias de trabajo al día, a la semana, al mes o al año contratadas y su distribución, en caso contrario se entenderá que el contrato se ha celebrado a jornada completa.

La jornada laboral de un contrato a tiempo parcial se podrá realizar de forma continuada o partida con una única interrupción, excepto que en el convenio colectivo de aplicación se establezca otra cosa.

Los trabajadores y las trabajadoras con contrato a tiempo parcial tienen los mismos derechos que los contratados a tiempo completo y no se les podrá imponer la conversión a un trabajo a tiempo completo o viceversa, por decisión unilateral de la empresa.

7.5. Otras modalidades del contrato de trabajo

El Gobierno, con la finalidad de fomentar la contratación de determinados colectivos, introduce **cláusulas de fomento del empleo,** es decir, contratos que en función del colectivo cuya inserción en la vida laboral se pretenda y la modalidad contractual elegida, dará lugar a una serie de beneficios para la empresa, ya sea en materia de bonificaciones en las cuotas sociales o incentivos fiscales.

A continuación se muestra un estudio de algunas de las cláusulas específicas que se integran en los contratos indefinidos y temporales, según el colectivo al que va dirigido. La aplicación de estas bonificaciones está supeditada a mantener a la persona trabajadora destinataria de ellas, en alta o situación asimilada al alta durante tres años como mínimo.

Mujeres víctimas de violencia de género, de violencias sexuales y de trata de seres humanos, tanto con fines de explotación sexual como laboral

Se podrá celebrar un contrato indefinido o fijo discontinuo, ya sea a jornada completa o parcial, y se deberá celebrar por escrito, para su posterior comunicación al SEPE en el plazo de los 10 días siguientes.

Las personas que van a ser contratadas deberán cumplir los siguientes requisitos:

- Tener acreditada la condición de víctimas de violencia de género, de violencias sexuales o de trata de seres humanos, de explotación sexual o laboral, y mujeres en contextos de prostitución, sin que sea necesaria la condición de estar en desempleo.
- No tener relación de parentesco por consanguinidad o afinidad hasta el segundo grado inclusive con el/la empresario/a.
- No haber estado vinculado a la empresa con contratos de duración determinada o formativos en los últimos seis meses o mediante contratos indefinidos, en los doce meses anteriores al alta.
- No haber finalizado una relación laboral de carácter indefinido en un plazo de tres meses previos a la formalización del contrato, salvo excepciones.

Para que las empresas puedan aplicar las bonificaciones que se muestran a continuación, deberán cumplir los siguientes requisitos:

- Hallarse al corriente en el cumplimiento de sus obligaciones tributarias y frente a la Seguridad Social.
- No haber sido excluida del acceso a los beneficios derivados de la aplicación de los programas de empleo según lo previsto en el artículo 46 y 46 bis del R. D. Legislativo 5/2000.
- No haber sido inhabilitado ni para obtener subvenciones y ayudas públicas, ni para beneficiarse de incentivos fiscales o de la Seguridad Social.
- Tener un plan de igualdad, en el caso de las empresas obligadas a ello.

Las empresas que hayan realizado despidos improcedentes o colectivos de contratos bonificados quedan excluidas de estos incentivos durante doce meses.

Además, las empresas que celebren contratos indefinidos, deben incorporar a este colectivo como socios trabajadores y socias trabajadoras, siempre que la entidad elija un régimen de Seguridad Social propio de trabajadores/as por cuenta ajena, así como las empresas por cuenta propia que celebren contratos con personas de este colectivo.

Dichas empresas tienen derecho a la aplicación **durante 4 años** de una bonificación mensual de **128 €** en la cuota empresarial a la cotización de la Seguridad Social, por cada contrato formalizado.

Esta misma bonificación es aplicable a los **contratos indefinidos de las personas víctimas de terrorismo** y que así lo acrediten.

Trabajadores/as en situación de exclusión social

Los contratos pueden realizarse con carácter indefinido (incluida su modalidad fijo discontinuo), ya sea a jornada completa o parcial, y se deberán realizar por escrito, para su posterior comunicación al SEPE en el plazo de los 10 días siguientes.

En la contratación por empresas de inserción, también se pueden celebrar contratos temporales a jornada parcial o completa y contratos temporales de fomento de empleo.

Los requisitos que deben cumplir las personas para ser contratadas son:

- Estar en situación de desempleo e inscrito en los servicios públicos de empleo como demandante.
- Encontrarse en situación de exclusión social y estar acreditada por los servicios sociales públicos competentes. Se encuentran en situación de exclusión social:

  - Las personas que perciben rentas mínimas de inserción o similares, así como los miembros de la unidad familiar que se beneficien de ellas.
  - Las personas que no puedan acceder a las prestaciones, bien porque no cuentan con el tiempo requerido de residencia o empadronamiento, o bien porque han agotado el periodo máximo de percepción.

- Jóvenes (entre 18 y 30 años) que están en instituciones de protección de menores.
- Personas en rehabilitación o reinserción social por problemas de drogas o alcohol.
- Internos en centros penitenciarios o menores internos cuya situación les posibilite el acceso a un empleo.
- Personas de los centros de alojamiento alternativo, y procedentes de servicios de prevención e inserción social de las CC. AA. y Ceuta y Melilla.

- No tener con el empresario o la empresaria relación de parentesco por consanguinidad o afinidad hasta el segundo grado.
- No haber estado vinculado a la empresa 2 años antes con un contrato indefinido o 6 meses con un contrato temporal, formativo, de relevo o de sustitución por jubilación.
- No haber finalizado una relación laboral indefinida tres meses antes de la formalización del contrato, salvo si el despido ha sido declarado improcedente o es un despido colectivo.

Los requisitos que debe cumplir la empresa, son:

- Estar al corriente de sus obligaciones tributarias y de la Seguridad Social.
- No haber sido excluida del acceso a los beneficios derivados de los programas de empleo.

Las empresas de inserción que contraten personas en situación de exclusión social, además de los requisitos anteriores, deben cumplir los siguientes:

- Ser una sociedad mercantil o cooperativa calificada como empresa de inserción.
- Estar promovida y participada (51 % capital social o según los límites de la normativa) por entidades promotoras, cuyo objeto social sea la inserción social de personas desfavorecidas.
- Estar inscrita en el Registro General y en el Registro Administrativo de Empresas de Inserción de la comunidad autónoma.
- Mantener como mínimo el 30 % de trabajadores/as en proceso de inserción durante los 3 primeros años y el 50 % de la plantilla a partir del cuarto.

- No realizar actividades económicas distintas a las de su objeto social.
- Aplicar, como mínimo, el 80 % del excedente en mejoras estructurales.
- Disponer de los medios necesarios para el cumplimiento de los compromisos en materia de inserción sociolaboral.
- Presentar anualmente un Balance Social.

Las **bonificaciones en la cuota empresarial a la Seguridad Social** por cada contrato formalizado son, según las circunstancias indicadas, las siguientes:

		Importe mensual	Duración
Empresas en general		128 €	4 años
Personas procedentes de una empresa de inserción[1]		147 €	1er año
		120 €	Del 2.º al 4.º año
Empresas de inserción	En general	70,83 €	3 años (contrato indefinido)
	menor 30 años o menor 35 años (con discapacidad[2])	147 €	Toda la vigencia (contrato temporal)

(1) Para que sea aplicable esta bonificación es necesario que la persona trabajadora haya finalizado el contrato con la empresa de inserción un año antes, que no haya trabajado para otra empresa durante más de treinta días desde el cese en la empresa de inserción y que la empresa contratante no tenga la condición de empresa de inserción o centro especial de empleo.

(2) El grado de discapacidad debe ser igual o superior al 33 %.

Las empresas que hayan realizado despidos improcedentes o despidos colectivos de contratos bonificados quedan excluidas de estos incentivos durante doce meses.

Trabajadores/as con discapacidad

Se podrá celebrar un contrato temporal o indefinido, ya sea a jornada completa o parcial, y se deberá realizar por escrito, para su posterior comunicación al SEPE en el plazo de los 10 días siguientes. En los supuestos de contratación temporal la duración de los mismos podrá ir desde doce meses hasta tres años y sus prórrogas no podrán ser inferiores a doce meses.

Los trabajadores y las trabajadoras deberán cumplir los siguientes requisitos:

- Tener reconocido por el Organismo competente una discapacidad con un grado igual o superior al 33 %, o ser pensionistas de la Seguridad Social con una pensión de incapacidad permanente en el grado de total, absoluta o gran invalidez, o pensionistas de clases pasivas con una pensión de jubilación o de retiro por incapacidad permanente para el servicio o inutilidad.
- Estar inscrito en el Servicio Público de Empleo.
- No haber estado vinculado a la empresa o grupo de empresas con contratos indefinidos en los veinticuatro meses anteriores.
- No haber finalizado una relación laboral de carácter indefinido en un plazo de tres meses previos a la formalización del contrato, salvo excepciones.

Las empresas que formalicen contratos indefinidos deben cumplir los siguientes requisitos.

- No haber sido excluida del acceso a los beneficios de los programas de empleo por haber cometido infracciones muy graves.
- Hallarse al corriente en el cumplimiento de sus obligaciones tributarias y frente a la Seguridad Social.

Las empresas que hayan extinguido o extingan, por despido declarado improcedente o por despido colectivo, contratos bonificados, quedarán excluidas por un período de doce meses de las ayudas contempladas.

Por la celebración de un contrato indefinido o temporal, las empresas tendrán derecho a la aplicación de una deducción de la cuota íntegra del Impuesto de Sociedades en la cuantía de 9.000 o 12.000 € por cada persona/año de incremento del promedio de la plantilla de trabajadores/as con discapacidad igual o superior al 33 % o 65 % respectivamente, según la plantilla media de trabajadores/as con discapacidad del ejercicio inmediatamente anterior con dicho tipo de contrato.

BONIFICACIONES

Contratos Indefinidos y conversión[1] (art. 2.2.2, 2.2.3 Ley 43/2006)

Discapacidad	Menores de 45 años		Mayores de 45 años	Duración
	Hombres	Mujeres		
Discapacidad no severa	4.500	5.350	5.700	Toda la vigencia del contrato
Discapacidad severa [2]	5.100	5.950	6.300	
Capacidad intelectual límite	1.536			4 años

Contratos temporales de fomento de empleo (art. 2.2.4 Ley 43/2006)

Discapacidad	Hombres		Mujeres		Duración
	Menores de 45 años	Mayores de 45 años	Menores de 45 años	Mayores de 45 años	
Discapacidad no severa	3.500	4.100	4.100	4.700	Toda la vigencia del contrato
Discapacidad severa [2]	4.100	4.700	4.700	5.300	

(1) Conversión de contratos temporales de fomento de empleo o formativos.

(2) Parálisis cerebral, enfermedad mental, personas con discapacidad Intelectual, física o sensorial ≥ 65 %.

Como medidas para fomentar la contratación indefinida de las personas con discapacidad y su paso de los centros especiales de empleo al mercado ordinario, se pueden solicitar un conjunto de **subvenciones:**

Tipo de contrato	A quién va dirigido		Importe
Indefinido a tiempo completo [2]	En general		5.500 € [1]
	Mujeres, mayores de 45 años o que pertenezcan a otro colectivo vulnerable según SEPE		6.000 €
	Personas trabajadoras con discapacidad con dificultades de acceso al mercado de trabajo [3]	General	7.000 €
		Mujeres o mayores de 45 años o pertenecientes a otro colectivo vulnerable según SEPE	7.500 €

(1) También se aplica a los contratos de conversión.

(2) El importe de estas subvenciones se aumenta en 2.000 € cuando el contrato sea celebrado por autónomos, cooperativas o sociedades laborales que contraten a su primera persona trabajadora.

(3) Parálisis cerebral, trastorno de la salud mental, discapacidad intelectual, trastorno del espectro autista, grado de discapacidad reconocido igual o superior al 33 % por ciento y personas con discapacidad física o sensorial con un grado reconocido igual o superior al 65 %.

Las empresas calificadas como **Centro Especial de Empleo,** que contraten personas con discapacidad con un contrato indefinido o temporal tendrán derecho a la aplicación durante toda la vigencia del contrato una deducción del 100 % de las cuotas empresariales a la Seguridad Social, incluidas las de accidentes de trabajo y enfermedad profesional y las cuotas de recaudación conjunta.

En el caso de la celebración de **contratos formativos** la bonificación será del 50 % de la cuota empresarial a la Seguridad Social por contingencias comunes, durante toda la vigencia del contrato.

Transformación de contratos formativos y de relevo en indefinidos

Aquellas empresas que transformen en indefinidos los contratos de relevo tienen derecho a una bonificación en la cuota empresarial a la Seguridad Social, durante 3 años, de:

- Hombres: 55 €/mes (660 €/año).
- Mujeres: 73 €/mes (876 €/año).

En el caso de la conversión en indefinidos de los contratos de formación en alternancia y de formación para la práctica profesional, la bonificación en la cuota empresarial a la Seguridad Social durante 3 años será de:

- Hombres: 128 €/mes (1.536 €/año)
- Mujeres: 147 €/mes (1.764 €/año)

Las empresas usuarias que tengan contratado una persona trabajadora con un contrato de formación en alternancia o para la obtención de la práctica profesional de puesta a disposición de una ETT, y llegada la fecha fin del mismo, tendrán derecho a concertar con aquel un contrato de trabajo bonificado por tiempo indefinido, con las anteriores bonificaciones.

Para ello, los trabajadores y las trabajadoras deberán cumplir los siguientes requisitos:

- El contrato que se vaya a transformar deberá estar suscrito y en vigor.
- No tener relación de parentesco por consanguinidad o afinidad hasta el segundo grado inclusive con el empresario o la empresaria, salvo excepciones.

Para aplicar las citadas bonificaciones, las empresas (incluidos autónomos, sociedades laborales o cooperativas) deberán cumplir los siguientes requisitos:

- Encontrarse al corriente de las obligaciones tributarias y de Seguridad social.
- No haber sido excluida del acceso a los beneficios de los programas de empleo por haber cometido infracciones muy graves.

Personas desempleadas de larga duración

El contrato se puede concertar por tiempo indefinido, ya sea a jornada completa o parcial, y se deberá realizar por escrito, para su posterior comunicación al SEPE en el plazo de los 10 días siguientes.

Los requisitos que debe cumplir el candidato y la candidata son:

- Estar en situación de desempleo.
- Llevar inscrito en la oficina de empleo como mínimo doce meses dentro de los dieciocho meses anteriores a la celebración del contrato.

El único requisito que debe cumplir la empresa es que debe mantener empleada a la persona trabajadora durante 3 años como mínimo.

La bonificación en la cuota empresarial a la Seguridad Social que se puede aplicar la empresa es de 1.320 €/año en el caso de los hombres menores de 45 años y 1.536 €/año, para las mujeres en general y hombres mayores de 45 años. En el caso de ser a jornada parcial, estos importes se reducirán de forma proporcional a la jornada de trabajo concertada.

8. Obtención de los modelos de contratos en las páginas oficiales de la administración

En la actualidad, existe información en la red a la que se accede de forma rápida y segura.

En este sentido, la Administración de la mano con las nuevas tecnologías, ofrece al ciudadano una serie de servicios a los que se puede acceder sin necesidad de desplazamiento alguno ni pérdida de tiempo, agilizándose con ello trámites.

La Administración ofrece diferentes páginas oficiales que facilitan todo tipo de información laboral, tanto a nivel autonómico como nacional.

A nivel nacional uno de los organismos relevantes en el ámbito laboral es el Servicio Público de Empleo Estatal (SEPE). A través de su página web https://www.sepe.es/HomeSepe/ los usuarios pueden acceder a todo tipo de contenidos.

Una vez que se encuentra en la página principal del Servicio Público de Empleo Estatal, se accederá a la sección de **Empresas.**

Esta da acceso a información diversa relacionada con ofertas de trabajo, contratos e información y servicios a empresas, tales como ofertas de empleo, contratos de trabajo, ayudas y bonificaciones, comunicación de contratos de trabajo a través de Contrat@, etc.

Actualmente, las modalidades contractuales se engloban en un sistema de cuatro grandes grupos. La formalización de los mismos se estructura a través de un sistema de cláusulas adicionales según las características de la empresa, del puesto de trabajo a cubrir y las características de la futura persona trabajadora, tal como verás más adelante.

Al acceder a la opción de **Modelos de contratos** del apartado **Contratos de trabajo,** se permitirá seleccionar uno de los 4 grandes grupos de contratos, cuya elección dará lugar a la apertura de un documento PDF autorellenable, y cuyo contenido irá en función de la modalidad elegida, los cuales son:

a. **Indefinidos:** modelo en el que se cumplimentarán los datos generales de la empresa y de la persona a contratar. Cláusulas generales sobre el puesto de trabajo: su duración, jornada, retribución, etc. Y cláusulas específicas como: personas con discapacidad, personas con discapacidad en centros especiales de empleo o procedentes de enclaves laborales, de personas desempleadas de larga duración, del servicio del hogar familiar, etc.

b. **Temporales:** al igual que en el contrato indefinido, se cumplimentarán los datos de la empresa y de la persona a contratar, cláusulas generales y cláusulas específicas como: por circunstancias de la producción, sustitución de la persona trabajadora, trabajadores/a en situación de exclusión social en empresas de inserción, de relevo, etc.

c. **Formación en alternancia:** también se incluirán los datos de la empresa y de la persona a contratar, cláusulas generales y específicas como: formación en alternancia ordinario; personas mayores de 52 años beneficiarias de subsidios por desempleo; de trabajadores/as en situación de exclusión social en empresas de inserción; de personas con discapacidad en centros especiales de empleo y de fomento de empleo agrario.

d. **Formativo para la obtención de la práctica profesional:** al igual que los otros contratos contendrá los datos de ambas partes, clausulas generales y específicas como: trabajadores/as en situación de exclusión social; trabajadores/as mayores de 52 años beneficiarios del subsidio por desempleo; personas con discapacidad en centro especiales de empleo y de trabajadores en el programa de fomento de empleo agrario.

Para obtener información sobre las diferentes clausulas específicas de cada una de las 4 modalidades contractuales, el Servicio Público de Empleo ofrece acceso a una guía de contratos en formato web. En ella se elige el modelo contractual cuyas cláusulas se van a consultar. También ofrece información sobre la normativa reguladora y los incentivos, con la finalidad de facilitar la cumplimentación del contrato y por lo tanto el cumplimiento de las obligaciones empresariales en materia de contratación.

 **Aplicación práctica**

La empresa Florentina S. L., decide contratar a Laura Morales como técnica de educación infantil mediante un contrato de trabajo de duración determinada, por jornada completa y por las circunstancias escolares de los alumnos.

¿Cómo se puede cumplimentar el contrato?

SOLUCIÓN

El modelo de contrato elegido es de duración determinada por circunstancias de la producción. Para cumplimentarlo hay que acceder a la sección Empresas de la página web del SEPE; elegir la opción Modelos de contratos del apartado Contratos de trabajo; y una vez seleccionada la modalidad temporal, se descarga el PDF autorellenable. Para consultar las características de este tipo de contrato se puede acceder a la guía de contratos disponible en formato web.

9. Cumplimentación de modelos de contratos con medios informáticos

Como se ha visto en el punto anterior, hoy día se puede acceder a través de la red y de los medios informáticos a todo tipo de información laboral. Además de ello, también se permite a través de estos medios, obtener, cumplimentar y comunicar información a los organismos correspondientes.

La aplicación *NominaSol* permite la configuración, cumplimentación y creación de los contratos que se celebran en la empresa.

Para realizar la configuración de los contratos que se van a utilizar en la aplicación se accederá a la opción **Contratos** del grupo **Contratos** de la ficha **Entorno,** en la que se incluyen las siguientes posibilidades:

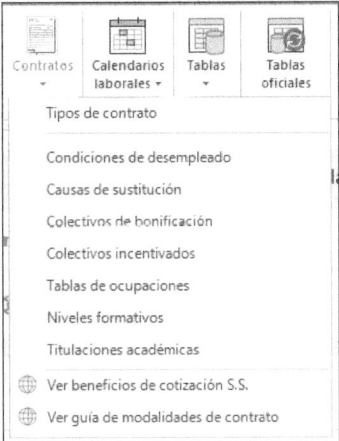

Con la opción **Tipos de contrato** se puede realizar el mantenimiento de las distintas modalidades de contratación, mediante su creación, modificación o eliminación. Además, se pueden realizar búsquedas simples, aplicar filtros, ordenar de forma ascendente o descendente, activar o desactivar columnas y utilizar un conjunto de herramientas.

En el resto de opciones **(condiciones de desempleado/a, causas de sustitución, colectivos de bonificación, etc.),** se opera de igual forma pero con información más concreta.

 Sabía que...

La opción Contratos también proporciona acceso a las páginas web oficiales de la Seguridad Social y del SEPE con información sobre bonificaciones e incentivos a las cotizaciones sociales, y las modalidades de contratación.

Para crear un contrato nuevo se accederá a la opción **Contratos** del grupo **Contratos** de la ficha **Procesos** y se pulsará el botón **Nuevo.** En la ventana

Nuevo contrato, la información se cumplimentará sobre todo en las distintas opciones que componen el grupo **Mostrar,** y más concretamente:

■ **General:** información sobre el/la trabajador/a, la fecha de formalización y de inicio del contrato, el tipo contractual, la jornada laboral, etc.

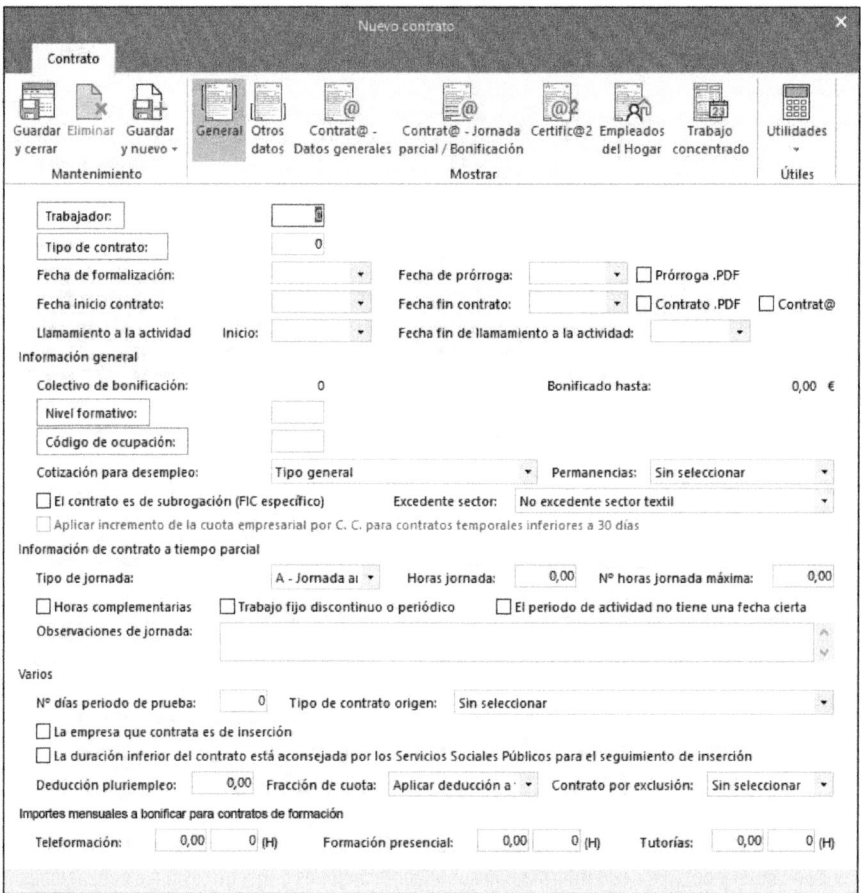

■ **Otros datos:** información de determinados contratos, tales como de interinidad, de sustitución, de investigación, programa de empleo público, etc. y de la copia básica.

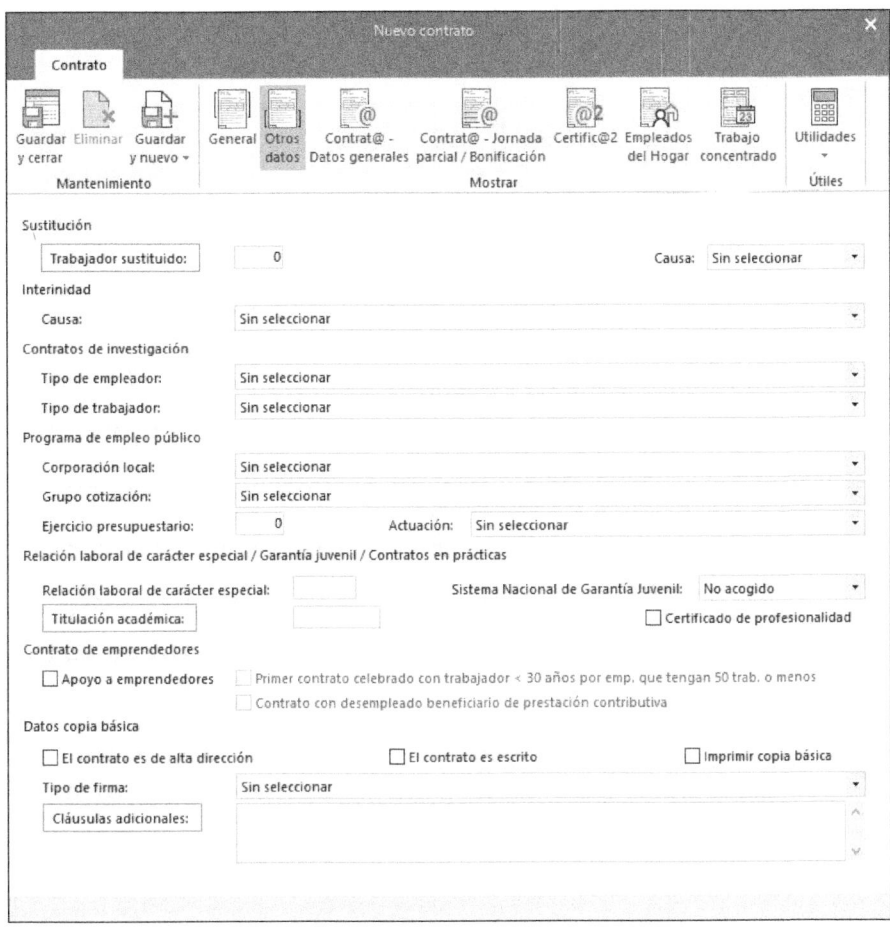

- **Contrat@ - Datos generales:** información necesaria para crear el fichero que será enviado al sistema Contrat@.

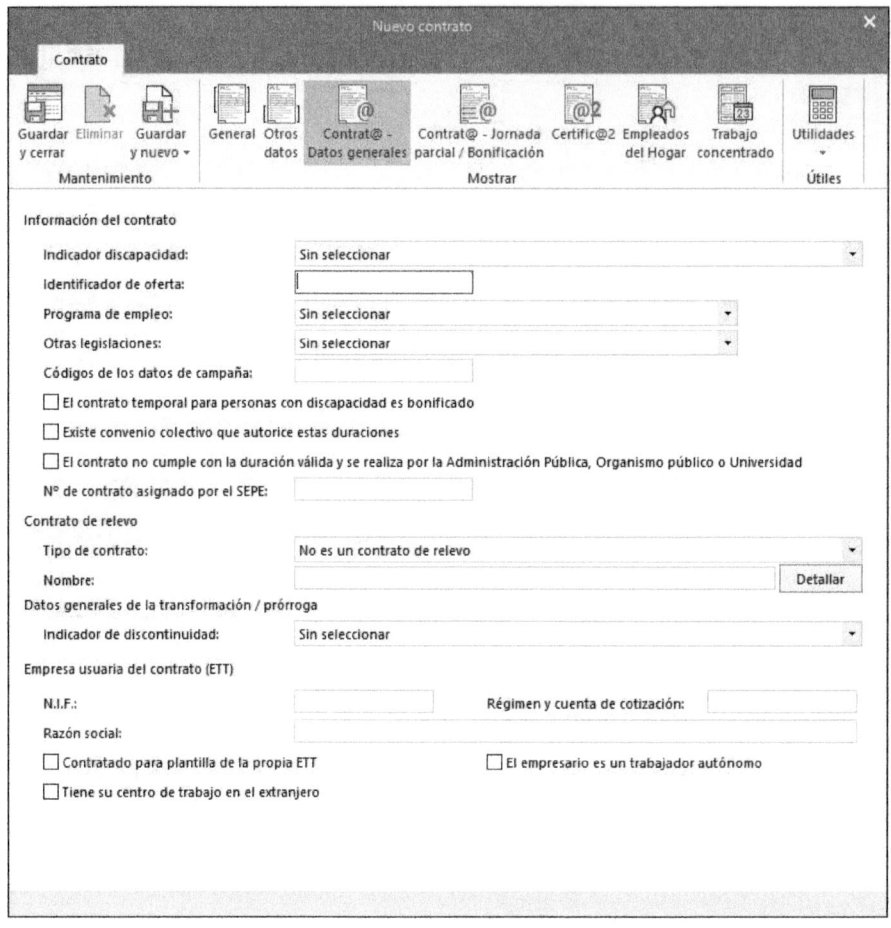

- **Contrat@ - Jornada parcial / Bonificación:** información necesaria para el sistema Contrat@ en relación a los contratos a tiempo parcial y de formación.

Una vez cumplimentada toda la información necesaria para la creación correcta del contrato, se pulsará el botón **Guardar y Cerrar** del grupo **Mantenimiento.** De esta forma ya aparecerá el nuevo registro en el listado de contratos.

Para finalizar el proceso se creará el PDF del contrato y el fichero que se enviará telemáticamente al SEPE, a través de las opciones **Emisión en pdf** y **Contrat@** respectivamente, del grupo **Acciones** de la ficha **Contratos.**

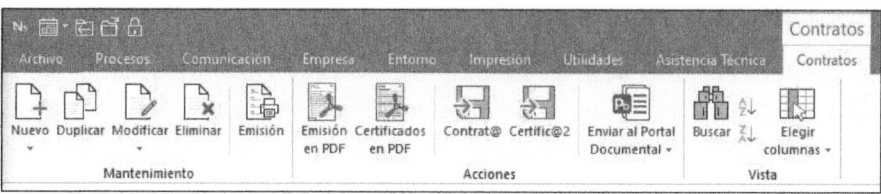

La redacción del contrato de trabajo deberá respetar lo regulado por las normas, así como cumplir con los elementos esenciales de: consentimiento, objeto y causa.

De forma que en dicha redacción se deberá prestar una especial atención, en el cumplimiento de todos los requisitos legales y no dejar ningún cabo suelto, ya que en caso contrario puede originar conflictos y hasta la nulidad parcial o total del mismo.

 Recuerde

La nulidad parcial de un contrato, invalida solo una parte del contrato permaneciendo válido en el resto y la parte anulada se validará según los preceptos legales.

Mientras en la nulidad total, la persona trabajadora podrá exigir legalmente los derechos derivados de la actividad que ha venido realizando.

10. Comunicación de las modalidades de contratación laboral

En el proceso de contratación del personal se llevarán a cabo las siguientes tareas y trámites:

Tipo contractual	La empresa debe elegir la modalidad de contratación más adecuada en función de sus necesidades y de las ventajas de cada tipo de contrato.
Redacción del Contrato	Cuando sea necesario, el contrato se redactará por escrito. Para algunos tipos de contrato existen modelos oficiales. Es necesario incluir los datos de la empresa y de la persona que la representa, los datos del centro de trabajo, los datos de la persona trabajadora, el puesto de trabajo, la categoría profesional, la jornada, el horario, la duración de las vacaciones, la retribución y la duración del contrato.
Copia básica	Se realizará ante los representantes de las personas trabajadoras. La empresa debe comunicar la contratación a los representantes de las personas trabajadoras mediante una copia básica que contendrá los principales datos del contrato y de la persona trabajadora. No constarán aquellos que afectan a la intimidad de este (domicilio, teléfono, etc.).
Comunicación al SEPE	La empresa tiene un plazo de 10 días para registrar en el SEPE todos los contratos que se formalicen por escrito. El contrato celebrado verbalmente debe también comunicarse en el mismo plazo.
Comunicación a la Seguridad Social	Se debe presentar la solicitud de alta de la persona trabajadora en la Seguridad Social antes de que comience la prestación laboral. Además, cuando sea contratada por primera vez, debe ser afiliada.

Las empresas en el proceso de comunicación del contrato de trabajo ante las autoridades laborales, en el plazo de los 10 días siguientes al inicio de la relación laboral, cuentan con distintas vías a través de Contrat@:

- Comunicando los datos.
- Enviando ficheros XML.
- A través de Servicios Web.

 Sabía que...

Para la utilización de Contrat@ es necesario disponer de una Autorización de SEPE. Para ello se debe cumplimentar una Solicitud de Autorización y presentarla con la documentación precisa en dichos Servicios Públicos. Una vez concedida la autorización, se podrá acceder a

Continúa en página siguiente >>

<< Viene de página anterior

Contrat@ bien con Certificado Digital o DNI electrónico, o con el Identificador de la Empresa y la clave personal que se asignó al realizar la Solicitud.

Para obtener más información se podrá acceder a la página web de SEPE, acceder a la sección Empresas y seleccionar la opción de Contrat@ dentro del apartado de Servicios para empresas.

Para comunicar el contrato de trabajo a través de la red, se accederá a la aplicación de Contrat@ que permitirá:

- Acceder a la aplicación, seleccionar el tipo de contrato a comunicar e introducir todos los datos de la empresa y de la persona seleccionada. Datos que serán validados, obteniéndose la correspondiente huella electrónica de su registro.
- O generar a través de *NominaSol* un fichero, que contendrá todos los datos necesarios de la contratación, para su posterior envío y transmisión al SEPE, a través de Contrat@.

Este segundo proceso es el que va a ser objeto de estudio a continuación.

10.1. Generación de fichero y envío a Contrat@

Al acceder a la opción **Contrat@** del grupo **SEPE** de la ficha **Comunicación,** se puede generar el fichero para enviarlo al sistema, dar entrada a las respuestas recibidas, acceder a Contrat@ y a su configuración.

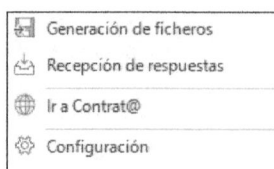

El fichero que se enviará a Contrat@ se creará mediante la opción **Generación de ficheros.** En la ventana que se abre se debe especificar el tipo de contrato, el rango de trabajadores/as y el de las fechas de formalización, tal y como se muestra a continuación:

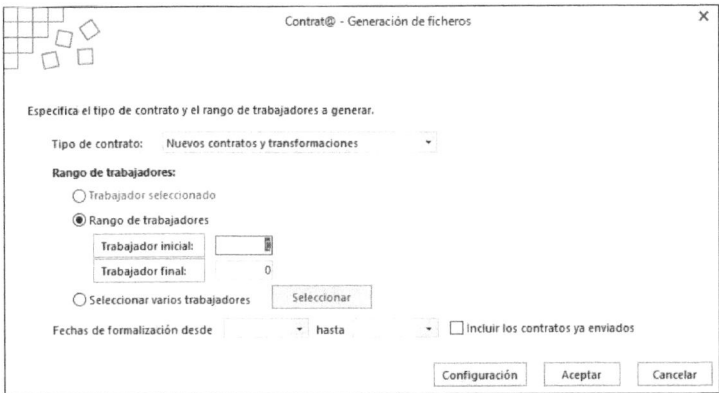

El siguiente paso será enviar el fichero generado a la aplicación Contrat@ a través de la opción **Ir a Contrat@,** accediendo directamente a la web de esta aplicación como si se hiciera desde el navegador. La página que se abre es la siguiente:

Una vez elegida la opción de acceso a Contrat@ se abre la página donde se selecciona, entre varias opciones, el proceso que se quiere realizar.

Al seleccionar la opción **Comunicación de la contratación,** se solicitará la identificación del usuario. Entre las diferentes opciones que ofrece esta ventana, se encuentra la opción de **A través del envío de ficheros** y al realizar un clic sobre ella se abrirá otra ventana nueva, que permitirá seleccionar el tipo de envío en función de si se trata de un contrato, de una transformación, etc. Al acceder a cualquiera de estas opciones ya se permitirá el envío del fichero generado por *NominaSol.*

10.2. Recepción de respuestas

Una vez validado el fichero de la contratación por el SEPE se podrá proceder a la descarga del fichero de respuesta. Para ello situados en la ventana de inicio de Contrat@ se seleccionará la opción de **Seguimiento de las comunicaciones realizadas.** A continuación se elegirá la opción de **Consulta y seguimiento de envío de ficheros.**

Tras enviar el fichero por Contrat@, se recibirá una respuesta sobre el mismo en *NominaSol* en la opción **Recepción de respuestas.** A través de ella se realizará el mantenimiento de los errores que tengan los ficheros enviados, pudiendo solucionarlos antes de confirmar su comunicación correspondiente.

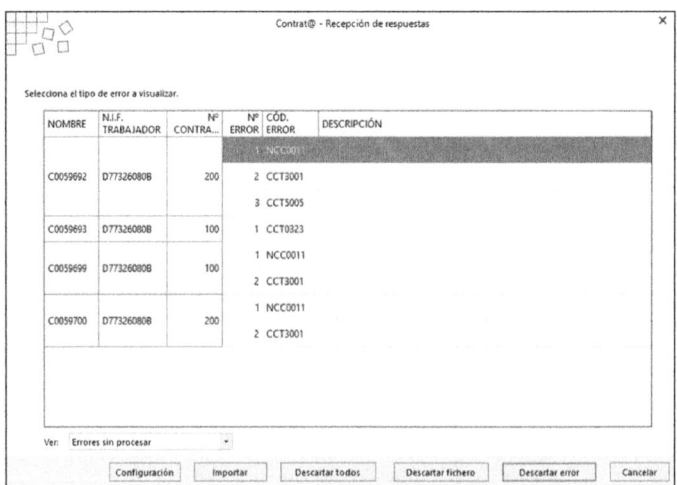

11. La jornada de trabajo

La relación de trabajo se realiza en un período de tiempo concreto donde el personal presta sus servicios a cambio de un salario.

La jornada laboral es el período de tiempo que pasa entre la entrada de la persona trabjadora a su puesto de trabajo hasta que lo abandona.

En la empresa debe existir un **registro diario de la jornada laboral,** en el que se incluirá el horario de inicio y fin de la jornada de trabajo de la plantilla de forma individual.

11.1. Jornada máxima y jornadas especiales

En España, la jornada laboral se regula en el art. 34 del Estatuto de los Trabajadores, donde se establece que:

- La duración de la jornada será la pactada en el convenio colectivo de aplicación en la empresa o en los contratos de trabajo.
- La duración máxima de una jornada ordinaria será de **cuarenta horas semanales** de trabajo efectivo de promedio en cómputo anual.
- Los trabajadores y las trabajadoras podrán solicitar la adaptación de la duración y distribución de la jornada de trabajo para ejercer su derecho a la conciliación familiar y laboral. Si tienen hijos, esta solicitud pueden hacerla hasta que estos cumplan **12 años.**

La duración de la jornada deberá respetar, el descanso semanal tal como se estudiará más adelante, y los siguientes límites:

- La jornada laboral diaria no puede superar las 9 horas (8 horas si es menor de 18 años) salvo que se establezca por convenio.
- El descanso entre una jornada y la siguiente es de 12 horas.
- Cuando la duración de la jornada diaria continuada exceda de seis horas, debe existir un descanso de al menos 15 minutos, y de tratarse de un/a menor de 18 años con jornadas de más de 4 horas y media seguidas, dicho descanso será de al menos 30 minutos.

Siempre y cuando se respete el descanso diario entre jornadas de trabajo y el descanso semanal, el límite de las 9 horas diarias podrá superarse cuando por convenio colectivo o acuerdo entre la empresa y los representantes de las personas trabajadoras, acuerden una distribución irregular de la jornada laboral a lo largo del año. En defecto de pacto, la empresa podrá distribuir de manera irregular a lo largo del año el 10 % de la jornada de trabajo.

? **Sabía que...**

En la distribución irregular de la jornada laboral, la compensación de las diferencias, por exceso o defecto, entre la jornada realizada y la duración máxima de la jornada ordinaria de trabajo legal o pactada será exigible según lo acordado en convenio colectivo, en su defecto por acuerdo entre empresa y representantes de las personas trabajadoras o en último lugar se deberá compensar en el plazo de doce meses desde que se produce.

En materia de jornadas especiales, el art. 34.7 del ET, recoge las ampliaciones o limitaciones en la ordenación y duración de la jornada de trabajo y de los descansos, así como especialidades en las obligaciones de registro de jornada para aquellos sectores y trabajos que por sus peculiaridades así lo requieran. Así que lo establecido en el citado texto legal será de aplicación, en trabajos y sectores tales como:

- Empleados de fincas urbanas, guardas y vigilantes no ferroviarios
- Trabajo en el campo
- Comercio y hostelería
- Transportes y trabajo en el mar
- Trabajos en determinadas condiciones específicas (aislamiento o lejanía, jornadas fraccionadas, turnos, etc.)
- Trabajos expuestos a riesgos ambientales
- Trabajo interior en minas
- Trabajos de construcción subterráneos y obras públicas

- Trabajo en cámaras frigoríficas y de congelación
- Trabajo nocturno

 Sabía que...

Según el art. 7 del R. D. 1561/1995, en determinadas actividades de temporada en la hostelería, se puede reducir el descanso entre jornadas a 10 horas y acumularse el medio día de descanso semanal, para ser compensado de forma acumulada con posterioridad.

11.2. Horario de trabajo y horas extraordinarias

La jornada de trabajo se distribuye según un horario, el cual marca los períodos de trabajo y de descanso.

 Sabía que...

El tiempo de trabajo se computará de modo que tanto al comienzo como al final de la jornada diaria la persona trabajadora se encuentre en su puesto de trabajo. De forma que se considerará dentro de la jornada tareas como encendido de motores, limpieza, la asistencia al reconocimiento médico, etc.

El horario de trabajo lo implanta el/la empresario/a y podrá reflejarse en el contrato.

Existen diferentes horarios de trabajo según el tipo de prestación laboral y de su naturaleza; estos se describen en la siguiente tabla:

Horarios		Descripción
Normales	Jornada continua	Hace alusión a la jornada en la que el tiempo de trabajo no se interrumpe excepto en los descansos que dicta la ley.
	Jornada partida	El tiempo de trabajo se divide generalmente en dos partes.
Especiales	Trabajos a turnos	Para que el proceso productivo no se pare, varias personas trabajadoras realizan la misma tarea de manera sucesiva. Como consecuencia de la rotación de trabajadores/as no siempre se tiene el mismo turno aunque no puede tener el turno de noche más de dos semanas consecutivas salvo que este lo pida voluntariamente.
	Trabajo nocturno	Se considera trabajo nocturno aquel en el que como mínimo 3 horas o un tercio de la jornada laboral se realiza entre las 10 de la noche y las 6 de la mañana. La jornada de trabajo no podrá exceder bajo ningún concepto de las 8 horas diarias de promedio en 15 días. Por las características del trabajo debe tener una compensación económica especial. No podrán realizar trabajos nocturnos los/as menores de 18 años.

En ciertas ocasiones, la persona trabajadora permanece en su puesto de trabajo más horas que las indicadas en su jornada laboral. Estas horas de más son conocidas como **horas extraordinarias.**

Las horas extraordinarias, por tanto, son las horas que exceden de la duración máxima de trabajo que establece el Estatuto de los Trabajadores, el convenio colectivo o lo recogido en el contrato laboral.

Existen distintos tipos de horas extraordinarias, así como distintas retribuciones. En la siguiente tabla se muestran sus características:

Tipos	Límites	Retribución	Prohibiciones
Por fuerza mayor: son horas que se deben cumplir obligatoriamente a causa de desastres naturales, incendios, etc.	No tiene	Si la contraprestación se realiza de forma monetaria no debe ser inferior a la retribución ordinaria. Mientras si la retribución se hace mediante descanso deberá hacerse efectivo en un plazo de 4 meses y por un tiempo equivalente de descanso retribuido.	Trabajadores/as con una edad inferior a los 18 años.
Generales: son realizadas de forma voluntaria para solucionar situaciones normalizadas en el trabajo.	De 80 horas al año para trabajadores/as que tengan una jornada completa y la parte proporcional que corresponda si la jornada de trabajo es parcial.		Menores de 18 años. Trabajadores/as con turno de noche. Trabajadores/as a tiempo parcial.

El **Real Decreto-ley 8/2019**, de 8 de marzo, establece un deber formal empresarial en relación al **registro de la jornada de trabajo de los/as empleados/as,** independientemente de su categoría o grupo empresarial, tamaño o sector de actividad de la empresa, y siempre que esté incluida en el ámbito de aplicación del Estatuto de los Trabajadores (art. 1 R. D. Legislativo 2/2015).

 Aplicación práctica

La empresa Tableta S. A., ha sufrido una inundación a causa del desborde de un río cercano motivado por las numerosas tormentas.

María Díaz directora general de la empresa, comunica a la plantilla que se deben realizar horas extras hasta que las instalaciones vuelvan a la normalidad.

Explique si es legal la decisión tomada por María.

Continúa en página siguiente >>

<< Viene de página anterior

SOLUCIÓN

Al ser horas extraordinarias de fuerza mayor, la plantilla está obligada a cumplirlas hasta que se restablezca la normalidad.

Por tanto, la actuación que ha tomada María es legal.

11.3. Descanso semanal y fiestas laborales

Tal como se ha estudiado con anterioridad, la duración de la jornada laboral deberá respetar unos límites de descanso diarios (12 horas entre jornadas de trabajo y 15 o 30 minutos diarios en jornadas continuadas), pero también deberá respetar un **descanso semanal,** que podrá acumularse por períodos de hasta catorce días, que consistirá en:

- Un día y medio ininterrumpido que, como regla general, comprenderá la tarde del sábado o, en su caso, la mañana del lunes y el día completo del domingo.
- Dos días como mínimo, para los/as menores de dieciocho años.

Las empresas deben elaborar un calendario laboral, de los días inhábiles a efectos laborales, como pueden ser las fiestas laborales, y que debe estar de acuerdo con la regulación anual del ministerio, así como con lo establecido por las comunidades autónomas y los ayuntamientos.

Este calendario debe ser expuesto en lugar visible en cada centro de trabajo, ha de comprender las horas de trabajo al día y al año, los domingos y días de descanso a la semana, las fiestas que coincidan con jornada laborable, las vacaciones anuales y las fechas de su disfrute, el horario de trabajo, los turnos, la distribución de la jornada según las estaciones del año, las pausas, etc.

Las **fiestas laborales** son fiestas retribuidas y no recuperables; es decir, se devenga el derecho a salario sin posibilidad de recuperar las horas que se han dejado de trabajar. Su máximo es de 14 al año y se distribuirán de la siguiente forma:

- **Nacionales.** Se disfrutan en todo el territorio nacional.

  - **Obligatorias.** Deben disfrutarse en el día que caigan y no pueden cederse a las comunidades autónomas. Son los días 25 de diciembre, 1 de enero, 6 de enero, 1 de mayo y 12 de octubre.
  - **Reguladas por el Ministerio.** Pueden trasladarse al lunes y cederse a las comunidades autónomas para que las sustituyan por sus propias festividades. Son Jueves Santo, Viernes Santo, 15 de agosto, 1 de noviembre, y los días 6 y 8 de diciembre.

- **Autonómicas.** Fiesta de la comunidad autónoma, y aquellas cedidas por el ministerio.
- **Locales.** Fiesta de cada localidad, como máximo dos al año.

11.4. Vacaciones laborales. Otras interrupciones.

Las **vacaciones laborales** es el periodo de descanso retribuido, cuyo disfrute se fijará por acuerdo entre empresario/a y trabajador/a según lo establecido en el convenio colectivo de aplicación.

Los períodos vacacionales presentan las siguientes características:

- La duración es de 30 días mínimos al año natural o en su caso la parte proporcional del tiempo en el que se hayan prestado los servicios a la empresa.
- Todo el personal de la empresa tiene que conocer con un anticipo de dos meses la fecha en la que se producirán las vacaciones, además, estas quedan establecidas por convenio colectivo y se disfrutan durante el año natural.
- El período vacacional no puede ser sustituido por una compensación económica salvo que se le extinguiese el contrato y no se pudiera disfrutar.

Con carácter general, cuando un período vacacional coincida con una situación de incapacidad temporal (ya sea por contingencias comunes o profesionales, derivada de un embarazo, etc.), así como con el nacimiento de un menor, se tendrá derecho a disfrutar las vacaciones en fecha distinta a dicha situación.

Además de las fiestas laborales y de las vacaciones, el trabajo puede interrumpirse por otras circunstancias según se establezca por la ley. Por tanto, se puede afirmar que existen diferentes tipos de **permisos retribuidos** por los cuales el trabajador y la trabajadora puede ausentarse de su puesto de trabajo bajo causas justificadas y previo aviso. Estas causas son:

- **Matrimonio:** 15 días naturales.
- **Nacimiento de un hijo:** 16 semanas tanto para la madre como para el padre, ampliables en dos días más por cada hijo a partir del segundo.
- **Enfermedad o accidente grave, hospitalización, intervención quirúrgica sin hospitalización y con reposo domiciliario del cónyuge, pareja de hecho o familiar hasta segundo grado de consanguinidad o afinidad:** 5 días.
- **Fallecimiento de un familiar hasta segundo grado (afinidad o consanguinidad), cónyuge o pareja de hecho:** 2 días y 2 días más si se necesita desplazamiento.
- **Traslado de domicilio habitual:** 1 día.
- **Cumplimento de un deber inexcusable de carácter público y personal (incluido sufragio activo):** el tiempo imprescindible.
- **Reconocimientos y preparación al parto, así como para la asistencia a sesiones y realización de informes en los casos de adopción, guarda con fines de adopción o acogimiento:** el tiempo imprescindible.
- **Funciones de representación de las personas trabajadoras o funciones sindicales:** lo que la ley disponga o el convenio colectivo.
- **Por lactancia de un hijo:** 1 hora de ausencia en el puesto de trabajo que podrá fraccionar en dos partes, reducción de su jornada en media hora o acumulación del tiempo de ausencia, hasta que el menor cumpla nueve meses.
- **Fuerza mayor por motivos familiares urgentes o inesperados, en el caso de enfermedad o accidente que requiera la presencia inmediata de la persona trabajadora:** las horas de ausencia se retribuirán en equivalencia a cuatro días al año.

- **Permiso parental (no retribuido) para el cuidado de hijo/a o acogimiento, de menor de 8 años:** 8 semanas continuas o discontinuas, ya sea en jornada completa o parcial.
- **Por imposibilidad de acceso al puesto de trabajo o de circular por las vías para llegar al mismo, atendiendo a las limitaciones o prohibiciones de la autoridad competente, o cuando exista una situación de riesgo grave, incluidos fenómenos meteorológicos adversos:** 4 días, con posibilidad de prórroga hasta que no exista el riesgo que provocó la situación.
- **Por actos preparatorios para la donación de órganos o tejidos, si se deben realizar en la jornada laboral:** por el tiempo indispensable.

También tendrán derecho a una reducción de la jornada laboral, las personas trabajadoras que tengan a su cuidado algún menor de 12 años o a una persona con discapacidad psíquica o física que no trabaje, o para el cuidado directo del cónyuge, pareja de hecho o familiar hasta el segundo grado de consanguinidad y afinidad. Dicha reducción dará lugar a una reducción del salario en su correspondiente proporción.

 Aplicación práctica

Patricia Morente ha comprado una casa en su mismo barrio. El lunes avisa a su jefe que el viernes va a faltar al trabajo a causa de la mudanza de su domicilio habitual. Ante el aumento de trabajo, el jefe le informa que no es el momento adecuado y que le descontará del salario el día de ausencia. ¿Es correcta la actuación del jefe?

SOLUCIÓN

No es correcta, ya que Patricia tiene derecho a un día de permiso retribuido por traslado del domicilio habitual.

Por su parte Patricia debe avisar con anterioridad y aportar la justificación con el motivo del permiso.

12. Modificación del contrato de trabajo. Causas y clases

Durante la vigencia del contrato, pueden acaecer determinadas circunstancias que modifiquen las condiciones que se pactaron inicialmente.

Generalmente, es el/la empresario/a el que modifica el contrato de trabajo de manera unilateral, amparándose en el Estatuto de los Trabajadores.

Dichas modificaciones, ya sean de producción, económicas, técnicas u organizativas han de ser debidamente justificadas por la empresa.

Existen tres tipos de modificación en el contrato de trabajo:

- Movilidad geográfica.
- Movilidad funcional.
- Modificación sustancial de condiciones de trabajo.

? Sabía que...

El contrato de trabajo puede ser objeto de modificaciones respecto a su contenido objetivo y que dichas modificaciones pueden llevarse a cabo según los siguientes procedimientos:

a. **Ajena a la voluntad individual de las partes** y de forma automática, derivado del cambio de la normativa legal.
b. **Mutuo acuerdo de las partes contratantes,** cuyos pactos novatorios están sometidos para su validez a los mismos requisitos de capacidad, consentimiento, objeto y forma que los exigidos para el nacimiento de la relación laboral en el contrato.
c. **Unilateralmente por el empresario o la empresaria** cuando legalmente se reconozca la facultad de alterar, aun de manera sustancial, por razones justificadas, las condiciones de trabajo.

12.1. Movilidad geográfica

Este tipo de movilidad hace alusión al cambio geográfico del lugar habitual donde el/la trabajador/a preste sus servicios y que con frecuencia, le obliga a cambiar de residencia.

Existen dos tipos de movilidad geográfica:

- **Traslado:** supone el cambio a otro centro de trabajo donde se prestarán los servicios con carácter permanente, de forma que implica para la persona trabajadora un cambio de residencia de forma definitiva.
- **Desplazamiento:** supone el cambio temporal a otro centro de trabajo para prestar sus servicios.

En los traslados se deberá llevar a cabo un procedimiento que dependerá de si se trata de un traslado individual o colectivo.

En el traslado **individual,** que es el que se produce cuando el número de afectados es inferior al límite establecido para el traslado colectivo tal como se estudiará a continuación, la empresa simplemente deberá notificar su decisión a la persona o personas afectadas por escrito, así como a los representantes legales de estos, con una antelación mínima de 30 días a la fecha de efectividad. Dicho escrito deberá contener las razones del traslado, la fecha de efecto y el nuevo centro de trabajo. Finalizado el plazo el personal afectado deberá prestar sus servicios en el nuevo centro de trabajo.

Se estará ante un traslado **colectivo,** cuando el número de trabajadores/as sea:

- La totalidad de la plantilla del centro de trabajo, siempre que este ocupe a más de 5 trabajadores/as.
- Cuando sin afectar a la totalidad del centro de trabajo, en un período de 90 días comprendan a un número de trabajadores/as de, al menos:

  - 10 trabajadores/as en las empresas de menos de 100.
  - El 10 % del número de trabajadores/as en empresas que ocupen entre 100 y 300.
  - 30 trabajadores/as en las empresas que tengan más de 300.

El **proceso de traslado colectivo** deberá ir precedido de un periodo de consulta con los representantes de las personas trabajadoras cuya duración no podrá ser superior a 15 días. Se pondrá en conocimiento de la autoridad laboral, la apertura de dicho periodo y las posiciones de las partes tras su finalización.

Durante dicho periodo de consulta, ambas partes deberán negociar de buena fe y estudiarán las causas que motivan dichos traslados y la posibilidad de evitar o reducir sus efectos, así como establecer medidas para atenuar las consecuencias a la plantilla afectada.

Una vez finalizado dicho periodo de consultas, con o sin acuerdo, la empresa deberá comunicar a la plantilla su decisión de traslado, con al menos treinta días de antelación a la fecha de efectividad del mismo.

El/La trabajador/a afectado por el traslado, podrá:

- **Aceptar el traslado,** por lo que tendrá derecho a percibir una compensación por los gastos, propios y de los familiares a cargo.
- **Extinguir la relación laboral,** percibiendo una indemnización de veinte días por año de servicio, prorrateándose por meses los períodos de tiempo inferiores a un año, y con un máximo de doce mensualidades.
- **Impugnar el traslado ante el Juzgado de lo Social,** con independencia de que el personal afectado se encuentre prestando sus servicios en el nuevo centro de trabajo.

 Aplicación práctica

Soledad Sánchez, empresaria que cuenta con dos centros de trabajo en distintas provincias (Málaga y Cádiz), tiene intención de trasladar por una duración inicialmente superior al año a Berta Menacho, trabajadora de la empresa de Cádiz, con lo que implicaría necesariamente el cambio de residencia. ¿Cómo debe notificar la empresaria tal decisión? ¿qué opciones tiene Berta ante tal decisión?

Continúa en página siguiente >>

<< Viene de página anterior

SOLUCIÓN

La decisión de traslado individual debe ser notificada por la empresaria, a la trabajadora, así como a sus representantes legales. Siendo conveniente hacerlo por escrito con las fechas de entrega y efectividad, así como las causas, y poniendo a disposición de la trabajadora la compensación de los gastos tanto propios como de sus familiares.

Por otra parte, Berta puede aceptar el traslado cumpliendo la orden empresarial, o por el contrario, optar por la extinción del contrato, teniendo derecho a una indemnización. No obstante, puede cumplir la orden de traslado, pero si se muestra disconforme puede impugnar la decisión ante la autoridad judicial.

12.2. Movilidad funcional y ascensos

Este tipo de modificación en el contrato laboral, hace alusión al cambio de las funciones que el trabajador y la trabajadora desempeña normalmente. Este cambio es facultativo de la empresa y está sometido a dos límites:

- El/La trabajador/a debe tener la titulación necesaria para el desempeño de sus nuevas funciones.
- Debe respetarse en todo caso el grupo profesional al que pertenece.

No obstante, a veces, se puede adjudicar a la persona trabajadora la realización de funciones de inferior categoría profesional al que pertenece. En estos casos, debe percibir la misma retribución que recibía en su puesto de trabajo inicial.

Sin embargo, cuando la empresa delega a un/a trabajador/a funciones de un grupo profesional superior, se habla de **ascenso.** En este caso y cómo consecuencia de un aumento de responsabilidades, el salario será mayor que el que poseía antes de asumir las nuevas responsabilidades en la empresa.

El siguiente esquema muestra las distintas funciones que puede ocupar un/a trabajador/a dentro de la empresa y las consecuencias de ocupar un puesto de rango inferior o superior al actual:

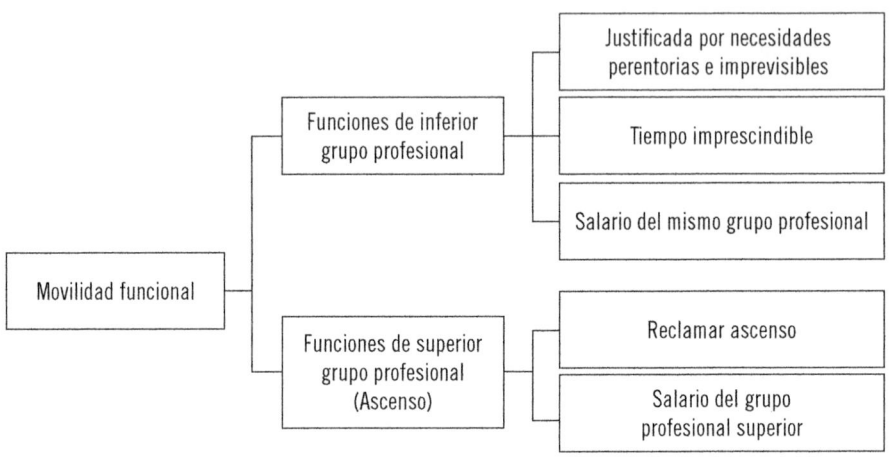

12.3. La modificación sustancial de las condiciones de trabajo

Esta modificación se lleva a cabo cuando se alteran las condiciones laborales pactadas entre el personal y la empresa por decisión de esta última.

Las condiciones de trabajo que suelen modificarse son las relativas a la jornada laboral, al horario, al sistema salarial, los turnos laborales, distribución del tiempo de trabajo, el sistema de trabajo y la cuantía del salario.

Los empresarios y las empresarias podrán llevar a cabo modificaciones sustanciales en las condiciones de trabajo a título individual o colectivo, siempre y cuando se demuestre la existencia de razones económicas, técnicas, organizativas o de producción que determinen la necesidad de llevar a cabo dichos ajustes.

Tendrán la consideración de **modificaciones sustanciales de carácter colectivo** aquellas modificaciones que en un periodo de 90 días afecte al menos a:

- 10 trabajadores/as en las empresas de menos de 100.
- El 10 % del número de trabajadores/as en empresas que ocupen entre 100 y 300.
- 30 trabajadores/as en las empresas que tengan más de 300.

El **proceso de modificación sustancial de condiciones colectivas,** deberá ir precedido de un periodo de consulta (la consulta se llevará a cabo en una única comisión negociadora, que estará constituida por un máximo de trece miembros en representación de cada una de las partes) cuya duración no podrá ser superior a 15 días. En dicho proceso de consulta se estudiarán las causas que originan dicha decisión empresarial y se deberá negociar de buena fe y con la voluntad, por ambas partes, de alcanzar un acuerdo. A los acuerdos que se lleguen en dicha comisión necesitará de una mayoría favorable de sus miembros para su aprobación.

Finalizado dicho periodo **con acuerdo,** se presupone que se han producido las causas justificativas que dan lugar a la adopción de la medida y solo podrá ser impugnado ante la jurisdicción competente por la existencia de fraude, dolo, coacción o abuso de derecho en su conclusión. Si el periodo finaliza **sin acuerdo,** la empresa notificará a la plantilla su decisión final y sus efectos surtirán en el plazo de los siete días siguientes. Ante dicha decisión empresarial, esta podrá reclamar en conflicto colectivo, paralizando este la tramitación de las acciones individuales iniciadas con anterioridad hasta su resolución.

Y tendrán la consideración **de modificaciones sustanciales de carácter individual** aquellas que, en el periodo de referencia de 90 días, no alcancen los umbrales señalados para las modificaciones colectivas.

El **proceso** en estas últimas modificaciones, tiene como única exigencia la obligatoriedad de la empresa en notificar dichas modificaciones al personal afectado y a sus representantes legales con una antelación mínima de quince días a la fecha de su efectividad. Finalizado el plazo la notificación es ejecutiva, quedando el personal afectado obligado a desarrollar su actividad laboral con las nuevas condiciones.

Los trabajadores y las trabajadoras que resultasen perjudicados por la modificación de las condiciones de trabajo, podrán ejercitar su derecho a la **rescisión del contrato** percibiendo una indemnización de veinte días de salario por año de servicio prorrateándose por meses los períodos inferiores a un año y con un máximo de nueve meses.

Aplicación práctica

Clara Soler, ante las modificaciones de las condiciones de trabajo de su empresa opta por rescindir su relación laboral.

Los ingresos brutos anuales de Clara ascienden a 21.800 € y ha trabajado para la empresa 17 años.

¿Qué indemnización le corresponderá?

SOLUCIÓN

Salario diario = 21.800/365 = 59,73 €

Días indemnización: x = 17 años x 20 días = 340 días indemnización

Si a 1 año ⟶ 20 días de indemnización
a 17 años ⟶ x

El tope máximo de indemnización para esta extinción de contrato es de 9 meses, es decir, 270 días. Por lo tanto, opera este tope de 270 días y no los 340 días.

Indemnización = 59,73 x 270 = 16.127,10 €

13. Suspensión contractual del contrato

La suspensión del contrato de trabajo es la interrupción temporal de la prestación de trabajo sin quedar rota la relación contractual entre empresa y trabajador/a.

No obstante, aunque la persona trabajadora pierda su salario y no trabaje durante un determinado período de tiempo, este tiene derecho a volver a su puesto en las mismas condiciones de siempre, cuando desaparezca la causa que obligó la suspensión contractual.

13.1. Causas de la suspensión del contrato de trabajo

Las causas vienen reguladas en el Estatuto de los Trabajadores, pudiendo destacar las siguientes:

- Mutuo acuerdo de las partes.
- Causas consignadas válidamente en el contrato.
- Incapacidad temporal.
- Nacimiento, adopción, guarda con fines de adopción o acogimiento.
- Riesgo durante el embarazo y riesgo durante la lactancia natural de un menor de nueve meses.
- Ejercicio de cargo público representativo.
- Privación de libertad del trabajador y de la trabajadora, mientras no exista sentencia condenatoria.
- Suspensión de sueldo y empleo, por razones disciplinarias.
- Fuerza mayor temporal.
- Causas económicas, técnicas, organizativas o de producción.
- Excedencia forzosa.
- Por el ejercicio del derecho de huelga.
- Cierre legal de la empresa.
- Por decisión de la trabajadora que se vea obligada a abandonar su puesto de trabajo como consecuencia de ser víctima de violencia de género o de violencia sexual.
- Disfrute del permiso parental.

Además de estas causas, recogidas por la ley, el contrato de trabajo y el convenio colectivo, puede recoger otras circunstancias que conlleven a la suspensión del contrato.

A continuación, se va a estudiar algunas de las causas de mayor relevancia en las relaciones laborales.

Excedencias: forzosa, voluntaria, por cuidado de familia

Las excedencias podrán ser forzosas o voluntarias, y los motivos, duración e implicaciones que tienen los dos tipos de excedencias, se especifican a continuación:

Excedencia forzosa

Motivo	Duración	Implicaciones
- Por designación o elección para un cargo público que imposibilite la asistencia al trabajo. - Para ejercer funciones sindicales de ámbito provincial o superior.	- Mientras dure el ejercicio del cargo representativo.	- El período de excedencia computa a los efectos de antigüedad. - Reserva del puesto de trabajo.

Excedencia voluntaria

Motivo	Duración	Implicaciones
- Por necesidad del trabajador o de la trabajadora.	- Los/as trabajadores/as con una antigüedad en la empresa de al menos un año, tienen derecho a una excedencia con un plazo no menor a cuatro meses ni superior a cinco años. - Se puede volver a ejecutar este derecho si ha pasado un período de cuatro años desde el final de la excedencia anterior.	- El período de excedencia no computa a los efectos de antigüedad. - No genera derecho a reserva del puesto de trabajo. Solo tiene derecho preferente sobre las vacantes de igual o similar categoría a la suya que se produjeran en la empresa.

Excedencia voluntaria por el cuidado de un familiar

Motivo	Duración	Implicaciones
- Por el cuidado de un hijo o por adopción o en supuestos de acogimiento. - Por cuidado de cónyuge, pareja de hecho o un familiar, hasta el segundo grado de consanguinidad o afinidad (incluido el familiar consanguíneo de la pareja de hecho) que por razones de edad, accidente o enfermedad no pueda valerse por sí mismo y no realice una actividad retribuida.	- Hijos, hasta 3 años desde su nacimiento, adopción o acogida. - Familiar, no puede ser superior a dos años.	- Computa a efectos de antigüedad. - Tiene derecho a la asistencia a cursos de formación profesional. - Durante el primer año, se reserva el puesto de trabajo.

 **Aplicación práctica**

Luis Flores solicita una excedencia para atender al cuidado de un hijo, al año de haber nacido este. A los 10 meses de encontrarse en esta situación pide el reingreso a su puesto de trabajo. La empresa no le niega el reingreso, pero sí la vuelta a su mismo puesto de trabajo, ofreciéndole otro puesto de igual categoría, ya que estima que la reserva del puesto de trabajo durante un año se computa desde el nacimiento del hijo, y en la fecha en la que solicita el reingreso ya han transcurrido 22 meses. ¿Es correcta esta decisión empresarial?

SOLUCIÓN

El ET establece que el/la trabajador/a que solicite la excedencia tendrá durante el primer año derecho a la reserva de su puesto de trabajo y transcurrido dicho plazo, la reserva quedará referida a un puesto de trabajo del mismo grupo profesional o categoría equivalente. El plazo de reserva del puesto de trabajo se amplía hasta un máximo de 15 o 18 meses cuando la persona pertenece a una familia numerosa.

El límite de tiempo de un año que tiene el/la trabajador/a para poder realizar la reserva del puesto de trabajo, empieza a contar desde el momento en el que se inicia la situación de excedencia y no desde el momento en el que se produce el nacimiento (adopción, acogimiento...). Por lo tanto, Carlos Ramos tiene derecho a reincorporarse a su mismo puesto de trabajo, siendo la decisión empresarial incorrecta.

Causas económicas, técnicas, organizativas o de producción.

Los supuestos de suspensión del contrato (y de reducción) que tengan carácter temporal y que sean por causas económicas, técnicas, organizativas o de producción temporales, se llevarán a cabo a través del procedimiento establecido de forma reglamentaria y según el art. 47 del ET.

El expediente de regulación de empleo podrá implicar la extinción de ciertas relaciones laborales, así como una suspensión temporal o reducción de jornada de trabajo entre un 10 y 70 %.

El procedimiento que será de aplicación con independencia de la plantilla de la empresa y del número de personas afectadas, será el siguiente:

- La comunicación de la empresa a la autoridad laboral.
- La apertura simultánea de un periodo de consultas con los representantes legales de las personas trabajadoras cuya duración no podrá superar 15 días (inferior o igual a siete días para las empresas de menos de 50 personas en plantilla).
- Finalizado el período de consulta, la empresa notificará a las personas afectadas y a la autoridad laboral su decisión sobre la suspensión de contratos o reducción de jornada y el periodo de aplicación de dichas medidas. A partir de la fecha de esta comunicación será efectiva la decisión de la empresa.

Si el periodo de consultas finaliza en **acuerdo,** se presumirá que concurren las causas justificativas de la suspensión y solo podrá impugnarse ante la jurisdicción competente por la existencia de fraude, dolo, coacción o abuso de derecho.

El personal afectado por la suspensión podrá reclamar ante la jurisdicción social las decisiones anteriores para su calificación como justificada o injustificada. También podrá reclamar aquellas decisiones empresariales que afecten a un número de trabajadores/as igual o superior a los umbrales previstos para el despido colectivo; se podrá reclamar en conflicto colectivo. La interposición del conflicto colectivo paralizará las acciones individuales iniciadas.

Las consecuencias que se derivan de la resolución administrativa favorable de un expediente de suspensión temporal, son las siguientes:

- Se suspende la obligación del personal afectado de prestar sus servicios, y la empresa de remunerarlos.
- Exclusión de indemnización.
- La suspensión es compatible con la prestación de servicios en otra empresa.
- Obligación de alta y cotización.
- Situación legal de desempleo.

? Sabía que...

El Real Decreto 1483/2012, de 29 de octubre, desarrolla el procedimiento que deberá llevar a cabo una empresa en un proceso de despido colectivo o de suspensión de contratos y reducción de jornada.

Cuando concurran causas de fuerza mayor temporales, la empresa también puede aplicar la reducción de jornada o la suspensión de contratos. Previamente se ha tenido que seguir el procedimiento dispuesto en el art. 47 (apartados 5 y 6) y art. 51.7 del ET, además de las disposiciones reglamentarias establecidas.

Las empresas, de forma voluntaria, pueden solicitar a la autoridad laboral la aplicación de medidas de reducción de jornada o suspensión de contratos, a través de la adhesión al instrumento denominado Mecanismo RED. Este se encuentra regulado en el art. 47 bis del ET.

14. Extinción del contrato

Cuando se extingue una relación laboral, significa que el acuerdo entre empresa y trabajador/a queda roto de forma definitiva, por lo que no existe necesidad de seguir prestando los servicios ni de remunerarlos.

Al contrario de la suspensión que es de manera temporal, la extinción del contrato es de forma definitiva.

La extinción del contrato laboral puede llevarse a cabo por alguno de los siguientes requisitos, según el art. 49 del ET:

▌ *Mutuo acuerdo entre las partes.*
▌ *Causas consignadas válidamente en el contrato.*
▌ *Expiración del tiempo convenido.*

I *Dimisión del trabajador.*

I *Muerte, gran invalidez o incapacidad permanente, total o absoluta del trabajador.*

I *Jubilación del trabajador.*

I *Muerte, jubilación, incapacidad o extinción de la personalidad jurídica del contratante.*

I *Fuerza mayor.*

I *Despido colectivo fundado en causas económicas, técnicas, organizativas o de producción.*

I *Voluntad del trabajador por incumplimiento contractual del empresario.*

I *Despido del trabajador.*

I *Causas objetivas legalmente procedentes.*

I *Por decisión de la trabajadora que se vea obligada a abandonar definitivamente su puesto de trabajo como consecuencia de ser víctima de violencia de género o de violencia sexual.*

Por lo tanto, las relaciones laborales se podrán extinguir por alguno de los citados tipos, los cuales se pueden agrupar en los siguientes grupos, que son objeto de estudio a continuación.

 Aplicación práctica

Antonio González, es un trabajador que se encuentra en situación de incapacidad temporal que se extingue con la declaración de incapacidad permanente total para la profesión que desempeña, suspendiendo el contrato de trabajo. ¿Es la incapacidad permanente una causa de suspensión del contrato de trabajo?

SOLUCIÓN

Sí, el ET señala como causas de extinción del contrato de trabajo, la gran invalidez y la incapacidad permanente total o absoluta de la persona trabajadora. En consecuencia, la declaración de cualquiera de estas situaciones produce la suspensión de la incapacidad temporal, salvo que, la situación de incapacidad vaya a ser revisada por mejoría y permita su reincorporación al puesto de trabajo. En este caso los efectos suspensivos del contrato se mantendrán durante un período de dos años a contar desde la fecha de la resolución por la que se declaró la incapacidad permanente.

14.1. Por fuerza mayor

Este tipo de despidos es causado por hechos extraordinarios imprevisibles que no se pueden evitar y que imposibilitan definitivamente el desarrollo del trabajo. Entre estos hechos se destacan los incendios, las inundaciones, etc.

De acuerdo a lo establecido en el art. 51.7 del ET, se podrá llevar a cabo un despido colectivo por la existencia de supuestos de fuerza mayor. Para ello, la empresa presentará una solicitud ante la autoridad laboral, acompañada de los medios de prueba que estime necesarios y de forma simultánea deberá comunicar dichas circunstancias a los representantes legales de las personas trabajadoras.

Los motivos de fuerza mayor que derivan en el despido colectivo, deberán ser constatados por la autoridad laboral, cualquiera que sea el número de personas de la plantilla afectadas, previo procedimiento tramitado según se recoge en el art. 51 del ET y su reglamento de desarrollo por el R. D. 1483/2012.

14.2. Por voluntad del trabajador y de la trabajadora

La extinción del contrato por voluntad del trabajador y de la trabajadora se llevará a cabo por:

- Dimisión del trabajador y de la trabajadora.
- Incumplimiento contractual de la empresa, tal como:

  - Modificación sustancial en las condiciones de trabajo que perjudican al trabajador y a la trabajadora.
  - Impago o retrasos prolongados en el abono del salario.
  - Cualquier incumpliendo de carácter grave por parte de la empresa, salvo supuestos de fuerza mayor.

Cuando la extinción se realice por dimisión no existe derecho a la prestación por desempleo. En el caso de que el contrato se extinga por las causas imputadas a la empresa, el/la trabajador/a tendrá derecho a una indemnización y a la prestación por desempleo.

14.3. Por voluntad de la empresa

En este tipo de extinción es el/la empresario/a quien inicia la rotura de la relación laboral; este tipo de extinción también es conocida como despido.

Existen tres tipos de despidos según las causas que lo originen, así como diferentes consecuencias para las partes:

- Objetivo
- Colectivo
- Disciplinario

Por ello, se va a abordar este tema en el apartado siguiente de manera más extensa.

14.4. Otras causas: extinción por mutuo acuerdo de las partes

Este tipo de extinción se produce cuando la persona trabajadora y la empresa están de acuerdo con finalizar la prestación laboral.

La forma más frecuente de este tipo de extinción es la de petición de baja por parte de la persona trabajadora, aceptando por consiguiente dicha petición la empresa y firmándose el finiquito.

El finiquito es el documento en el que se hace constar la finalización de la relación laboral, y en este supuesto de mutuo acuerdo entre las partes, y contendrá las percepciones o derechos de la persona trabajadora devengados y no cobrados.

Si el/la trabajador/a firma el finiquito por una cantidad inferior a la que le corresponde, no supone una renuncia a los derechos que este posee, pudiendo reclamar vía judicial si no está de acuerdo.

En caso de mutuo acuerdo, el/la trabajador/a no tiene derecho a acceder a la prestación por desempleo ni a indemnización alguna, excepto que se establezca en el contrato de trabajo.

15. El despido objetivo

El despido objetivo se regula en los arts. 52 y 53 del ET, y hace referencia a la extinción del contrato por parte de la empresa por alguna de las causas que se recoge en el art. 52 del ET.

15.1. Causas

Existen diferentes causas que pueden derivar en un despido objetivo, las cuales son:

- **Ineptitud del trabajador y de la trabajadora** conocida con posterioridad a su contratación.
- **Falta de adaptación del trabajador y de la trabajadora a las modificaciones técnicas** operadas en el puesto de trabajo. Se exige a la empresa que facilite un curso de formación a su trabajador/a para la adaptación a los cambios introducidos.
- Cuando concurra alguna de las **causas económicas, técnicas, organizativas o de producción,** reguladas en el art. 51.1 del ET para el despido colectivo con la diferencia del número de trabajadores/as que estén afectados. Ya que en el despido objetivo nunca sobrepasará los límites del despido colectivo.
- **Insuficiencia presupuestaria** para mantener los contratos indefinidos celebrados con entidades sin ánimo de lucro y financiadas por las AAPP mediante presupuestos.

15.2. Requisitos formales y de procedimiento

Para adoptar el acuerdo de extinción se exige el cumplimiento de los siguientes **requisitos:**

- **Comunicación** escrita a la persona trabajadora indicando la causa.
- Entregar a la persona trabajadora, junto a la comunicación, una **indemnización** de 20 días por año de servicio (prorrateando por meses los periodos inferiores a un año) y con un máximo de 12 meses. Sin embargo,

si la empresa no pudiese entregar dicha indemnización, alegando causas económicas, y lo hiciere constar en la comunicación escrita, podrá dejar de hacerlo, sin perjuicio de que el/la trabajador/a quiera ejercer su derecho de reclamarlo.

■ Concesión de un plazo de **preaviso** de 15 días contado desde la entrega de la comunicación personal a la persona trabajadora hasta la extinción del contrato de trabajo.

Tras notificarse la decisión de despido y los motivos que lo originan, este podrá impugnarlo ante la autoridad judicial en un plazo de 20 días.

La **calificación** de dicho procedimiento por la autoridad laboral como nulo, procedente o improcedente tendrá los mismos efectos que los especificados para el despido disciplinario, con los siguientes cambios:

■ Si el despido es considerado **procedente,** se declara el derecho del trabajador y de la trabajadora a recibir una indemnización de 20 días por año de servicio, con un máximo de 12 mensualidades. En caso de que ya se hubiera aceptado y recibido previamente dicha indemnización en el momento de la comunicación del despido, no corresponde ninguna cantidad adicional. El/La trabajador/a se encontrará en situación legal de desempleo.

■ En caso de calificación **improcedente,** el/la trabajador/a tiene derecho a una de estas opciones:

▪ En las mismas condiciones, ser readmitido en su empleo. En este caso debe reintegrar la indemnización percibida en el momento de ser comunicado el despido.

▪ Percibir una indemnización de 33 días de salario por año de servicio, con un máximo de 24 mensualidades. Hasta el 11 de febrero de 2012 la indemnización será de 45 días de salario por año de servicio, con un máximo de 42 mensualidades. Si bien a esta nueva cantidad debe deducírsele la indemnización de 20 días de salario por año percibida con anterioridad.

16. El despido colectivo

El despido colectivo se regula en el art. 51 del ET, y es aquel donde la decisión de la extinción de la relación laboral por parte de la empresa afecta a un grupo de trabajadores/as. De forma que, tiene la consideración de despido colectivo, la extinción del contrato de trabajo motivado por causas económicas, técnicas, organizativas o de producción, cuando en un periodo de 90 días, afecten como mínimo al siguiente número de personas en función de la plantilla de la empresa:

Plantilla	Nº personas afectadas
Menos de 100 trabajadores/as	10
De 100 a 300 trabajadores/as	10 %
Más de 300 trabajadores/as	30

También se considera despido colectivo el supuesto en el que una empresa como consecuencia del cese total de su actividad por causas económicas, técnicas, organizativas o de producción, extinga los contratos de trabajo del total de su plantilla, siempre que el número de afectados sea superior a cinco.

Las causas por las que se ejecuta este tipo de despidos se deberán acreditar, justificar y documentar, de forma que se entienden que concurren dichas circunstancias en los siguientes supuestos:

- **Causas económicas:** cuando se desprenda una situación económica negativa de los resultados de la empresa, tales como la existencia de pérdidas actuales o previstas, o una disminución del nivel de ingresos ordinarios o ventas de forma persistente en un plazo de tres trimestres consecutivos en comparación al registrado en el mismo trimestre del año anterior.
- **Causas técnicas:** cuando haya cambios en los medios o instrumentos de producción.
- **Causas organizativas:** cuando haya cambios en los sistemas o métodos de trabajo del personal o en el modo de organizar la producción.

■ **Causas productivas:** cuando haya cambios en la demanda de los productos o servicios que la empresa quiere introducir en el mercado.

Procedimiento

El despido colectivo se iniciará con la presentación ante la autoridad laboral competente de un **procedimiento de ERE,** y de forma paralela se abrirá un periodo de consultas con los representantes legales de las personas trabajadoras.

 Recuerde

El Real Decreto 1483/2012 recoge el procedimiento de aplicación en los expedientes de regulación de empleo para las extinciones colectivas de las relaciones laborales fundadas en causas económicas, técnicas, organizativas y de producción o derivadas de fuerza mayor.

Finalizado el periodo de consultas la empresa deberá comunicar a la autoridad laboral el **resultado del proceso,** que podrá ser:

■ **Con acuerdo:** la empresa adjuntará una copia íntegra a la comunicación.
■ **Sin acuerdo:** la empresa trasladará su decisión final, sobre el despido colectivo y las condiciones del mismo, a los representantes de las personas trabajadoras y a la autoridad laboral.

Tras ello, la empresa **notificará los despidos individualmente** a los afectados según se establece en el art. 53.1 del ET que determina la forma y efecto del despido por causas objetivas. El plazo que deberá mediar entre el inicio del procedimiento, con la comunicación de la apertura del periodo de consulta, y la fecha de efectos del despido deberá ser como mínimo de 30 días.

Ante los despidos colectivos, tendrán **prioridad de permanencia** los representantes de las personas trabajadoras aunque por convenio colectivo o acuerdo alcanzado durante el periodo de consultas se podrá determinar la prioridad de permanencia a favor de trabajadores/as con cargas familiares, mayores de determinada edad o personas con discapacidad.

La **decisión empresarial podrá impugnarse** a través de:

- Acciones individuales.
- Demanda de los representantes de las personas trabajadoras.
- Demanda colectiva de los/as trabajadores/as.
- La Autoridad laboral.

Los afectados por un despido colectivo tienen derecho a la misma **indemnización** que para el despido objetivo, es decir, cuando la empresa comunica el despido a los/as trabajadores/as debe poner a su disposición una indemnización de 20 días de salario por año de servicio, con un máximo de 12 mensualidades.

17. El despido disciplinario

El despido disciplinario se regula en los arts. 54 y 55 del ET, y es el que se produce cuando existe una falta o incumplimiento grave por parte del personal de la empresa en el ejercicio de su prestación laboral.

17.1. Causas

Las causas del despido disciplinario se regularán en el convenio colectivo de aplicación, pero en el Estatuto de los Trabajadores establece las siguientes:

- *Faltas repetidas o injustificadas de asistencia o puntualidad.*
- *Indisciplina o desobediencia.*
- *Ofensas verbales o físicas al empresario, a las personas que trabajan en la empresa o a los familiares que convivan con ellos.*
- *Transgresión de la buena fe contractual y abuso de confianza en el desempeño del trabajo.*
- *Disminución continuada y voluntaria en el rendimiento del trabajo normal o pactado.*

I *Embriaguez habitual o toxicomanía si repercuten negativamente en la actividad laboral.*

I *El acoso por razón de origen racial o étnico, religión o convicciones, discapacidad, edad u orientación sexual y el acoso sexual o por razón de sexo al empresario o a las personas que trabajan en la empresa.*

17.2. Trámites

El despido se tiene que notificar por escrito al trabajador y a la trabajadora, reflejando los motivos y los efectos que tendrá. No obstante, tiene 20 días para impugnarlo ante la autoridad laboral.

Como ya se ha comentado en los anteriores despidos, es la autoridad judicial la que determina si el despido es procedente, improcedente o nulo. Dichas calificaciones darán lugar a diferentes consecuencias, tal como se puede comprobar a continuación:

- **Procedente:** supuesto en el que la empresa acredita suficientemente las causas que han motivado la decisión del despido, por lo que la autoridad judicial lo califica como procedente, así que el trabajador y la trabajadora, verá extinguida la relación laboral sin derecho a indemnización.
- **Improcedente:** supuesto en el que la empresa no acredita suficientemente las causas que derivan en el despido, por lo que la autoridad judicial lo califica como improcedente, así que la empresa tendrá que optar entre readmitir al trabajador y a la trabajadora de manera inmediata o entregarle su correspondiente indemnización.
- **Nulo:** supuestos en los que la decisión extintiva sea discriminatoria, suponga una violación de los derechos fundamentales del personal de la empresa, se realice en períodos de ausencia por nacimiento de menor, riesgos durante el embarazo y la lactancia, excedencias por cuidado de menores, etc. En estos supuestos la empresa tendrá que readmitir a dicho personal inmediatamente a su puesto de trabajo y pagarle los salarios no recibidos.

18. El finiquito y la indemnización

En puntos anteriores se ha introducido el concepto de finiquito, así pues y de manera recordatoria, se puede definir como el documento que recoge el motivo de la extinción de la relación laboral, así como las percepciones devengadas y no abonadas a la fecha de extinción del contrato de trabajo tales como:

- El salario de los últimos días de trabajo que aún no se haya abonado.
- El pago de los días de vacaciones que no se ha podido disfrutar.
- La parte proporcional de las pagas extras que correspondan.

Además, a la finalización de la relación laboral, al trabajador y a la trabajadora en función del tipo de extinción o despido de la relación laboral y la calificación de este, le corresponderá una indemnización, que será objeto de estudio seguidamente.

18.1. Contenido y forma

El finiquito es el hecho más certero que indica que el contrato de trabajo ha finalizado, es decir, el finiquito se utiliza como herramienta de prueba que indica la extinción de la relación laboral.

Todo finiquito tiene que tener unos requisitos para que este sea válido, siendo los siguientes:

- **Identificación:** recoge los datos identificativos de las partes presentes en el finiquito (empresa y trabajador/a).
- **Devengos:** en este apartado se recogen todos los conceptos por los que se debe percibir dinero (pagas extras, sueldo no devengado, vacaciones no disfrutadas).
- **Deducciones:** frente a los devengos, enumera los conceptos por los que se retiene o retira dinero (cobro de anticipos, retenciones fiscales, incumplimiento del preaviso por parte del trabajador y de la trabajadora, etc.).
- **Liquidación y firma:** se comparan devengos y deducciones, obteniendo la cantidad a cobrar, que nunca podrá ser negativa.

La forma de pago del finiquito, por lo general, será al contado o con la entrega de un cheque bancario, aunque puede establecerse alguna otra forma por convenio.

Además del finiquito, cuando se extingue una relación laboral, la empresa debe entregar el certificado de empresa y todos aquellos documentos necesarios que le permite al trabajador y a la trabajadora, si cumple unos requisitos, acceder a la prestación por desempleo.

Por otra parte, debe poner en conocimiento de la representación legal de las personas trabajadoras, los documentos que ponen fin a la relación de trabajo.

Cuando el/la trabajador/a firma el finiquito, declara que la relación laboral ha finalizado y se han liquidado todos los derechos pendientes.

En la firma, el/la trabajador/a puede solicitar la presencia de sus representantes.

A modo resumen se presenta la siguiente tabla:

Conceptos que deben liquidarse en el finiquito	Descuentos que deben aplicarse en el finiquito
- Importe de las prestaciones salariales y no salariales correspondientes a los días del mes trabajados hasta la fecha de extinción del contrato. - Partes proporcionales de las pagas extraordinarias, correspondientes a los días trabajados hasta la extinción. - Importe de los días de vacaciones no disfrutados. - Importe de la indemnización o salarios de tramitación.	- Cotización a la Seguridad Social sobre los conceptos salariales. - Retención a cuenta del Impuesto sobre la Renta de las Personas Físicas.

 Aplicación práctica

Luís Sánchez fue despedido el día 2 de octubre tras ocupar dos años su puesto de vigilante de seguridad en una industria. Por contrato, cobraba un salario base de 1.000 €, un plus de nocturnidad de 142 € y dos pagas extras semestrales de 1.000 € cada una.

Con estos datos, calcule el importe de su finiquito excluida la indemnización.

SOLUCIÓN

Salario de octubre:

▌ El salario mensual: 1.142 € (1.000 + 142)
▌ Salario diario: 1.142 / 30 = 38,07 €/día
▌ Salario mes de octubre: 38,07 €/día x 2 días trabajados = 76,14 €

Vacaciones:

Si el 2 de octubre fue su última jornada laboral, llevaba 272 días (30 X 9 + 2) trabajados en el año.

▌ 360 días trabajados ⟶ 30 días de vacaciones
▌ 272 días trabajados ⟶ x
▌ X = (272 x 30) / 360 = 23 días
▌ 23 días x 38,07 €/día = 875,61 €

Paga extra:

▌ Por la paga de navidad:

    ▪ 360 días ⟶ 1.000 €
    ▪ 272 días ⟶ x
    ▪ X = (1.000 x 272) / 360 = 755,55 €

▌ Por la paga de verano:

    ▪ 360 días ⟶ 1.000 €
    ▪ 92 días ⟶ x
    ▪ X = (1.000 x 92) / 360 = 255,55 €

Las suma de las dos pagas: 755,55 + 255,55 = 1.011,1 €

Continúa en página siguiente >>

<< Viene de página anterior

Importe total del finiquito: salario último + vacaciones + pagas extras = 76,14 + 875,61 + 1.011,1 = 1.962,85 €

18.2. Cálculo del importe final

En primer lugar se muestra un resumen de las causas de extinción y sus días de indemnización correspondientes:

INDEMNIZACIÓN

Causa de extinción	Días	Máximo
Mutuo acuerdo de las partes	Si se pacta	-
Consignada en el contrato	Si se consigna	-
Expiración del tiempo convenido **(Ver escala recogida en DT 8ª del ET)**	12 días/año servicio (contratos desde 01-01-2015)	-
Dimisión del trabajador y de la trabajadora	No hay	-
Rescisión del contrato por traslado del centro de trabajo que implique cambio de residencia	20 días/año servicio	12 meses
Rescisión del contrato por modificación sustancial de las condiciones de trabajo	20 días/año servicio	9 meses
Muerte del trabajador y de la trabajadora	15 días	-
Jubilación del trabajador y de la trabajadora	No hay	-
Muerte, incapacidad y jubilación del empresario y de la empresaria	1 mes	-
Extinción de la personalidad jurídica del empresario y de la empresaria	20 días/ año servicio	12 meses
Causas objetivas procedentes	20 días/año servicio	12 meses
Despido colectivo	20 días/año servicio	12 meses
Fuerza mayor	20 días/año servicio	12 meses
Despidos o extinciones calificados como improcedentes (*)	33 días/año servicio	24 meses

(*) Hasta el 11.2.2012 todas las extinciones contractuales cuya calificación sea improcedente, le corresponderá una indemnización de 45 días por año de servicio hasta 42 mensualidades.

Para calcular las cuantías indemnizatorias, se necesitan los siguientes datos:

- Los años que lleva el trabajador y la trabajadora prestando servicio para la empresa. Por esto, es necesario hacer un cómputo desde la fecha de inicio en la empresa hasta la fecha en la que se produce el despido. Para normalizar los datos obtenidos en días, meses o años, hay que aplicar las siguientes fórmulas:

  - Para los meses: nº meses / 12.
  - Para los días: nº días / 365.

 Sabía que...

En la determinación de la indemnización por el art. 56.1 del ET, se establece que los períodos de tiempo inferiores a un año se prorratearán por meses.

- El salario diario que cobra el trabajador y la trabajadora en la empresa en el momento del despido. No obstante, el salario a efectos de despido no tiene por qué coincidir con el de la última nómina.
  Cuando el salario viene determinado de manera anual, hay que transformarlo a diario mediante la siguiente fórmula:

$$\text{Salario día} = \text{salario anual total trabajador/a} / 365$$

Una vez determinada su antigüedad y el salario diario en el momento del despido hay que aplicar las siguientes fórmulas:

■ Despidos calificados como improcedentes:

> 33 días x salario diario x n° años de servicio

■ Despido objetivo procedente y colectivo autorizado:

> 20 días x salario diario x n° años de servicio

Ejemplo

Carmen Guerrero, una trabajadora de la empresa Nane S. A., cuya actividad económica es el transporte terrestre, tiene una antigüedad en dicha empresa desde el 1 de agosto de 1996 y percibe las siguientes retribuciones mensuales:

■ Salario: 1.240 €.
■ Antigüedad: 175 €.
■ Incentivos: 94 €.

Además cobra dos pagas extra en los meses de junio y diciembre equivalentes al salario mensual más la antigüedad.

Su horario es desde las 7:30 h a las 15:30 h. El día 31 de agosto de 2015, la dirección de la empresa le comunica que se le modifica su jornada de trabajo siendo a partir del día 1 de octubre de 2015 desde las 8:00 h hasta las 13:00 h y desde las 20:00 h a las 23:00 h.

Carmen Guerrero se niega a la modificación, por lo que la empresa opta por extinguir la relación laboral con fecha 30 de septiembre. La trabajadora no está de acuerdo con la decisión de la dirección y presenta una demanda ante la autoridad laboral que declara el motivo del despido como improcedente.

La empresa por su parte opta por la extinción definitiva de la trabajadora, procediendo a entregarle su correspondiente indemnización.

Calcule la indemnización que recibirá la trabajadora Carmen.

Solución

▌ Salario diario:

  ▌ Salario: 1.240 x 12 = 14.880 €.
  ▌ Antigüedad: 175 x 12 = 2.100 €.
  ▌ Incentivos: 94 x 12 = 1.128 €.
  ▌ Pagas extras: (1.240 + 175) x 2 = 2.830 €.

    ▏ Total: 20.938 €
    ▏ Total diario: 20.938/365 = 57,36 €/día.

▌ Días que le corresponden de indemnización.

En primer lugar, se calculará el número de días existentes en el periodo comprendido entre el 1 de Agosto de 1996 y el 11 de febrero de 2012 (15 años, 6 meses y 11 días):

  ▌ 15 años: 45 días x 15 = 675 días
  ▌ 6 meses: (45 días x 6) /12 meses= 22,50 días
  ▌ 11 días, se eleva al mes por art. 56.1 del ET, por lo tanto:

    (45 días x 1) /12 meses = 3,75 días

Total = 675 + 22,50 + 3,75 = 701,25 días

En segundo lugar, como los 701 días es inferior a 720 días (tope del despido desde el 12 de febrero de 2012), se procede a calcular los días existentes entre el periodo 12 de febrero de 2012 hasta 30 de septiembre de 2015 (3 años, 7 meses y 17 días):

  ▌ 3 años: 33 días x 3 = 99 días
  ▌ 7 meses: (33 días x 7) /12 meses= 19,25 días
  ▌ 17 días: (33 días x 1) /12 meses = 2,75 días

Total = 99 + 19,25 + 2,75 = 121 días

Ahora se debe comprobar que la suma de los días de indemnización del primer y el segundo periodo no pasa del límite de 720:

701 (1º periodo) + 121 (2º periodo) = 822 días.

Como el total de días sobrepasa dicho límite, por lo tanto la indemnización tendrá el tope de los 720 días.

Importe indemnización = 57,36 €/día x 720 = 41.299,20 €

19. Resumen

El contrato de trabajo es el documento donde se refleja el acuerdo de la empresa y el/la trabajador/a.

Para que sea válido este debe cumplir unos requisitos que son el acuerdo en sí, el objeto y la causa.

Las partes contratantes son la empresa y el/la trabajador/a ambos con limitaciones legales para efectuar el contrato.

El contrato puede realizarse por escrito y de palabra y puede establecerse con una duración determinada o indefinida y a tiempo completo o parcial.

Existe un proceso de contratación que se corresponde con las tareas y los trámites relacionados con la formalización del contrato de trabajo.

Cabe resaltar que gracias a los adelantos tecnológicos, se puede obtener todos los contratos además de información sobre ellos en la página web del Servicio Público de Empleo Estatal (www.sepe.es).

La cumplimentación de los contratos de trabajo también puede realizarse mediante medios informáticos.

Por otro lado en cuanto a la jornada laboral, decir que es el período de tiempo en el cual el/la trabajador/a presta su prestación laboral, existen distintos tipos de jornadas laborales, del mismo modo existen muchos casos de interrumpir dicha jornada laboral.

Por diferentes motivos se puede modificar el contrato de trabajo e incluso puede extinguirse y como consecuencia de esa extinción se obtendría el finiquito, que es el documento que recoge el motivo de la extinción de la relación laboral, así como las percepciones devengadas y no abonadas a la fecha de la extinción del contrato de trabajo.

Todo finiquito debe tener unos requisitos para que este sea válido: identificacción, devengos, deducciones, liquidación y firma.

Ejercicios de repaso y autoevaluación

1. ¿Qué es el contrato de trabajo?

_____

_____

2. Indique los elementos básicos del contrato de trabajo.

_____

_____

_____

_____

3. ¿Un menor de 16 años puede trabajar?

   a. Sí, si tiene autorización de sus padres.
   b. Sí, en trabajos no peligrosos.
   c. Sí, puede trabajar normalmente.
   d. No, salvo en espectáculos públicos y previa autorización escrita de la autoridad laboral.

4. ¿Qué período de prueba tiene un contrato indefinido si el/la trabajador/a posee titulación?

   a. 3 meses.
   b. 6 meses.
   c. 5 meses.
   d. 4 meses.

5. ¿Cuáles son las modalidades de los contratos formativos?

   a. De formación en alternancia.
   b. De sustitución.
   c. Fijo-discontinuo.
   d. Para la obtención de la práctica profesional.

6. En el supuesto de encadenamiento de contratos, ¿cuando adquiere el carácter de indefinida la persona trabajadora?

_____

_____

7. Complete la siguiente figura:

8. Complete el siguiente texto.

Las _____ que intervienen en un contrato de trabajo son la _____ y el/la trabajador/a cuya principal _____ para que puedan _____ un contrato válido es que deben tener _____ para poder realizarlo.

9. ¿De cuántas formas puede darse el contrato de trabajo?, ¿cuáles son esas formas?

_____

_____

10. Indique qué tipo de excedencias existen.

_____

_____

Capítulo 4

Retribución salarial y actuación ante la Seguridad Social

Contenido

1. Introducción

Este último capítulo parte del estudio de la estructura del sistema de la Seguridad Social, integrada por el Régimen General y los diferentes Regímenes Especiales, para a continuación determinar el proceso de inscripción de las empresas a la Seguridad Social en los citados regímenes, así como el proceso de afiliación, alta, baja y variación de datos de los trabajadores y las trabajadoras en la cuenta de cotización obtenida previamente.

También se abordará todo lo relativo al salario, su estructura, el recibo de salario, cálculo de nóminas y bases de cotización que darán lugar a la obligación de cotizar, todo ello dentro de su correspondiente período de formalización y resto de obligaciones con la Administración pública.

Todo enlazado con las aplicaciones informáticas que ofrecen un abanico de posibilidades para estudiar desde otra perspectiva y de la mano de los nuevos avances, los dos pilares que conforman este capítulo: el salario y la Seguridad Social.

Y por último, se abordan las infracciones y sus correspondientes sanciones por las acciones u omisiones empresariales en materia laboral y de Seguridad Social.

2. Regímenes de la Seguridad Social

En función del tipo de trabajo que realicen los/as trabajadores/as, estarán englobados en un determinado régimen dentro de la Seguridad Social u otro. Cuando está incluido en un régimen concreto, las ayudas que recibe se rigen por las reglas de dicho régimen.

El Sistema de la Seguridad Social, está integrado por los siguientes regímenes:

- **Régimen General,** en el que se encuadran la mayoría de los trabajadores y las trabajadoras por cuenta ajena que no están incluidos en ninguno de los regímenes especiales de la Seguridad Social, junto con otros grupos, entre los que cabe destacar:

- El personal contratado al servicio de notarías, registro de la propiedad y demás oficinas o centros similares.
- Los conductores de vehículos de turismo al servicio de particulares.
- Las personas que presten servicios retribuidos en las entidades e instituciones de carácter benéfico-social.
- Los extranjeros con permiso de residencia y de trabajo en España que trabajen por cuenta ajena y ejerzan su actividad en el territorio nacional.
- Etc.

También se incluyen en el Régimen General de la Seguridad Social determinados colectivos de trabajadores/as con particularidades en materia de afiliación y cotización, los cuales se pueden calificar como **regímenes especiales integrados,** tales como:

- Representantes de comercio: se aplica a las relaciones entre persona física que actúa como representante, mediador, etc., para una o más empresas, para promover o concertar personalmente operaciones mercantiles por cuenta de los mismos a cambio de una retribución, sin asumir el riesgo de las operaciones.
- Artistas: se aplica a las relaciones entre el organizador de espectáculos públicos (empresario) y quien preste una actividad artística bajo la organización y dirección del mismo, a cambio de una retribución. Se incluyen actividades como el teatro, cine, televisión, circo, etc.
- Profesionales taurinos: se aplica a aquellos que residan y ejerzan normalmente su actividad en territorio nacional, y pertenezcan a alguna de las categorías profesionales establecidas en la normativa, entre las que se encuentran, matadores de toros, rejoneadores, banderilleros, picadores, etc.

Además, se incluye una serie de **Sistemas Especiales** solo a efectos de encuadramiento, afiliación, cotización o recaudación, tales como:

- Agrarios: se aplica a los empresarios y las empresarias de las explotaciones agrarias y a los trabajadores y las trabajadoras por cuenta ajena que se dediquen a labores agrarias, forestales o pecuarias, o se consideren complementarias o auxiliares de las mismas.

■ Empleados/as de hogar: se incluye a los/as trabajadores/as que se dedican de forma exclusiva a las tareas del servicio doméstico para uno o varios titulares del hogar familiar, que la prestación del servicio se realice en la casa del hogar familiar y que reciban un sueldo o remuneración por su trabajo.

■ **Regímenes especiales,** en los que se incluyen las actividades que, por su naturaleza, por las peculiares condiciones de tiempo y lugar en que se realizan, o por la índole de sus procesos productivos, sean precisas para la adecuada aplicación de los beneficios de la Seguridad Social, tales como:

■ Régimen especial de trabajadores/as autónomos/as: se aplica a los/as trabajadores/as por cuenta propia, es decir, los que son sus propios empresarios/as. Realizan su actividad de manera habitual, personal y directa sin sujeción a un contrato de trabajo.

■ Régimen especial de la minería del carbón: es aplicable a los/as trabajadores/as por cuenta ajena que prestan sus servicios en actividades relacionadas con la extracción o explotación de minas de carbón.

■ Régimen especial de trabajadores/as del mar: dentro de este régimen incluimos a quien se dedica a labores marítimas o de pesca, tanto por cuenta propia como ajena.

3. Inscripción de la empresa en la Seguridad Social

La inscripción de la empresa en la Seguridad Social es el requisito previo e indispensable al inicio de las actividades laborales.

Para ello, antes de iniciar la actividad, la empresa tiene la obligación de solicitar su inscripción en el correspondiente régimen del sistema de Seguridad Social.

3.1. Formalización

El/La empresario/a deberá solicitar a la Tesorería General de la Seguridad Social el alta de la empresa en el régimen de la Seguridad Social que le corresponda, con ello obtendrá el correspondiente código de la cuenta de cotización.

Esta solicitud tiene que realizarse bajo un modelo oficial: modelo TA.6, y posteriormente se presentara en la Dirección Provincial de la Tesorería General de la Seguridad Social. También se puede tramitar la solicitud de forma telemática a través de la Sede Electrónica mediante un certificado digital.

MINISTERIO
DE TRABAJO, MIGRACIONES
Y SEGURIDAD SOCIAL

TESORERÍA GENERAL
DE LA SEGURIDAD SOCIAL

TA.6

Registro de presentación

Registro de entrada

SOLICITUD DE INSCRIPCIÓN EN EL SISTEMA DE SEGURIDAD SOCIAL

1. DATOS DE ENCUADRAMIENTO EN EL SISTEMA DE SEGURIDAD SOCIAL

1.1 RÉGIMEN (Ver punto 1 de instrucciones)	1.2 SISTEMA ESPECIAL (ver punto 1 de instrucciones)	**FECHA DE INSCRIPCIÓN**		
		Día	Mes	Año

2. DATOS DEL EMPRESARIO SOLICITANTE

2.1 NOMBRE Y APELLIDOS DEL SOLICITANTE O RAZÓN SOCIAL

2.2 NOMBRE COMERCIAL O ANAGRAMA

2.3 TIPO DE DOCUMENTO IDENTIFICATIVO (Marque con una "X")

D.N.I.:	C.I.F.:	TARJETA DE EXTRANJERO:	OTRO DOCUMENTO:	2.4 Nº DE DOCUMENTO IDENTIFICATIVO	2.5 NÚMERO DE SEGURIDAD SOCIAL

3. DATOS DE CONSTITUCIÓN DE LA EMPRESA

3.1 FECHA			3.2 TIPO REGISTRO	3.3 NÚMERO	3.4 PROVINCIA	3.5 TOMO
Día	Mes	Año				
			3.6 LIBRO	3.7 FOLIO	3.8 SECCIÓN	3.9 HOJA	3.10 I/A

4. DOMICILIO PARTICULAR O SOCIAL

DOMICILIO
TIPO DE VÍA | NOMBRE DE LA VÍA PÚBLICA | BLOQUE | NÚM. | BIS ESCAL. PISO PUERTA COD. POSTAL

MUNICIPIO / ENTIDAD DE ÁMBITO TERRITORIAL INFERIOR AL MUNICIPIO | PROVINCIA

4.1 TELÉFONO FIJO | MÓVIL | CORREO ELECTRÓNICO

5. DATOS RELATIVOS A LA ACTIVIDAD ECONÓMICA

5.1 ACTIVIDAD ECONÓMICA	5.2 I.A.E.	5.3 CÓDIGO CNAE 2009

5.4 CONVENIO COLECTIVO (CÓDIGO Y DESCRIPCIÓN)

5.5 MÁRQUESE CON UNA "X" SI SE TRATA DE :

E.T.T.	TRABAJADORES DE ESTRUCTURA	CENTRO DOCENTE	SUBVENCIONADO	CENTRO ESPECIAL DE EMPLEO
	TRABAJADORES CEDIDOS		NO SUBVENCIONADO	

5.6 TRABAJADORES CTA. AJENA O ASIMILADOS CON EXCLUSIONES DE COTIZACIÓN

5.7 TRABAJADORES DEL RÉGIMEN GENERAL CON COEFICIENTE REDUCTOR DE LA EDAD DE JUBILACIÓN

FERROVIARIOS: | PERSONAL DE VUELO AÉREO: | ESTATUTO DEL MINERO :

DOMICILIO
TIPO DE VÍA | NOMBRE DE LA VÍA PÚBLICA | BLOQUE | NÚM. | BIS ESCAL. PISO PUERTA COD. POSTAL

5.8 MUNICIPIO / ENTIDAD DE ÁMBITO TERRITORIAL INFERIOR AL MUNICIPIO | PROVINCIA

6. A EFECTOS DE NOTIFICACIONES SEÑALA COMO DOMICILIO PREFERENTE (Marque con una "X" la opción correcta)

DOMICILIO PARTICULAR O SOCIAL DEL EMPRESARIO (PUNTO 4) : | DOMICILIO DE LA ACTIVIDAD ECONÓMICA (PUNTO 5.8) :

7. DATOS DE SEGURIDAD SOCIAL DE LA EMPRESA

7.1 ENTIDAD ACCIDENTES DE TRABAJO Y ENFERMEDADES PROFESIONALES (Nº Y DENOMINACIÓN)	7.2 ENTIDAD CON LA QUE CUBRE LA INCAPACIDAD TEMPORAL POR CONTINGENCIAS COMUNES
	MARQUE CON UNA "X" : ENTIDAD GESTORA: MUTUA :

8. DATOS RELATIVOS AL REPRESENTANTE

8.1 NOMBRE Y APELLIDOS

8.2 TIPO DE DOCUMENTO IDENTIFICATIVO (Marque con una "X")

D.N.I.:	TARJETA DE EXTRANJERO:	OTRO DOCUMENTO:	8.3 Nº DE DOCUMENTO IDENTIFICATIVO	8.4 NÚMERO DE SEGURIDAD SOCIAL

9. DATOS PARA LA DOMICILIACIÓN DEL PAGO DE CUOTAS (En el Sistema Especial de Empleados de Hogar)

CÓDIGO INTERNACIONAL CUENTA BANCARIA (IBAN)

DOCUMENTO IDENTIFICATIVO DEL TITULAR DE LA CUENTA DE ADEUDO

	TIPO DE DOCUMENTO IDENTIFICATIVO				Nº DE DOCUMENTO IDENTIFICATIVO
D.N.I.:	C.I.F.:	TARJETA EXTRANJERO:	PASPRT.:		

FECHA Y FIRMA DEL SOLICITANTE	REPRESENTANTE (FECHA, FIRMA Y SELLO)
Fecha:	Fecha:
Firma	Firma

SUBSANACIÓN Y/O MEJORA REQUERIDA

ÓRGANO AL QUE SE DIRIGE LA SOLICITUD: DIRECCIÓN PROVINCIAL O ADMINISTRACIÓN DE LA T. G. S. S. :

TA.6
(06-05-2018)

ADVERTENCIA: En las Comunidades Autónomas con lengua cooficial, existe a su disposición, este impreso redactado en lengua vernácula.

La solicitud irá acompañada de una documentación que varía en función de si el/la empresario/a es una persona física o jurídica. Estos documentos son los que aparecen en la siguiente tabla:

Persona física	Persona jurídica
- Documento identificativo del titular de la empresa ([1]). - Documento oficial donde se asigna el NIF en el que se indique la actividad económica.	- Documentos presentados por el empresario y la empresaria individual. - Escritura de constitución, certificado del registro mercantil o libro de actas en el caso de comunidades de propietarios. - Fotocopia del DNI del firmante de la solicitud de inscripción.

([1]) Cuando se trate del titular del hogar familiar (Sistema Especial Empleados/as del Hogar) este presentará, junto al modelo TA.6-138-HOGAR, el documento identificativo y el modelo TA.2/S-0138 de alta del empleado y de la empleada de hogar.

Las empresas deben proteger los Accidentes de Trabajo y Enfermedades Profesionales de sus trabajadores/as a través de una mutua de accidentes de trabajo, para ello deberá consignar en el modelo de alta de la cuenta de Cotización (modelo TA6) la mutua elegida para la cobertura de dicha contingencia.

Además la empresa, podrá acogerse voluntariamente a la cobertura de las contingencias comunes, a la misma mutua que opta para la protección de Accidentes de Trabajo y Enfermedad Profesional, eligiendo dicha opción en el mismo momento de adscripción a la mutua de accidente.

3.2. Cuenta de cotización

La inscripción de la empresa será válida para todo el territorio español, y no habrá que volver a realizarla mientras que la empresa siga funcionando. Con la inscripción, la empresa obtendrá el código de cuenta de cotización que consta de las siguientes partes:

- **Código provincial.** Es el número de orden de la provincia, está compuesto por dos dígitos.
- **Número de inscripción.** Es el número que se le asigna a la empresa, consta de 7 cifras.
- **Código de control.** Está formada por dos dígitos.

Código provincial	Numero de inscripción	Código de control
28	0000022	02

La apertura de nuevos centros de trabajo será comunicada por la empresa a la delegación de la Tesorería General de la Seguridad Social que le corresponda.

Si además el centro de trabajo se encuentra en distinta provincia, se debe utilizar el modelo TA.7, donde se le asignará un nuevo código de cuenta de cotización. En ambos supuestos el plazo de comunicación es de 3 días.

MINISTERIO
DE EMPLEO
Y SEGURIDAD SOCIAL

TESORERÍA GENERAL
DE LA SEGURIDAD SOCIAL

TA.7

Registro de presentación   Registro de entrada

SOLICITUD DE ALTA, BAJA Y VARIACIÓN DE DATOS DE CUENTA DE COTIZACIÓN

C.C.C.

FECHA DE INICIO O CESE DE ACTIVIDAD, O VARIACIÓN DE DATOS

Día   Mes   Año

1. DATOS DEL EMPRESARIO SOLICITANTE

1.1 NOMBRE Y APELLIDOS DEL SOLICITANTE O RAZÓN SOCIAL

1.2 CCC PRINCIPAL

1.3 TIPO DE DOCUMENTO IDENTIFICATIVO (Marque con una "X")

D.N.I.:   C.I.F.:   TARJETA DE EXTRANJERO: OTRO DOCUMENTO:

1.4 Nº DE DOCUMENTO IDENTIFICATIVO

1.5 NÚMERO DE SEGURIDAD SOCIAL

2. DATOS RELATIVOS A LA SOLICITUD (Marque con una "X" la opción correcta)

ALTA   BAJA   VARIACIÓN DE DATOS

2.1 CAUSA DEL ALTA, BAJA O VARIACIÓN DE DATOS

3. DATOS DE ENCUADRAMIENTO EN EL SISTEMA DE SEGURIDAD SOCIAL

3.1 RÉGIMEN DE SEGURIDAD SOCIAL (Marque con "X")

- RÉGIMEN GENERAL
- RÉGIMEN ESPECIAL DEL MAR
- RÉGIMEN ESPECIAL DE LA MINERÍA DEL CARBÓN
- SEGURO ESCOLAR
- CONCIERTO DE ASISTENCIA SANITARIA

3.2 Si el RÉGIMEN DE SEGURIDAD SOCIAL es el GENERAL marque con "X" si se trata de alguno de los siguientes colectivos

- ARTISTAS
- PROFESIONALES TAURINOS
- REPRESENTANTES DE COMERCIO

3.4 Si el RÉGIMEN DE SEGURIDAD SOCIAL es el ESPECIAL DEL MAR marque con "X" el GRUPO DE COTIZACIÓN que corresponda y el identificador de la embarcación

GRUPOS: I   IIA   IIB   III

IDENTIFICADOR DE LA EMBARCACIÓN

3.3 Si el RÉGIMEN DE SEGURIDAD SOCIAL es GENERAL marque con "X" si está incluido en algún sistema especial

- SISTEMA ESPECIAL AGRARIO
- SISTEMA ESPECIAL PARA EMPLEADOS DE HOGAR
- FRUTAS, HORTALIZAS E INDUSTRIAS DE CONSERVAS VEGETALES
- MANIPULADO Y EMPAQUETADO DE TOMATE FRESCO
- TRABAJADORES FIJOS DISCONTINUOS DE EMPRESAS DE EXHIBICIÓN CINEMATOGRÁFICA
- TRABAJADORES FIJOS DISCONTINUOS DE EMPRESAS DE ESTUDIO DE MERCADO Y OPINIÓN PÚBLICA
- OTROS

4. DOMICILIO PARTICULAR O SOCIAL

4.1 DOMICILIO   TIPO DE VÍA   NOMBRE DE LA VÍA PÚBLICA   BLOQUE   NÚM.   BIS   ESCAL   PISO   PUERTA   CÓD. POSTAL

MUNICIPIO / ENTIDAD DE ÁMBITO TERRITORIAL INFERIOR AL MUNICIPIO   PROVINCIA   TELÉFONO FIJO

5. DATOS RELATIVOS A LA ACTIVIDAD ECONÓMICA

5.1 ACTIVIDAD ECONÓMICA   5.2 I.A.E.   5.3 CÓDIGO CNAE 2009

5.4 CONVENIO COLECTIVO (CÓDIGO Y DESCRIPCIÓN)

5.5 MÁRQUESE CON UNA "X" SI SE TRATA DE :

E.T.T.   TRABAJADORES DE ESTRUCTURA   TRABAJADORES CEDIDOS   CENTRO DOCENTE   SUBVENCIONADO   NO SUBVENCIONADO   CENTRO ESPECIAL DE EMPLEO

5.6 TRABAJADORES CTA. AJENA O ASIMILADOS CON EXCLUSIONES DE COTIZACIÓN

5.7 TRABAJADORES DEL RÉGIMEN GENERAL CON COEFICIENTE REDUCTOR DE LA EDAD DE JUBILACIÓN

FERROVIARIOS   PERSONAL DE VUELO AÉREO   ESTATUTO DEL MINERO

5.8 DOMICILIO   TIPO DE VÍA   NOMBRE DE LA VÍA PÚBLICA   BLOQUE   NÚM.   BIS   ESCAL   PISO   PUERTA   CÓD. POSTAL

MUNICIPIO / ENTIDAD DE ÁMBITO TERRITORIAL INFERIOR AL MUNICIPIO   PROVINCIA   TELÉFONO FIJO

6. A EFECTOS DE NOTIFICACIONES SEÑALA COMO DOMICILIO PREFERENTE (Marque con una "X" la opción correcta)

DOMICILIO PARTICULAR O SOCIAL (PUNTO 4.1)   DOMICILIO DE LA ACTIVIDAD ECONÓMICA (PUNTO 5.8)

7. DATOS DE SEGURIDAD SOCIAL DE LA EMPRESA

7.1 ENTIDAD ACCIDENTES DE TRABAJO Y ENFERMEDADES PROFESIONALES(Nº Y DENOMINACIÓN)

7.2 ENTIDAD CON LA QUE CUBRE LA INCAPACIDAD TEMPORAL POR CONTINGENCIAS COMUNES

MARQUE CON UNA "X" :   ENTIDAD GESTORA   MUTUA

8. DATOS PARA LA DOMICILIACIÓN DEL PAGO DE CUOTAS

CÓDIGO INTERNACIONAL CUENTA BANCARIA (IBAN)

DOCUMENTO IDENTIFICATIVO DEL TITULAR DE LA CUENTA DE ADEUDO

TIPO DE DOCUMENTO IDENTIFICATIVO

D.N.I.:   C.I.F.:   TARJETA EXTRANJERO: PASPRT:

Nº DE DOCUMENTO IDENTIFICATIVO

FECHA Y FIRMA DEL SOLICITANTE

Fecha:

Firma

REPRESENTANTE (FECHA, FIRMA Y SELLO)

Fecha:

Firma

TA.7
(12-01-2015)

SUBSANACIÓN Y/O MEJORA REQUERIDA

ÓRGANO AL QUE SE DIRIGE LA SOLICITUD: DIRECCIÓN PROVINCIAL O ADMINISTRACIÓN DE LA TGSS:

ADVERTENCIA:

En las Comunidades Autónomas con lengua cooficial, existe a su disposición este impreso redactado en lengua vernácula.

Cuando se produzca alguna variación en los datos inicialmente comunicados a la Tesorería General de la Seguridad Social, la empresa tiene obligación de comunicarlo en el modelo TA.7 dentro del plazo de 3 días naturales. Los documentos que debe aportar son:

- Número de cuenta de cotización y régimen.
- Datos que varíen.

Cuando se produzca un cambio de entidad de cobertura de las contingencias comunes o profesionales (INSS o mutua), se debe presentar el documento de asociación con la nueva mutua en el plazo de 10 días naturales antes de la entrada en vigor del cambio.

El/La empresario/a debe comunicar, en el modelo TA.7, la extinción de la empresa o cese temporal o definitivo de su actividad a la Dirección Provincial de la TGSS en que se practicó su inscripción dentro de los 3 días naturales siguientes a aquel en que se haya producido.

 Sabía que...

Los modelos TA.6 y TA.7, al igual que el resto de formularios y modelos, se pueden descargar de la página Web de la Seguridad Social, para su cumplimentación y presentación ante dicha administración, aunque los trámites ya se pueden realizar telemáticamente, sin necesidad de desplazarse a la entidad y sin limitaciones de horario de oficina.

4. Afiliación, alta, baja y variación de datos de trabajadores/as

Una vez finalizada la inscripción de la empresa en la Seguridad Social, la empresa ya se encuentra preparada para empezar su actividad laboral, y como consecuencia de ello de realizar las oportunas contrataciones de trabajadores y trabajadoras.

Ante ello, la empresa se ve obligada de nuevo a inscribir, en este caso a los trabajadores y a las trabajadoras, en la Seguridad Social.

4.1. Formalización, lugar y plazo

Para dar de alta a un/a trabajador/a y adscribirlo a la cuenta de cotización de una empresa, en primer lugar deberá estar afiliado.

La afiliación es única y dura toda la vida con independencia de las altas o bajas que tenga el trabajador y la trabajadora en la misma o diferentes empresas. Además dicha afiliación se podrá efectuar a petición de la empresa, del personal o de oficio por la TGSS:

A instancia de la empresa	El/La empresario/a tiene que afiliar a sus trabajadores/as a la Seguridad Social antes de que comience la actividad laboral.
A instancia del personal	Si la empresa no cumple dicha obligación, el/la trabajador/a puede solicitar la afiliación ante la Dirección Provincial de la Tesorería General de la Seguridad Social.
Afiliación de oficio por la Tesorería General de la Seguridad Social	La afiliación podrá realizarse de oficio si tras una inspección de trabajo se detecta un incumplimiento de la obligación de Afiliación del trabajador y de la trabajadora a la Seguridad Social.

La formalización de la afiliación del personal de la empresa se realiza a través de un modelo oficial llamado TA.1, y se deberá realizar con carácter previo al comienzo de la relación laboral.

MINISTERIO
DE INCLUSIÓN, SEGURIDAD SOCIAL
Y MIGRACIONES

Limpiar Formulario

TESORERÍA GENERAL
DE LA SEGURIDAD SOCIAL

TA.1

Registro de presentación   Registro de entrada

SOLICITUD DE: AFILIACIÓN A LA SEGURIDAD SOCIAL, ASIGNACIÓN DE NÚMERO DE SEGURIDAD SOCIAL Y VARIACIÓN DE DATOS

ADVERTENCIA:
En las Comunidades Autónomas con lengua cooficial, existe a su disposición este impreso redactado en lengua vernácula.

1. DATOS DEL SOLICITANTE

| 1.1 PRIMER APELLIDO | SEGUNDO APELLIDO | NOMBRE | 1.2 SEXO |

1.3 TIPO DE DOCUMENTO IDENTIFICATIVO (Marque con una "X")
DNI: TARJETA DE EXTRANJERO: PASAPORTE: Solo nacionales UE/EEE/SUIZA

1.4 Nº DE DOCUMENTO IDENTIFICATIVO   1.5 NÚMERO DE SEGURIDAD SOCIAL

FECHA DE NACIMIENTO
Día   Mes   Año   A- PROGENITOR/A   B- PROGENITOR/A

LUGAR O MUNICIPIO DE NACIMIENTO   PROVINCIA DE NACIMIENTO   PAÍS DE NACIMIENTO

1.6 GRADO DE DISCAPACIDAD   NACIONALIDAD   1.7 APELLIDO DE SOLTERA (Solo nacionales Unión Europea excepto España)

1.8 DOMICILIO
TIPO DE VÍA   NOMBRE DE LA VÍA PÚBLICA   BLOQUE NÚM. BIS ESCAL. PISO PUERTA C.POSTAL

MUNICIPIO / ENTIDAD DE ÁMBITO TERRITORIAL INFERIOR AL MUNICIPIO   PROVINCIA

1.9 DATOS TELEMÁTICOS
CORREO ELECTRÓNICO

ACEPTO ENVÍO COMUNICACIONES INFORMATIVAS DE LA SEGURIDAD SOCIAL   SI   NO   TELÉFONO MÓVIL

2. DATOS RELATIVOS A LA SOLICITUD (Marque con "X" la opción correcta)

AFILIACIÓN A LA SEGURIDAD SOCIAL   ASIGNACIÓN NÚMERO DE SEGURIDAD SOCIAL   VARIACIÓN DE DATOS

2.1 CAUSA DE LA VARIACIÓN DE DATOS

A esta solicitud se acompañan los siguientes documentos:

3. DATOS RELATIVOS A LA NOTIFICACIÓN (Marque con una "X" la opción correcta)

A efectos de lugar de notificación el interesado/a señala como domicilio preferente: El indicado en datos del solicitante   El indicado a continuación

TIPO DE VÍA   NOMBRE DE LA VÍA PÚBLICA   BLOQUE NÚM. BIS ESCAL. PISO PUERTA C.POSTAL

MUNICIPIO / ENTIDAD DE ÁMBITO TERRITORIAL INFERIOR AL MUNICIPIO   PROVINCIA   TELÉFONO

LUGAR, FECHA Y FIRMA DEL SOLICITANTE O REPRESENTANTE LEGAL	LUGAR, FECHA Y FIRMA DEL/DE LA EMPRESARIO/A, CUANDO PROCEDA
Lugar: Fecha:	Lugar: Fecha:
Firma	Firma

TA.1
07-2024

ÓRGANO AL QUE SE DIRIGE LA SOLICITUD: DIRECCIÓN PROVINCIAL O ADMINISTRACIÓN DE LA TGSS:

Dicho documento se puede presentar, ante la Dirección Provincial de la TGSS del domicilio de la empresa, adjuntando además una copia del DNI del trabajador y de la trabajadora, o documento identificativo en caso de ser extranjero/a. También se puede realizar este trámite por vía telemática a través de la Sede Electrónica, por medio de certificado digital.

Una vez presentado el modelo y la correspondiente documentación adjunta, la TGSS emitirá una tarjeta que debe entregarse a cada trabajador/a (dicha tarjeta recoge sus datos y el número de la Seguridad Social que le haya correspondido).

4.2. Efectos: altas, bajas y variación de datos de los/as trabajadores/as

La empresa comunicará a la Dirección Provincial de la TGSS, las altas, bajas o variación de datos a través del modelo TA.2/S.

MINISTERIO
DE INCLUSIÓN, SEGURIDAD SOCIAL
Y MIGRACIONES

TESORERÍA GENERAL
DE LA SEGURIDAD SOCIAL

TA.2/S

Registro de presentación   Registro de entrada

SOLICITUD DE ALTA, BAJA O VARIACIÓN DE DATOS DEL TRABAJADOR POR CUENTA AJENA O ASIMILADO

1. DATOS DEL AFILIADO/A

PRIMER APELLIDO	SEGUNDO APELLIDO	NOMBRE	NÚMERO DE SEGURIDAD SOCIAL

FECHA DE NACIMIENTO — Día — Mes — Año

1.1 GRADO DE DISCAPACIDAD

1.2 TIPO DE DOCUMENTO IDENTIFICATIVO — D.N.I.: — TARJETA DE EXTRANJERO: — PASAPORTE: Solo nacionales UE/EEE/SUIZA

1.3 Nº DE DOCUMENTO IDENTIFICATIVO

DOMICILIO

CORREO ELECTRÓNICO

ACEPTO ENVÍO COMUNICACIONES INFORMATIVAS DE LA SEGURIDAD SOCIAL   SI   NO   TELÉFONO MÓVIL

2. DATOS RELATIVOS A LA SOLICITUD (Marque con "X" la opción correcta)

ALTA   BAJA   VARIACIÓN DE DATOS

2.1 SITUACIÓN DE INACTIVIDAD   INICIO   FIN

2.2 CAUSA DEL ALTA/BAJA/VARIACIÓN DE DATOS

FECHA DE ALTA/BAJA/VARIACIÓN DE DATOS   Día   Mes   Año

3. DATOS DE LA EMPRESA SOLICITANTE

RAZÓN SOCIAL DEL EMPRESARIO COLECTIVO O NOMBRE Y APELLIDOS DEL EMPRESARIO/A INDIVIDUAL   3.1 RÉGIMEN/ SISTEMA ESPECIAL   CÓDIGO CUENTA COTIZACIÓN (C.C.C.)

DOMICILIO

4. DATOS LABORALES Y DE SEGURIDAD SOCIAL

4.1 CONTRATO DE TRABAJO

4.1.1 CÓDIGO   4.1.2 FECHA DE INICIO DEL CONTRATO DE TRABAJO   Día — Mes — Año

4.1.4 FECHA DE FIN DE VACACIONES RETRIBUIDAS Y NO DISFRUTADAS   Día — Mes — Año

4.1.3 CAUSA ALTA SUCESIVA

4.1.5 EMPRESA DE ORIGEN DEL CONTRATO

4.2 TRABAJADORES/AS CON EXCLUSIONES DE COTIZACIÓN

4.3 RELACIÓN LABORAL DE CARÁCTER ESPECIAL

4.2.1 EXCLUSIÓN DE CESE DE ACTIVIDAD (Marque con "X" la opción correcta)   SI   NO

4.4 GRUPO COT.   4.5 OCUPACIÓN AT/EP   4.6 C.C.C. o Nº S.S. DEL EMPRESARIO USUARIO   4.7 IDENTIFICACIÓN DE LA EMBARCACIÓN

4.8 INDIQUE SI EL TRABAJADOR/A SE ENCUENTRA EN SITUACIÓN DE:

DESEMPLEADO/A	DESEMP. INSCRITO MÁS DE 6 MESES	DESEMPLEADO/A SUBSIDIO R.E.A.	RENTA ACTIVA DE INSERCIÓN	SUBREPRESENTADA	MUJER SUBREPRESENTADA	EXCLUSIÓN SOCIAL	TRABAJADOR/A DE AUTÓNOMO/A
BENEF. SUBSIDIO DESEMP.>52 AÑOS	BENEF. DESEMPLEO FALTA 1 AÑO O MÁS	MUJER REINCORPORADA AL TRABAJO DESPUÉS DE MATERNIDAD			PARTO ÚLTIMOS 24 MESES	VÍCTIMA VIOLENCIA DE GÉNERO	INCAPACITADO/A READMITIDO/A

4.9. TIEMPO PARCIAL   Nº HORAS ORDINARIAS (A)   Día — Semana — Mes — Año

Nº HORAS JORNADA MÁXIMA (B)

COEFICIENTE TIEMPO PARCIAL   (A x 1000) = B

4.10 N.S.S. TRABAJADOR/A SUSTITUIDO/A   4.11 CAUSA DE LA SUSTITUCIÓN   4.12 CATEGORÍA PROFESIONAL   4.13 C.O.E.   4.14 CONVENIO COLECTIVO

4.15 INDIQUE SI EL TRABAJADOR/A SE ENCUENTRA EN ALGUNA DE LAS SITUACIONES ESPECIALES SIGUIENTES

EXCEDENCIA CUIDADO HIJO	EXCEDENCIA OTRO FAMILIAR	GUARDA LEGAL -%-	MATERNIDAD	SUSPENSIÓN POR REGULACIÓN DE EMPLEO TOTAL/PARCIAL -%-	HUELGA TOTAL/PARCIAL. CIERRE PATRONAL -%-
RELEVO			OTRAS SITUACIONES		

4.16 SISTEMA ESPECIAL DE FRUTAS, HORTALIZAS E INDUSTRIAS DE CONSERVAS VEGETALES

4.16.1 COEFICIENTE DE PERMANENCIAS   4.16.2 DÍAS DE TRABAJO   4.16.3 DÍAS EN SITUACIÓN DE INCAPACIDAD TEMPORAL MATERNIDAD O RIESGO DURANTE EL EMBARAZO

FIRMA DEL TRABAJADOR/A O REPRESENTANTE LEGAL	FIRMA Y SELLO DEL EMPRESARIO/A	DILIGENCIA DE NOTIFICACIÓN DE LA SUBSANACIÓN Y MEJORA DE LA SOLICITUD	DILIGENCIA DE NOTIFICACIÓN DE LA RESOLUCIÓN
		Fecha: D.N.I.: FIRMA:	Fecha: D.N.I.: FIRMA:

SUBSANACIÓN Y/O MEJORA REQUERIDA

ÓRGANO AL QUE SE DIRIGE LA SOLICITUD: DIRECCIÓN PROVINCIAL O ADMINISTRACIÓN DE LA T. G. S. S.:

TA. 2/S (03-2023)

ADVERTENCIA: En las Comunidades Autónomas con lengua cooficial, existe a su disposición este impreso redactado en lengua vernácula.

Dichas solicitudes deben de ser realizadas únicamente por la empresa, que es el sujeto obligado en este caso, aunque si incumple esta obligación el/la trabajador/a podrá darse de alta y también podrá efectuarse de oficio por la Tesorería.

Para dar el alta a un trabajador y a una trabajadora se deben aportar los siguientes datos:

Datos

- De la empresa: razón social, código de cuenta de cotización, régimen de la Seguridad Social y código de convenio colectivo aplicable.
- De la persona trabajadora: nombre y apellidos, DNI o equivalente, número de la Seguridad Social, domicilio, fecha de inicio, grupo de cotización, actividad que va a desempeñar, centro de trabajo al que pertenece y datos sobre su formación académica y ocupación laboral.

La comunicación del alta debe realizarse antes del comienzo de la prestación de servicio, mientras que las de baja o variación de datos deberán realizarse en un plazo máximo de 3 días naturales.

Los justificantes de las altas, bajas y variación de datos deben ser guardados por el empresario durante un período de tiempo de 4 años.

 Sabía que...

Las empresas realizan la comunicación de las altas, bajas y variación de datos de su personal por vía telemática a través de Sistema RED.

---

5. Estructura salarial

El salario se puede definir como el **pago periódico** (monetario o en especie no superando en este último caso el 30 % de las percepciones monetarias), que recibe el trabajador y la trabajadora por parte de la empresa como consecuencia de la relación laboral.

El salario se puede clasificar en:

- **Por tiempo:** comprende los salarios fijados según el número de horas trabajadas, sin tener en cuenta el rendimiento de las mismas.
- **Por rendimiento:** es el salario en base a una determinada cantidad o calidad del trabajo.
- **En especie:** comprende al pago que se realiza en suministros, manutención o alojamiento del personal sin superar el 30 % del salario monetario.
- **A comisión:** es el pago de un porcentaje en función del volumen de operaciones que realiza el/la trabajador/a.
- **Participación en beneficios:** en este caso los salarios se establecen según la situación de la empresa.

El salario bruto, que se corresponde con el total devengado, se define como la suma de todos los importes que va a percibir el trabajador y la trabajadora (salario base, complementos salariales, horas extras, pagas extras, etc.), y al que se le van a descontar los impuestos y aportaciones a la Seguridad Social, dando lugar al salario neto. Es decir:

Salario bruto (Total devengado)		Deducciones	
- Percepciones salariales (salario base, complementos salariales, horas extraordinarias, horas complementarias, gratificaciones extraordinarias y salario en especie). - Percepciones no salariales (indemnizaciones o suplidos; prestaciones e indemnizaciones de la Seg. Soc.; indemnizaciones por traslados, suspensiones o despidos; y otras percepciones no salariales).	Menos →	- Aportaciones a la Seguridad Social. - IRPF. - Anticipos. - Valor de los productos en especie. - Otras deducciones.	Salario neto o líquido

5.1. Salario base

El salario base constituye una parte de la retribución que percibe el trabajador y la trabajadora, cuya cuantía es fijada en el convenio colectivo, por unidad de tiempo (generalmente a jornada completa), y en función a la categoría profesional.

El salario base puede establecerse según 2 criterios:

- **Salario establecido por convenio,** el SMI deja de ser el mínimo obligatorio, siempre que se fije por convenio colectivo anualmente una cuantía superior a este y de aplicación a cada clase profesional.
- **Salario pactado,** es aquel acordado entre las partes en la negociación del contrato de trabajo, cuyo importe será superior al SMI o al establecido por convenio colectivo.

5.2. Complementos salariales

Los complementos salariales se corresponden con aquellos que no hayan sido valorados a la hora de determinar el salario base.

Estos complementos pueden venir regulados legislativamente o por convenio colectivo o como consecuencia de un pacto de la dirección de la empresa. Existen distintos tipos de complementos salariales, entre ellos se pueden destacar:

- **Complementos personales:** hacen alusión a las condiciones personales del trabajador y de la trabajadora si no se han tenido en cuenta a la hora de establecer el salario base. Los complementos personales más importantes son:

  - **Antigüedad:** se corresponde con un plus que recibe el trabajador y la trabajadora como consecuencia del tiempo que lleva prestando sus servicios en la empresa. Los períodos que se establecen para cobrar este tipo de compensación salarial son: bienios, trienios, quinquenios, sexenios.
  - **Conocimientos especiales:** en este sentido los/as trabajadores/as pueden cobrar un plus a causa de que este posea algún título,

conocimientos de idioma, si no se han tenido en cuenta a la hora de fijar el salario base.

■ **Complementos de puesto de trabajo:** este tipo de complementos salariales se reciben a causa de las características especiales que posee el puesto de trabajo en comparación con el puesto corriente. Los complementos derivados del puesto de trabajo son:

■ Penosidad, toxicidad, peligrosidad, trabajo a turnos: se perciben según convenio o autoridad laboral, si un determinado puesto de trabajo posee estas características.

■ Nocturnidad: el trabajo nocturno tiene una determinada retribución específica según establezca el convenio.

■ De residencia: este complemento lo reciben los/as trabajadores/as que residen en la península y se desplazan por motivos laborales a Baleares, Canarias, Ceuta y Melilla.

■ **Complementos por calidad o cantidad de trabajo:** este tipo de complementos se percibe cuando el/la trabajador/a realiza una mayor cantidad de trabajo. Los complementos por calidad y cantidad de trabajo se corresponden con:

■ Incentivos, actividad: se determina cuando se exige un cierto nivel de rendimiento en el trabajo.

■ Asistencia, puntualidad: se reciben cuando el nivel de absentismo sea menor al que la empresa establezca.

■ **Horas extraordinarias:** en los convenios colectivos o en su defecto en el contrato de trabajo, se puede determinar el pago de horas extraordinarias según establezcan las partes.

■ **Gratificaciones extraordinarias:** son compensaciones económicas de carácter periódico cuya periodicidad supera el mes: pagas extraordinarias, participación en beneficios de la empresa, y cualquiera otra como consecuencia de la situación y resultados de la empresa.

■ **Salario en especie:** componen percepciones en especie de carácter salarial, la utilización, consumo u obtención para fines particulares de bienes, derechos o servicios de forma gratuita o por precio inferior al normal del mercado, cuya entrega por parte de la empresa es debida al cumplimiento de una norma, convenio colectivo o contrato de trabajo y no establezcan retribuciones de carácter asistencial.

 Aplicación práctica

Alfredo lleva trabajando desde hace varios meses de 22.00 a 6.00 horas, ¿cuáles son las retribuciones a las que tiene derecho por tal concepto?

SOLUCIÓN

La nocturnidad es un complemento relacionado con el trabajo realizado, se percibe por las características especiales del puesto de trabajo, por lo que tendrá una retribución específica, que se determinará en la negociación colectiva.

5.3. Pagas extraordinarias

Como se ha comentado anteriormente, las gratificaciones o pagas extraordinarias son compensaciones económicas de carácter periódico cuya periodicidad supera el mes.

La empresa está obligada a su pago y como mínimo se establecen dos pagas al año: navidad y otra que normalmente se devenga en verano.

Las pagas extras se pueden prorratear según acuerdo en el convenio colectivo, es decir, que en cada mes se perciba un porcentaje de la paga.

El sistema de devengo de las pagas está establecido por los convenios colectivos, siendo proporcional a la permanencia en la empresa durante el semestre o año anterior, según se establezca. A falta de regulación por convenios, se devengará en proporción al tiempo de servicio en el año anterior a su cobro y no se devengan durante el período de incapacidad temporal.

Estas pagas extras cotizan a la Seguridad Social, porque son conceptos salariales y también sufren retenciones.

 Ejemplo

Según los siguientes datos, determine el importe del salario bruto y el líquido.

▌ Salario base = 1.100 €
▌ Incentivos = 50 €
▌ Prestaciones e indemnizaciones de la Seguridad Social = 89,17 €
▌ Aportación del trabajador a la Seguridad Social = 29,12 €
▌ IRPF = 20,17 €

▌ Salario bruto = 1.100 + 50 + 89,17 = 1.239,17 €
▌ Salario líquido = 1.239,17 − (29,12 + 20,17) = 1.189,88 €

 Aplicación práctica

Según los datos siguientes, calcule el salario bruto y el salario líquido.

▌ Salario base = 1.250 €
▌ Incentivos y antigüedad = 89 €
▌ Paga de navidad = 700 €
▌ Aportación del trabajador a la Seguridad Social = 52,36 €
▌ IRPF = 48,21€

SOLUCIÓN

Salario bruto = 1.250 + 89 + 700 = 2.039 €
Salario líquido = 2.039 − (52,36 + 48,21) = 1.938,43 €

5.4. Otros. Devengos extrasalariales. Prestaciones e indemnizaciones de la Seguridad Social

Según el art. 26.2 del ET, tienen la consideración de devengos o conceptos extrasalariales, aquellas cantidades percibidas por el trabajador y la trabajadora, en el marco de la relación laboral o como consecuencia de ella, que carecen del carácter de contraprestación por los servicios realizados, es decir, son retribuciones que percibe el trabajador y la trabajadora, pero no gratifican ni el trabajo efectivo efectuado por el mismo ni los períodos de descanso que se cuentan como trabajo efectivo.

Dicho artículo recoge tres supuestos de conceptos extrasalariales, los cuales son:

- **Cantidades percibidas en concepto de indemnizaciones o suplidos por los gastos ocasionados por el desarrollo de la actividad laboral,** ejemplos de ello son: el quebranto de moneda (importe destinado a compensar los descuadres de caja en los cobros y pagos realizados de clientes y proveedores), la adquisición de prendas de trabajo, el desgaste de útiles y herramientas, los gastos de locomoción y dietas de viaje (por desplazamientos a un lugar distinto a aquel donde habitualmente presta los servicios o donde radica el centro de trabajo), y los pluses de distancia y transporte urbanos (tiene la finalidad de compensar los gastos por el desplazamiento al centro de trabajo).
- **Indemnizaciones correspondientes a traslados, suspensiones o despidos:** hace referencia a los importes entregados por la empresa a sus trabajadores/as para compensar los gastos o perjuicios derivados por la decisión de traslado del lugar de prestación del servicio o de la extinción de la relación laboral.
- **Prestaciones e indemnizaciones de la Seguridad Social:** hace referencia a las cantidades o subsidios abonados por las empresas, entidades gestoras o mutuas de accidentes de trabajo y enfermedades profesionales, a sus trabajadores/as durante la situación de incapacidad temporal, debido a enfermedad común o profesional o por un accidente.

5.5. Cálculo de Prestaciones e indemnizaciones de la Seguridad Social

Durante un proceso de incapacidad temporal, el personal de la empresa percibirá una prestación o subsidio cuya cuantía dependerá de la base reguladora y del porcentaje que se aplique sobre la misma, por lo tanto el cálculo seria de la siguiente forma:

Prestación por IT = (Base reguladora diaria x porcentaje) x n° de días de baja

Con carácter general, la base reguladora será la que resulte de dividir las bases de cotización (cuyo estudio se realizará en este capítulo) correspondiente al mes anterior a la fecha de la baja en el trabajo por enfermedad o accidente, entre el número de días al que pertenece dicha cotización.

Las fórmulas a utilizar serían:

- **En caso de IT por enfermedad común o accidente no laboral:**

$$\text{Base reguladora} = \frac{\text{Base por Contingencias Comunes mes anterior a la baja}}{\text{Número de días cotizados en dicho mes (30, 31, 28 o 29)}}$$

- **En caso de IT por accidente de trabajo o enfermedad profesional:**

$$\text{Base reguladora} = \frac{\text{Base por CC mes anterior a la baja}}{\text{N° de días cotizados en dicho mes}} + \frac{\text{Horas extraordinarias año anterior}}{365}$$

La base reguladora en el caso de la menstruación incapacitante, la interrupción del embarazo (voluntaria o no) y la semana 39 de gestación se rige por las normas generales de enfermedad común.

Cuando el/la trabajador/a haya ingresado en la empresa en el mismo mes en el que se inicie la situación de incapacidad temporal se tomará como base de cotización para el cálculo de la base reguladora, la de ese mismo mes.

Una vez calculada la base reguladora para determinar el importe de la prestación, se aplicará un porcentaje sobre la misma, el cual dependerá del origen de la incapacidad temporal y los días de baja.

Dependiendo de la causa de la incapacidad y su duración, los porcentajes a aplicar para el cálculo de la prestación serán los siguientes:

Incapacidad Temporal (IT)			
Origen	Días	Porcentaje	Para trabajadores/as cuenta ajena del R. General irá a cargo de
Enfermedad común o accidente no laboral	Entre el 1.º y el 3.º	0	
	Entre el 4.º y el 15.º	60 % Base Reguladora	Empresario/a
	Entre el 16.º y el 20.º	60 % Base Reguladora	Seguridad Social o Mutua de AT y EP colaboradora con Seg. Soc.
	A partir del 21.º	75 % Base Reguladora	Seguridad Social o Mutua de AT y EP colaboradora con Seg. Soc.
Enfermedad profesional o accidente de trabajo	Desde el día siguiente de la baja (estando a cargo de la empresa el salario correspondiente al día de la baja).	75 % Base Reguladora	Mutua de AT y EP colaboradora con Seg. Soc.

Continúa en página siguiente >>

<< Viene de página anterior

Incapacidad Temporal (IT)			
Origen	Días	Porcentaje	Para trabajadores/as cuenta ajena del R. General irá a cargo de
Menstruación incapacitante secundaria	Entre el 1.º y el 20.º	60 % Base Reguladora	INSS (Seguridad Social)
	A partir del 21.º	75 % Base Reguladora	
Interrupción del embarazo	Día 1.º	Salario	Empresario/a
Día 1.º semana 39 de embarazo	Entre el 2.º y el 20.º	60 % Base Reguladora	INSS (Seguridad Social)
	A partir del 21.º	75 % Base Reguladora	

Para el cómputo de los días, se tendrá en cuenta:

- Por enfermedad común o accidente no laboral, se cuenta el día de baja y el día de alta.
- Por accidente de trabajo o enfermedad profesional, se devenga a partir del día siguiente al hecho causante.
- Por menstruación incapacitante secundaria e interrupción del embarazo, se devenga desde el primer día de la baja en el trabajo.
- En la semana 39 de gestación de la mujer trabajadora se cuenta desde el día primero de dicha semana hasta la fecha del parto.

Se deberá tener en cuenta que el subsidio por IT de los trabajadores y las trabajadoras por cuenta ajena del Régimen General, entre el 4.º y 15.º día será a cargo y abonado por la empresa, y a partir del 16.º día será a cargo de la entidad correspondiente (INSS o Mutua) y abonado, como pago delegado, por la empresa que con posterioridad compensará en los seguros sociales.

Aplicación práctica

Según los siguientes datos, determine el importe de la baja por IT.

I Base cotización de abril 1.119 €.
I Trabajador con salario mensual que presenta baja por accidente de trabajo desde el día 3 hasta el 15 de mayo.

SOLUCIÓN

Accidente de trabajo = 75 % de la base reguladora
Base reguladora = 1.119/30 = 37,30 €
Los días de baja se cuentan desde el día 4 hasta el 15: 12 días
Importe baja = 37,30 x 75 % x 12 días = 335,70 € a cargo de la mutua de accidentes.

6. El Salario Mínimo Interprofesional (SMI)

El Salario Mínimo Interprofesional es fijado anualmente por el Gobierno y supone la regulación mínima que debe percibir un/a trabajador/a, sin tener en cuenta la actividad que este realiza cada día de trabajo.

El Salario Mínimo Interprofesional, posee las siguientes características:

■ Lo fija anualmente el Gobierno.
■ No se puede embargar.
■ Cualquier acuerdo tiene que respetar el Salario Mínimo Interprofesional.
■ Hace referencia a la jornada legal de trabajo, si se realiza una jornada laboral inferior, se prorrateará.
■ Incluye la parte proporcional de las retribuciones extraordinarias y vacaciones.

El SMI en nuestro país ha sufrido una evolución en los últimos años como se aprecia en el siguiente gráfico.

SMI Mensual 2015 a 2025

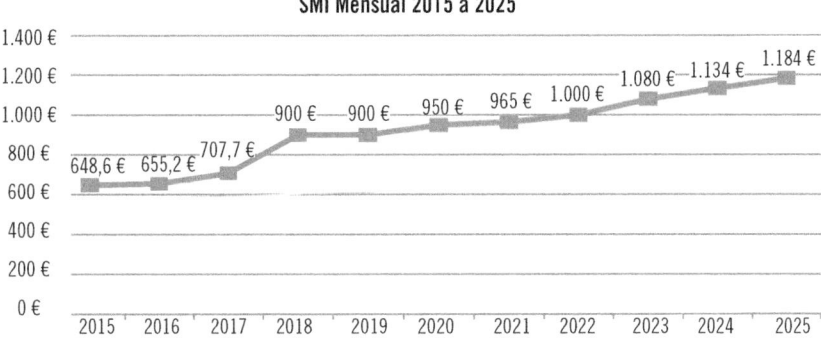

 Aplicación práctica

Lola Fuentes, futura trabajadora de la empresa Innovación Solar S. L., va a empezar su prestación laboral el día 5 de febrero.

Su jefe, le comunica varios días antes que va a cobrar lo mínimo, ya que carece de titulación y los servicios que va a prestar son como limpiadora.

El SMI ese año es de 1.150 €.

El convenio establece un sueldo mínimo de 1.300 €.

¿Qué salario percibirá Lola?

SOLUCIÓN

Lola cobrará 1.300 € porque el convenio colectivo tiene una cuantía mínima superior que el Salario Mínimo Interprofesional establecido para ese año.

7. Estructura del recibo del salario

El recibo de salario, también conocido como nómina, es el justificante del pago realizado por la empresa a sus trabajadores/as a cambio de la prestación de sus servicios. En él se detallan las partidas que componen el pago.

El recibo de salario deberá ser entregado al trabajador y a la trabajadora de manera individual y este debe ajustarse al modelo que aprueba el ministerio o el que se pacte por convenio colectivo.

Si el empresario utiliza un modelo de recibo salarial distinto al que aprueba la autoridad laboral o resultado del acuerdo entre representantes de las personas trabajadoras y representante de la empresa, podrá ser sancionado con una multa.

Asimismo, el recibo del salario debe reflejar fielmente la estructura que se acuerde en convenio colectivo o el implantado por la autoridad laboral.

El recibo salarial, en primer lugar deberá poseer en primer término el importe correspondiente al tiempo trabajado (sin sobrepasar el mes), y en segundo término la descripción de lo que corresponde al salario base, complementos, deducciones que legalmente procedan, cuotas de la Seguridad Social y retenciones de IRPF. En caso de haber indemnización también deberá constar obligatoriamente.

Si el recibo de salario no refleja las cantidades realmente abonadas al trabajador y a la trabajadora, constituirá una infracción grave susceptible de recibir una multa.

A continuación se presenta un recibo de salarios según el modelo oficial:

Empresa:	Trabajador:
Domicilio:	NIF:
	Núm. Afil. Seguridad Social:
CIF:	Grupo Pofesional:
CCC:	Grupo de Cotización:

Período de liquidación: del _____ de _____ al _____ de _____ de 20____   Total días [   ]

I.	DEVENGOS	IMPORTE	TOTALES
1.	Percepciones salariales		....
	Salario base...	....	
	Complementos salariales:		
	....	....	
	....	....	
	....	....	
	Horas extraordinarias..	....	
	Horas complementarias (Contratos a tiempo parcial)	....	
	Gratificaciones extraordinarias.............................	....	
	Salario en especie...	....	
2.	Percepciones no salariales		
	Indemnizaciones o suplidos	....	
	Prestaciones e Indemnizaciones de la Seguridad Social	....	
	Indemnizaciones por traslados, suspensiones o despidos	....	
	Otras percepciones no salariales	....	
	A. TOTAL DEVENGADO		....

II.	DEDUCCIONES	%	
1.	Aportación del trabajador a las cotizaciones a la Seguridad Social y conceptos de recaudación conjunta		
	Contingencias comunes + MEI	....	....
	Desempleo	....	....
	Formación Profesional	....	....
	Horas extraordinarias...........................	....	....
	....	....	....
	TOTAL APORTACIONES		....
2.	Impuesto sobre la renta de las personas físicas..........	....	
3.	Anticipos...		
4.	Valor de los productos recibidos en especie		
5.	Otra deducciones		
	B. TOTAL A DEDUCIR		....
	LÍQUIDO TOTAL A PERCIBIR (A — B)		....

_____ de _____ de 20____

Firma y sello de la empresa   RECIBÍ

_____   _____

DETERMINACIÓN DE LAS BASES DE COTIZACIÓN A LA SEGURIDAD SOCIAL Y CONCEPTOS DE RECAUDACIÓN CONJUNTA Y DE LA BASE SUJETA A RETENCIÓN DEL IRPF Y APORTACIÓN DE LA EMPRESA

	CONCEPTO	BASE	TIPO	APORTACIÓN EMPRESA
1.	Contingencias comunes + MEI			
	Importe remuneración mensual .... _____			
	Importe prorratas pagas extraordinarias ... _____			
	TOTAL..............................	....	....	....
2.	Contingencias profesionales y conceptos de recaudación conjunta			
	AT y EP	....	....	....
	Desempleo...........................	....	....	....
	Formación Profesional	....	....	....
	Fondo Garantía Salarial......	....	....	....
3.	Cotización adicional horas extraordinarias................................	....	....	....
4.	Base sujeta a retención del IRPF	....		

Como se puede comprobar el recibo salarial está compuesto de las tres partes siguientes:

- El encabezamiento, donde aparecen:

  - Datos de la empresa y del trabajador y de la trabajadora, tales como nombre o razón social de la empresa, domicilio, NIF/CIF de esta y su cuenta de cotización, y nombre y apellidos del trabajador y de la trabajadora, su número de afiliación a la seguridad social, DNI y su grupo de cotización.
  - Período de liquidación.

- Parte central, en el que se encuentran las siguientes partes, que serán objeto de estudio seguidamente:

  - Devengos
  - Deducciones

- Parte final, donde aparecen:

  - Determinación de las diferentes bases de cotización, tales como: contingencias comunes + MEI (Mecanismo de Equidad Intergeneracional), contingencias profesionales (también de utilización para Desempleo, Formación Profesional y FOGASA) y horas extraordinarias, así como los costes empresariales por dichos conceptos.
  - Determinación de la base de retención del IRPF.

7.1. Devengos

El devengo o bruto de una nómina, se corresponde con la suma total de los conceptos retributivos que percibe el/la trabajador/a. Dentro de dichos conceptos se pueden diferenciar:

- **Percepciones salariales:** que hacen referencia a la retribución del trabajo efectivo del trabajador y de la trabajadora.

■ **Percepciones no salariales:** son aquellas percepciones que recibe el/la trabajador/a si se producen una serie de circunstancias, sin que estas guarden una relación directa con el trabajo efectivo realizado.

Sabía que...

Las percepciones extrasalariales implican que:

a. No computan a efectos de indemnizaciones por extinción del contrato ni en salarios por vacaciones, ni períodos de descanso.
b. No se benefician de las normas de protección y garantía del salario.
c. Están excluidas de la responsabilidad solidaria que se impone al empresario y a la empresaria principal en caso de contratas y subcontratas.
d. No computan en el cálculo del valor de la hora extraordinaria.
e. No les son aplicables los criterios de la compensación y absorción.

Por lo tanto, en este apartado se plasmarán: salario base, complementos salariales, horas extras, pagas extras, salario en especie, indemnizaciones, prestaciones e indemnizaciones de la Seguridad Social, etc.

7.2. Deducciones. Bases de cotización

En las nóminas de los trabajadores y de las trabajadoras se deberán restar o deducir unos importes concretos para la cobertura de ciertas **contingencias,** las cuales son:

■ **Contingencias comunes + MEI:** tanto empresario/a como trabajador/a cotizarán por esta contingencia que se destinará a la cobertura de todas las situaciones incluidas en la acción protectora del Régimen General de la Seguridad Social, siempre que no provengan de enfermedades profesionales o accidentes laborales. Por aplicación del Mecanismo de Equidad Intergeneracional (MEI), los tipos de cotización por contingencias comunes, de la empresa y de la persona trabajadora, se ve aumentado en un 0,80 % en 2025. Esta medida entró en vigor el 1 de enero de 2023 e irá aumentando de forma progresiva hasta 2030, aunque se mantendrá hasta 2050 (DT 43 ª Real Decreto Legislativo 8/2015, de 30 de octubre).

- **Contingencias profesionales (AT y EP):** será la empresa quien cotice exclusivamente por este concepto e irá destinado a la cobertura de las contingencias derivadas de accidentes laborales y enfermedades profesionales.
- **Desempleo:** la cotización por esta contingencia será tanto de la empresa como del trabajador y de la trabajadora durante la relación laboral y dará lugar a una serie de prestaciones económicas y asistenciales en función de la pérdida de ingresos que se produce al quedar inactivo el/la trabajador/a y siempre que este cumpla unos requisitos.
- **Fondo de Garantía Salarial (FOGASA):** es una cotización exclusiva de la empresa para garantizar los salarios de sus trabajadores/as en los supuestos en los que la empresa no pueda afrontarlos.
- **Formación profesional:** tanto empresario/a como trabajador/a cotizarán por esta contingencia que se destinará a fines formativos, de reciclaje, etc.

Una vez determinado el bruto de la nómina, como consecuencia de la suma de todas las percepciones salariales y no salariales, se procederá a practicar las **deducciones por Seguridad Social** que correspondan.

Para ello se tendrán que calcular las diferentes **bases de cotización** y es el **art. 147 de la LGSS** donde se recogen que las citadas bases de cotización vendrán dadas por:

- La remuneración total, ya sea en metálico o en especie, que con carácter mensual tenga derecho a percibir el trabajador y la trabajadora.
- Las percepciones de vencimiento superior al mensual se prorratearán a lo largo de los doce meses del año.

También establece el citado artículo que **no se computarán en la base de cotización** las asignaciones entregadas a sus trabajadores/as que se desplacen fuera de su centro habitual de trabajo para realizar el mismo en lugar distinto, para:

- Los gastos de locomoción, cuando utilice medios de transporte público y dicho importe se justifique mediante factura o documento equivalente, así como otros gastos de locomoción.
- Los gastos normales de manutención y estancia generados en municipio distinto del lugar de trabajo habitual del perceptor y del que constituya su residencia, con los límites previstos en la normativa de IRPF.
- Las indemnizaciones por fallecimiento y las correspondientes a traslados, suspensiones y despidos hasta la cuantía máxima prevista en norma sectorial, convenio colectivo o Estatuto de los trabajadores.
- Las prestaciones de la Seguridad Social, las mejoras en la incapacidad temporal realizadas por las empresas y el pago de los gastos por estudios destinados a la actualización, capacitación o reciclaje del personal.
- Las horas extraordinarias, excepto para la cotización por accidentes de trabajo y enfermedades profesionales de la Seguridad Social.

 Sabía que...

El art. 9 R.D. 439/2007 por el que se aprueba el Reglamento de IRPF, establece que estarán exentas de tributación por IRPF, y por lo tanto excluidas de las bases de cotización, las dietas y asignaciones para gastos de viaje que estén justificadas y no superen los siguientes importes:

Gastos de alojamiento	Cuantía que se justifique	
Gastos de manutención	**España**	**Extranjero**
Con pernocta	53,34 €	91,35 €
Sin pernocta	26,67 €	48,08 €
Personal de vuelo sin pernocta	36,06 €	66,11 €

De superar los citados importes, el exceso tributará por IRPF y será integrado en las bases de cotización.

Las diferentes bases de cotización a constituir son:

- **Base de cotización por contingencias comunes:** comprende la remuneración total y la prorrata de pagas extras. Si la base obtenida no estuviese comprendida entre las bases mínimas y máximas del grupo de cotización que corresponda, se cotizará por mínimas o máximas de dicho grupo.
- **Base de cotización por contingencias profesionales (AT y EP) y conceptos de recaudación conjunta (desempleo, formación profesional, Fondo de Garantía Salarial):** para determinar estas bases de cotización se aplicarán las mismas reglas que para las contingencias comunes, incluyendo como concepto computable las horas extraordinarias.
- **Base de cotización adicional por horas extraordinarias:** recoge el importe exacto de las horas extraordinarias realizadas en el mes que se liquida.

 Sabía que...

En la cotización al Régimen General existen 11 grupos de cotización, a los cuales se asignan una base mínima y otra máxima de cotización. De forma que la base de cotización calculada ha de estar comprendida dentro del mínimo y el máximo establecidos para cada categoría profesional. De forma que, si la base resultante fuese inferior a la mínima, se cotizará por esta, y si fuese superior a la máxima, esta será considerada como base de cotización.

Las bases de cotización son publicadas anualmente por la Ley de Presupuestos Generales, y se podrán obtener en la página Web de la Seguridad Social.

Para obtener los importes a deducir por parte del trabajador y de la trabajadora y de la empresa, a las citadas bases de cotización se les aplicarán unos porcentajes:

Tipos de cotización (%)		
	Empresa	Trabajador/a
Contingencias Comunes + MEI [1]	24,27	4,83
Fondo de Garantía Salarial	0,20	No cotiza
Formación Profesional	0,60	0,10
Horas extraordinarias fuerza mayor	12,00	2,00
Resto horas extraordinarias	23,60	4,70
Accidentes de trabajo y enfermedades profesionales	Tarifas Primas disposición adicional cuarta de la Ley 42/2006, de 28 de diciembre.	No cotiza

(1) En aplicación del Mecanismo de Equidad intergeneracional, el tipo de cotización para la empresa ha aumentado en un 0,67 %, mientras que para la persona trabajadora lo ha hecho en un 0,13 %.

Desempleo	Empresa	Trabajadores/as	Total
Tipo General	5,50	1,55	7,05
Contrato duración determinada	6,70	1,60	8,30

A partir del 1 de enero de 2025, la empresa debe aplicar a sus trabajadores con salarios más elevados, la denominada **cotización adicional de solidaridad** (art. 19 bis y 147.1 de la LGSS; art. 72 bis R. D. 2064/1995, de 22 de diciembre). A los trabajadores, por cuenta ajena del régimen general y por cuenta ajena y propia del régimen especial del mar, que tengan retribuciones superiores a la base máxima de cotización que les corresponda, se les ha de aplicar sobre dicho exceso alguno de los tipos de cotización incluidos en la DT 42.ª de la LGSS. Para cada año, existen tres tipos diferentes según el porcentaje de exceso resultante. Esta cotización adicional no se aplica a quiénes están incluidos en el RETA.

A los contratos que se celebren por periodos inferiores a 30 días se le ha de aplicar una cotización adicional, calculada según las instrucciones del artículo 151 de la LGSS.

Esta cotización no se aplica a las personas trabajadoras por cuenta ajena agrarios, las de la minería del carbón, los empleados o empleadas del hogar, los contratos de sustitución, los derivados de la relación laboral especial entre artista y actividad, así como los técnicos y auxiliares de dichas actividades, y los contratos para la formación en alternancia.

Además de aplicar las citadas deducciones, en determinados supuestos, la empresa puede restar al total devengado del mes que se liquida del trabajador y de la trabajadora, ciertos conceptos como:

- Anticipos: el/la trabajador/a tiene derecho a percibir antes de la fecha del pago, anticipos a cuenta del trabajo. Por lo que, la empresa deberá descontar de la nómina dichos importes anticipados, por una cuantía máxima que vendrá regulada en los convenios colectivos o en su defecto en los contratos individuales de trabajo, previa autorización de la persona trabajadora y sus representantes legales.
- Valor de los productos recibidos en especie: también debe deducirse la cuantía en que se valoró la retribución en especie y que, como partida salarial que es a todos los efectos, fue reflejada en el recibo de salarios.
- Otras deducciones: cuota sindical, canon por negociación, abandono del trabajo sin preaviso, sanción disciplinaria, ausencias por huelga o cierre patronal.

7.3. Retenciones por IRPF

La empresa está **obligado a retener e ingresar en la Hacienda Pública determinadas cantidades** en concepto de pago a cuenta del Impuesto sobre la Renta de las Personas Físicas cuando satisfaga rendimientos de trabajo o prestaciones dinerarias por cuenta de la Seguridad Social, del total devengado o bruto de la nómina.

La cuantía de la retención será el resultado de aplicar al rendimiento íntegro satisfecho el porcentaje correspondiente. Y dicho porcentaje vendrá determinado por:

- Situación personal y familiar: se hace referencia en este punto a la situación conyugal que posee el/la trabajador/a, número de hijos a cargo, sus edades y personas mayores o con discapacidad a cargo.
- Tipo de contrato: el tipo de contrato también influye en la retención que llevará a cabo la Agencia Tributaria. Por ejemplo, con carácter general, un contrato de duración determinada, tendrá menos retenciones que un contrato indefinido, de forma que en relaciones laborales de duración inferior al año, el tipo de retención a aplicar no podrá ser inferior al 2 %.
- Ingresos: estos fijarán el intervalo en el que se encontrará el tipo que por consecuencia se va a aplicar.

Para facilitar la información necesaria, la empresa requerirá a sus trabajadores/as la cumplimentación del **modelo 145,** tanto al principio del año, comienzo de la relación laboral, como ante cualquier cambio en la situación personal y familiar que implique cambio en el porcentaje a retener.

Las cantidades retenidas por la empresa a sus trabajadores/as a cuenta del impuesto de IRPF, serán ingresadas a la Hacienda Pública a través del **modelo tributario 111**, mediante:

- **Autoliquidación trimestral:** durante los primeros 20 días naturales de los meses de abril, julio, octubre y enero, en relación a las cantidades retenidas en el trimestre natural inmediato anterior.
- **Autoliquidación mensual:** las empresas cuyo volumen de operaciones del año anterior exceda el importe de 6.010.121,04 €, tendrán una liquidación mensual, de forma que presentarán el modelo 111 en los 20 primeros días naturales del mes siguiente al período de liquidación.

Además, entre el 1 y el 31 de enero de cada año, dichas empresas deberán presentar un resumen anual **(modelo 190)** de las retenciones practicadas en el año inmediatamente anterior. En él se incluirán los datos de identificación de todos los perceptores así como aquellos datos que hayan sido tenidos en cuenta para determinar el tipo de retención o ingreso a cuenta.

Las empresas están obligadas al ingreso de las citadas cantidades retenidas, ya que en caso contrario se incurrirá en una infracción muy grave que conlleva una multa pecuniaria proporcional al importe de las cuotas. Tampoco podrán acudir al aplazamiento o fraccionamiento de las deudas, ya que con carácter general y por el art. 65.2 de la Ley General Tributaria, se establece la imposibilidad de aplazar o fraccionar dichas deudas.

Sabía que...

La Agencia Tributaria ofrece amplia información sobre los citados modelos, su cumplimentación, presentación, y en el caso del modelo 190 facilita unas aplicaciones para su cumplimentación y posterior presentación.

8. Pago del salario: tiempo, lugar y forma

La empresa está obligada a abonar a su personal como consecuencia de la prestación laboral la correspondiente retribución. No obstante también hay situaciones como vacaciones, licencias retribuidas o paralización del trabajo por causas exclusivas a la empresa, en las que el/la trabajador/a no presta ningún tipo de trabajo pero la empresa sí está obligada a efectuar la retribución correspondiente.

El pago del salario tiene que realizarse de manera puntual (en caso contrario, la empresa tendrá que abonar un interés anual del 10 %) y documentalmente en la fecha y lugar acordado o según la costumbre y los usos, y corresponde a la empresa acreditar el pago del mismo.

Los trabajadores y las trabajadoras tienen derecho a percibir parte del salario antes de que llegue el día señalado para el pago en concepto de anticipo a cuenta.

El salario puede ser satisfecho en dinero o en especie. La forma más habitual para su abono es a través de transferencia bancaria, aunque también podrá llevarse a cabo por cheque, informando previamente al comité de empresa o en su caso al delegado de personal.

Por otro lado, las prestaciones en especie pueden ser salariales y extrasalariales, dependiendo del origen de cada atribución laboral. Las prestaciones en especie más habituales que puede percibir el/la trabajador/a son:

- Puesta a disposición de un vehículo o una vivienda.
- Entrega de vales de comida o bonos descuentos.
- Pago de primas de seguros privados de asistencia sanitaria.
- Aportaciones a planes privados de pensiones.
- Entregas de acciones u opción de compra de las mismas.
- Concesiones de préstamos en condiciones ventajosas.
- Pago de viajes de turismo.

Aunque existen por ley límites en el pago en especie, que se corresponden con:

- Debe existir un pacto individual o colectivo, expreso o tácito, que certifique el pago en especie.
- La cuantificación de las prestaciones en especie en términos monetarios, se tiene que llevar a cabo bajo criterios objetivos.
- No se puede pagar en especie la totalidad del salario, el salario en especie no puede ser superior al 30 % de la retribución salarial.

La valoración en especie se realiza en función a la valoración de los rendimientos del trabajo en especie contenidos en la normativa del IRPF, que se basa en el valor de la prestación en el mercado.

 Aplicación práctica

Clara Solís, trabajadora de Transpor S. L., percibe un salario de 1.200 €.

Su jefe y tras previa consulta con el comité de empresa y con el consentimiento de esta, le propone a Clara que este mes va a recibir en concepto de salario un viaje valorado en 500 € y por tanto monetariamente va a percibir 700 €.

¿Puede el empresario utilizar dicho sistema de pago? ¿Y si el viaje se valora en 300 €?

Continúa en página siguiente >>

<< Viene de página anterior

SOLUCIÓN

Si el valor del viaje es 500 € el empresario no podría realizar el pago del salario que propone porque no puede pagar en especie más del 30 % del salario total.

Sin embargo, si su valor es 300 € sí podría realizar el pago salarial, porque no se supera el pago de 360 € en especie (30 % de 1.200 €) y percibiría en efectivo 900 €.

---

9. Garantías salariales

En este punto se trata de la garantía que tiene el trabajador y la trabajadora ante el impago del salario por parte de la empresa, la cual se encuentra regulada en los arts. 32 y 33 del ET.

A la hora de acceder a la garantía salarial por impago, no todos los casos tienen la misma relevancia, así pues, y según establece el art. 32 del ET tendrán preferencia:

- Los créditos salariales, por los últimos treinta días de trabajo, ante cualquier otro crédito y en cuantía que no supere el doble del SMI.
- Ante cualquier otro crédito respecto de los objetos elaborados por los trabajadores y las trabajadoras mientras sean propiedad o estén en posesión de la empresa.
- Tendrán preferencia otros créditos por salarios diferentes a los anteriores en la cuantía que resulte de multiplicar el triple del SMI por el número de días del salario pendientes de pago, así como, las indemnizaciones por despido en la cuantía correspondiente al mínimo legal, sobre cualquier otro crédito, excepto los créditos con derecho real.

Estas preferencias serán de aplicación en todos los supuestos en los que, no hallándose la empresa declarada en concurso, los correspondientes créditos concurran con otro u otros sobre bienes de aquel. En el supuesto de concurso será de aplicación lo establecido por el Real Decreto Legislativo 1/2020, de 5 de mayo, por el que se aprueba el texto refundido de la Ley Concursal.

El plazo para ejercitar los derechos de preferencia del crédito salarial es de un año, a contar desde el momento en que debió percibirse el salario.

La entidad encargada de abonar a los/as trabajadores/as el importe de los salarios pendientes de pago por motivos de insolvencia o concurso de la empresa es FOGASA (Fondo de Garantía Salarial), cuya definición se encuentra en el art. 33.1 del ET:

> *Organismo autónomo adscrito al Ministerio de Empleo y Seguridad Social, con personalidad jurídica y capacidad de obrar para el cumplimiento de sus fines, abonará a los trabajadores el importe de los salarios pendientes de pago a causa de insolvencia o concurso del empresario.*

FOGASA beneficia a los trabajadores y las trabajadoras por cuenta ajena que poseen créditos salariales o indemnizaciones según establezca la ley y pertenezcan a alguno de los siguientes colectivos:

- Trabajadores/as por cuenta ajena ligados a una relación laboral.
- Deportistas profesionales ligados a una relación laboral especial.
- Trabajadores/as con una relación laboral de carácter especial.

Quedan excluidos de la protección que garantiza FOGASA:

- Trabajadores/as del hogar familiar.
- Trabajadores socios y trabajadoras socias de cooperativas de trabajo asociado.

El ámbito de protección del Fondo de Garantía Salarial se encuentra recogido en el apartado 2 del art. 33 del ET.

10. Obligación de cotizar a la Seguridad Social

La cotización se define como la acción de contribuir (por los sujetos obligados), mediante recursos económicos al sistema de la Seguridad Social a causa de la realización de una actividad laboral.

Tal como se ha estudiado hasta ahora, la cotización se compone de tres elementos:

- **Base de cotización:** cantidad que se obtenga de aplicar las reglas establecidas.
- **Tipo de cotización:** es el porcentaje que se aplica a la base de cotización.
- **Cuota:** resultado de aplicar el tipo de cotización a la base de cotización y las deducciones correspondientes.

Estarán obligados a cotizar a la Seguridad Social las personas físicas o jurídicas que comprenden cada régimen del Sistema de la Seguridad Social, es decir y de manera explícita en cada caso:

Regímenes		Sujetos Obligados	Sujetos Responsables
Régimen General		Trabajador/a	Empresario/a
Régimen Especial de la Minería del carbón		Trabajador/a	Empresario/a
Sistema Régimen Especial de Trabajadores/as Autónomos		Trabajador/a	Trabajador/a
Sistema Especial Trabajadores/as Cuenta Propia Agrario		Trabajador/a	Trabajador/a
Sistema Especial Trabajadores/as Cuenta Ajena Agrario - Períodos actividad			Empresario/a
Sistema Especial Trabajadores/as Cuenta Ajena Agrario - Períodos inactividad		Trabajador/a	Trabajador/a
Régimen Especial Trabajadores/as del Mar	Cuenta Propia	Trabajador/a	Trabajador/a
	Cuenta Ajena	Trabajador/a	Empresario/a
Sistema Especial Empleados/as de Hogar	Trabajador/a Fijo	Trabajador/a	Empresario/a
	Trabajador/a Discontinuo	Trabajador/a	Trabajador/a

La obligación de cotizar se inicia con el comienzo de la actividad laboral y perdura durante todo el período en que el/la trabajador/a realice su actividad, aunque cabe destacar que en algunos casos la obligación de cotizar continuará aunque en un determinado momento el/la trabajador/a no esté realizando alguna actividad laboral:

- Incapacidad temporal.
- Riesgo durante el embarazo y riesgo durante la lactancia natural.
- Descanso por nacimiento y cuidado de menor.
- Cumplimiento de deberes de carácter público.
- Desempeño de cargos de representación sindical (sin que dé lugar a excedencias).
- Permisos y licencias que no den lugar a excedencias en el trabajo.
- Convenios especiales.
- Desempleo contributivo.
- Desempleo asistencial, en su caso.
- En los supuestos establecidos en las normas reguladoras de cada régimen.

 Sabía que...

Las personas trabajadoras por cuenta ajena y de sociedades cooperativas que perciban prestaciones por nacimiento y cuidado de menor, ejercicio corresponsable del cuidado del menor o del lactante, riesgo durante el embarazo o riesgo durante la lactancia natural y que sean sustituidas con contratos de sustitución, pueden aplicarse una bonificación a la cotización de la Seguridad Social de 366 € mensuales durante el tiempo que coincidan el contrato con la prestación.

La obligación de cotizar se finaliza con el cese en el trabajo, siempre que se comunique la baja en tiempo y forma establecidos.

En los supuestos en que no se solicite la baja o se formule fuera de plazo, no se extinguirá la obligación de cotizar sino hasta el día en que la Tesorería General de la Seguridad Social conozca el cese en el trabajo por cuenta ajena.

11. Período de formalización, liquidación y pago

La Ley General de la Seguridad Social, establece que las empresas serán las obligadas a ingresar la totalidad de las cuotas del Régimen General en el plazo, lugar y forma establecidos en dicha ley y en sus normas de aplicación y desarrollo.

En este sentido, por el art. 16 del R. D. 2064/1995 se establece que el período de liquidación de cuotas estará referido a mensualidades naturales completas y las cuales se ingresarán dentro del mes siguiente a su devengo. Es decir, una vez calculadas y devengadas las nóminas, las cuotas se ingresarán dentro del mes siguiente.

 Sabía que...

En enero de 2015 comenzó la implantación del Sistema de Liquidación Directa (SLD) que sustituye actualmente al modelo de autoliquidación de los seguros sociales (TC2 y TC1) que existía. La Tesorería General de la Seguridad Social es la que calcula y aplica las reglas de cotización vigentes en cada momento para calcular las cotizaciones y obligaciones sociales de cada trabajador/a, de forma individualizada, y quien aplica las deducciones y compensaciones correspondientes en función de los datos recibidos de las Entidades Gestoras y Colaboradoras para generar un borrador de liquidación. De esta forma, se minimizan los errores y se garantiza una mayor seguridad jurídica para empresas y profesionales.

El art. 22 de la LGSS establece que será la TGSS la que liquidará las cuotas de la SS y por conceptos de recaudación conjunta, por cada trabajador/a, a través del Sistema de Liquidación Directa (SLD), y en función de los datos de que esta disponga y de aquellos otros que la empresa deba aportar en cumplimiento de sus obligaciones.

Todas aquellas empresas que pertenezcan al Régimen General o a los Regímenes Especiales de los/as Trabajadores/as del Mar y para la Minería del Carbón, así como los/as autónomos/as, estarán obligadas a transmitir por vía telemática (Sistema RED, ya sea RED internet o RED Directo) los procesos de afiliación de sus trabajadores/as y los documentos de cotización.

De forma que, calculadas las nóminas y desde el primer día del mes siguiente al devengo de las mismas, las empresas transmitirán telemáticamente a la TGSS aquellos datos desconocidos por esta, tales como: bases de cotización (del primer mes de contratación de la persona trabajadora o enero de cada año), número de horas en contrato a tiempo parcial, coeficientes a tiempo parcial en caso de ERE, número de horas extraordinarias, bonificaciones en formación continua, etc.

Para el envío de dicha información, los programas de gestión laboral permitirán la generación de diversos ficheros, los cuales serán transmitidos a la TGSS en los plazos establecidos y a través de la aplicación denominada SILTRA.

 Sabía que...

Con la implantación del Sistema de Liquidación Directa (SLD), los documentos de cotización: TC1 (boletín de cotización) y TC2 (relación nominal de trabajadores), quedaron sustituidos respectivamente por: Recibo de Liquidación de Cotizaciones (RLC) y Relación Nominal de Trabajadores (RNT), aunque con los mismos efectos.

El proceso siempre se inicia a instancia de la empresa o usuario y los ficheros que transmitirán son:

- Fichero de bases.
- Solicitud de Borrador.
- Solicitud de Trabajadores/as y Tramos.

Esquema ejemplificativo de las tres formas de instancia del proceso por parte del usuario:

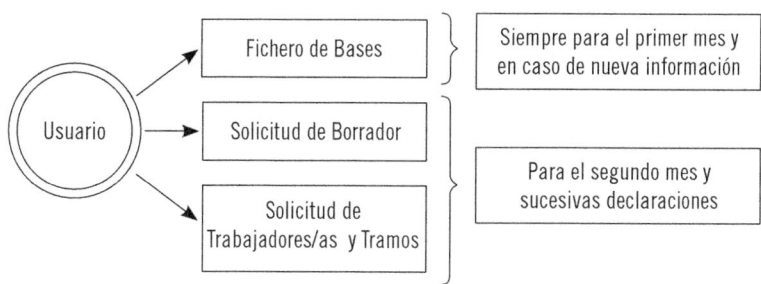

El **fichero de Bases** se usa siempre y cuando sea necesario enviar datos nuevos, como cambios en los/as trabajadores/as con respecto al mes anterior o nuevas contrataciones. También es el fichero requerido para el mes de inicio en el Sistema de Liquidación Directa. Como respuesta a este envío, la Tesorería calculará el resultado de la liquidación y emitirá el Documento de Cálculo de Liquidación de Cotizaciones y el borrador de la Relación Nominal de Trabajadores cuando no haya discrepancias con la información de la administración, errores o falta de información. En el caso de que alguno de estos supuestos ocurra, se emitirá respuesta con informe de error. En los supuestos de errores, el usuario enviará de nuevo las bases con las rectificaciones de forma parcial (solo afecta a algunos trabajadores/as), o total para la totalidad de los afiliados.

Una vez confirmado el cálculo de la Liquidación de Cotizaciones y el borrador de la Relación Nominal de Trabajadores, la Tesorería enviará los documentos finales (RNT y RLC) para que el usuario realice el pago de la forma solicitada. Si el usuario no confirma el borrador de RNT y los cálculos para RLC, la Tesorería cerrará de oficio el proceso los días 24 y 28 del período, emitiendo los documentos definitivos para su pago.

La **Solicitud de Borrador** se puede usar a partir del segundo mes de trabajar en Liquidación Directa y es útil para declaraciones que no hayan tenido cambios con respecto al período anterior. Las posibles respuestas ante la solicitud de un borrador son:

- Si todos los datos de los que dispone la Tesorería **son correctos,** la respuesta por parte de la Seguridad Social es el envío del cálculo del RLC y el borrador de RNT para que sean cotejadas y confirmadas por el usuario.
  Una vez en este punto, el proceso se repite, la administración contesta enviando los documentos definitivos o espera si el usuario no responde hasta el día 24 o 28 cuando se produce la confirmación de oficio.
- Si **existen discrepancias** en algunos de los/as trabajadores/as se envía mensaje, explicando la situación para que el usuario envíe las bases correspondientes.
  En este caso, y dado que el resto no presenta errores, se pide que se recuperen las bases del mes anterior para el resto de afiliados. La

administración contestará de nuevo con borrador de la liquidación para su confirmación.

■ Mensaje de respuesta de que **no existen datos** para el cálculo de la liquidación. Este error es frecuente en el primer mes de Liquidación Directa, cuando la Tesorería tiene que crear las bases sobre las cuales harán los cálculos.

La solicitud de **Trabajadores y Tramos** se utiliza para pedir información sobre cotización y tramos del período. La información enviada está contenida en el FGA gracias a la liquidación que se hizo el mes anterior y al cruce de datos que ha realizado la Tesorería con otros organismos. Su petición se hace al inicio del proceso y la respuesta de la Tesorería es el fichero de Trabajadores y Tramos que contiene toda la información con respecto al período anterior y que el usuario puede usar para hacer sus comprobaciones y enviar fichero de Bases con los trabajadores y las trabajadoras que hayan sufrido cambios o nuevas afiliaciones.

Por lo tanto, el **proceso de liquidación** conllevará el siguiente período de formalización, liquidación y pago:

■ Inicio del proceso a instancia del usuario, para ello generará alguno de los siguientes ficheros con el programa de nóminas:

  ▪ Envío de fichero de bases, con la información de trabajadores/as y tramos del período.
  ▪ Solicitud de Borrador.
  ▪ Solicitud de Trabajadores y Tramos.

■ Respuesta de la Tesorería, que irá en función de la petición anterior del usuario:

  ▪ Envío de borrador de la Relación Nominal de Trabajadores (RNT) y Documento de Cálculo de Liquidación (DCL) como respuesta a la solicitud de borrador y al envío de bases.
  ▪ Fichero de Trabajadores y Tramos.

- Respuesta del usuario, tras la recepción de documentos de la Tesorería:

    - Confirmación del borrador.
    - Nuevo envío de fichero de bases con recuperación de bases anteriores.

- Respuesta de la Tesorería:

    - Envío de documentos definitivos: RNT y RLC.
    - Envío de borrador de RNT y DCL e inicio del ciclo.

El **Sistema de Liquidación Directa** es un modelo de facturación de la TGSS, donde la liquidación se hace a nivel de trabajador y trabajadora, que debe calcularse tramo a tramo, es decir, por si hubiera diferentes cotizaciones en el mismo período, por lo que aparece el concepto de **tramo** que hace referencia a las distintas situaciones de cotización que un/a trabajador/a puede tener en un mismo período. Estos cambios en la base de cotización pueden estar originados por cambios en la contratación (grupo de cotización, código de ocupación, categoría profesional o tipo de contrato), cambios en el puesto de trabajo, modificación de coeficientes a tiempo parcial, IT, cambios en vínculo familiar, relaciones laborales de carácter especial, indicadores de pérdida de beneficios, ERE, vacaciones o cualquier otra circunstancia que genere cotización.

En cuanto al calendario, las características principales son:

- Se podrán presentar declaraciones desde el primer día del mes siguiente al que se refiera la liquidación hasta el penúltimo día.
- Se podrán ingresar las cotizaciones desde que se generen los documentos de pago hasta el último día del mes siguiente al que corresponda la liquidación. Si el pago es domiciliado, el cargo siempre se hará el último día del mes.

Los plazos de cierre de las liquidaciones presentadas son:

a. Día 24 del mes, cierre de oficio de TGSS de borradores totales.
b. Día 28 del mes, cierre de oficio de TGSS de liquidaciones.
c. Días 28, 29 y 30 del mes, cierres automáticos de liquidaciones definitivas.

En la liquidación de las cotizaciones de forma telemática, se podrá elegir que el pago de los RLC se realice por cualquiera de los siguientes medios:

a. Pago electrónico: la empresa recibirá el RLC para que su pago se realice en las entidades financieras que desea. El ingreso se realiza hasta el último día del mes, a través de RLC emitido por la TGSS.

b. Cargo en cuenta: consiste en la domiciliación bancaria del RLC. Sus plazos son: día 22 del mes, cierre de cargo en cuenta; día 31 del mes, envío del adeudo con los datos bancarios existentes a día 22.

 Nota

Los plazos de envío y pago en los meses de febrero y diciembre presentan algunas diferencias respecto al resto de meses. En diciembre solo cambia el día de envío del cargo en cuenta, que se pasa al día 20 del mes. En febrero, sin embargo, serán: el día 20, el envío del cargo en cuenta; el día 26, la autoconfirmación de oficio; el día 27 y 28 el envío del pago electrónico.

12. Responsabilidad del empresario ante la Seguridad Social

La empresa tiene diversas responsabilidades ante la Seguridad Social, en primer lugar cumplir con la obligación de dar de alta a su personal en la cuenta de cotización al inicio de la relación laboral.

Con dicha alta nace, desde el primer día, la obligación de cotizar, es decir, afrontar la cuantía que debe ingresar a la Seguridad Social, tal como se ha expuesto anteriormente.

Con carácter previo a la cotización, según el art. 147 de la LGSS, las empresas deberán comunicar a la TGSS en cada período de liquidación el importe de todos los conceptos retributivos abonados a sus trabajadores/as, con independencia de su inclusión o no en la base de cotización a la Seguridad Social.

Las empresas deben hacer frente al pago de las cuotas cotizadas a la Seguridad Social en plazo, y transcurrido el plazo reglamentario, sin llevarse a cabo el ingreso ni aplazamiento de las mismas, se devengarán los siguientes recargos (art. 30 de la LGSS):

- Para los sujetos responsables que hubieran cumplido, dentro de plazo, las obligaciones de transmitir telemáticamente a la TGSS las liquidaciones de cuotas de la SS y por conceptos de recaudación conjunta, le corresponderá un recargo del **10 %** o del **20 %**, dependiendo de si se abonasen las cuotas dentro del primer mes natural o a partir del segundo, al del vencimiento del plazo para su ingreso.
- Para los sujetos responsables del pago que no hubieran cumplido, dentro de plazo, la obligación anterior de transmisión telemática, les será de aplicación:

  - **Recargo del 20 %,** si se abonasen las cuotas debidas antes de la terminación del plazo de ingreso establecido en la reclamación de deuda o acta de liquidación.
  - **Recargo del 35 %,** si se abonasen las cuotas debidas a partir de la terminación de dicho plazo de ingreso.

Las empresas ante la imposibilidad de hacer frente al pago de las deudas por cotización de sus trabajadores/as por cuenta ajena (excepto las cuotas de accidentes de trabajo y enfermedades profesionales y la aportación de los trabajadores y las trabajadoras) podrán solicitar ante la TGSS el **aplazamiento** de las mismas, de forma que:

- El aplazamiento es un acto administrativo que se deberá solicitar incluyéndose todas las deudas a fecha de la petición, con independencia de que se encuentre en período voluntario o ejecutivo de recaudación.
- La situación que origine la decisión a solicitar el aplazamiento deberá ser justificada y apreciada discrecionalmente por el órgano de recaudación.

La solicitud de aplazamientos, se realizará en modelo oficial y deberá presentarse ante la correspondiente Dirección Provincial o Administración de la TGSS en la que el sujeto obligado tenga centralizadas sus gestiones.

La solicitud deberá contener unos datos mínimos de: identificación del deudor y de las deudas, de los motivos que originan la solicitud, del plazo y vencimientos que se solicitan, así como, en el caso en que sean exigibles, el ofrecimiento de garantías por el titular de los derechos que vayan a asegurar el cumplimiento, con justificación de su suficiencia.

Ante aquellas solicitudes que no reuniesen los requisitos exigidos o carezcan de alguna documentación, se requerirá al solicitante para su subsanación en el plazo de 10 días. Además, la TGSS podrá requerir al solicitante la documentación que considere necesaria para acreditar la situación económico-financiera y demás circunstancias que hubieran sido alegadas en la solicitud, y en general, cuantos informes y actuaciones estime convenientes para adoptar la resolución.

La TGSS deberá dictar resolución en el plazo máximo de 3 meses desde el día de su presentación y en caso contrario se entiende desestimada. Dicha resolución indicará la cuantía total y período de la deuda aplazada, su duración (que podrá ser hasta 5 años, salvo excepciones) y los vencimientos del aplazamiento y el plazo de que dispone para la constitución de las garantías, el ingreso de las cuotas inaplazables y el cumplimiento de las demás condiciones que establezca.

13. Gestión informatizada de personal

Al comenzar a trabajar con una aplicación laboral, se recomienda establecer una organización de los procesos a llevar a cabo, para una correcta gestión de las diferentes tareas del departamento y evitar posibles errores y sus consecuencias.

Por ello, se aconseja partir de la creación del convenio colectivo de aplicación en la empresa y sus diferentes categorías profesionales, tal como se ha estudiado con anterioridad. Seguidamente se creará la empresa a la cual se vinculará el convenio creado y con ello la empresa asumirá todos los datos ya configurados y por último se darán de alta los trabajadores y las trabajadoras.

Dicha organización permitirá un ahorro de tiempo, al no tener que forzar los mismos datos para diferentes empresas así como a sus trabajadores y trabajadoras. También se evitarán errores al configurar los mismos parámetros, que podrían dar origen a diferentes tratamientos de los datos económicos y salariales, etc.

Entre las funciones más importantes de las aplicaciones informáticas laborales y que se deberán tener en cuenta para una correcta gestión del departamento laboral se encuentran:

- Actualización de tablas, baremos y referencias de datos de la plantilla de la empresa.
- Procesos mensuales: Incidencias.
- Cálculo de la retribución y cotización utilizando medios informáticos, y tras ello, la creación de ficheros para remisión electrónica a la Seguridad Social y a entidades financieras.

Antes de tratar dichas funciones se va a exponer el proceso de creación de una empresa.

 Recuerde

Todos los programas utilizados por las empresas son similares, aunque a lo largo de este capítulo se hará más hincapié en *NominaSol,* tal como ya se realizó en capítulos anteriores.

13.1. Creación y configuración de una empresa

Una vez creado el convenio y sus diferentes categorías, el siguiente paso es crear la empresa sobre la que regirá el convenio. Aunque *NominaSol* ofrece diferentes formas de proceder a su creación, la opción más usual es acceder a **Archivo -> Nuevo ->** botón **Nueva empresa.**

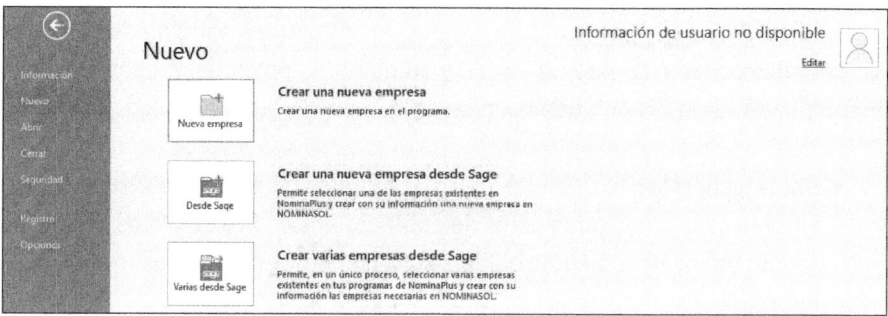

Este primer botón crea la empresa desde el inicio, mientras que los otros permitirán crear una o varias empresas en *NominaSol* partiendo de una o varias empresas en NominaPlus (Sage).

Tras ejecutar la primera opción, se accederá a la ventana **Nueva empresa,** tal como se puede comprobar en la siguiente imagen:

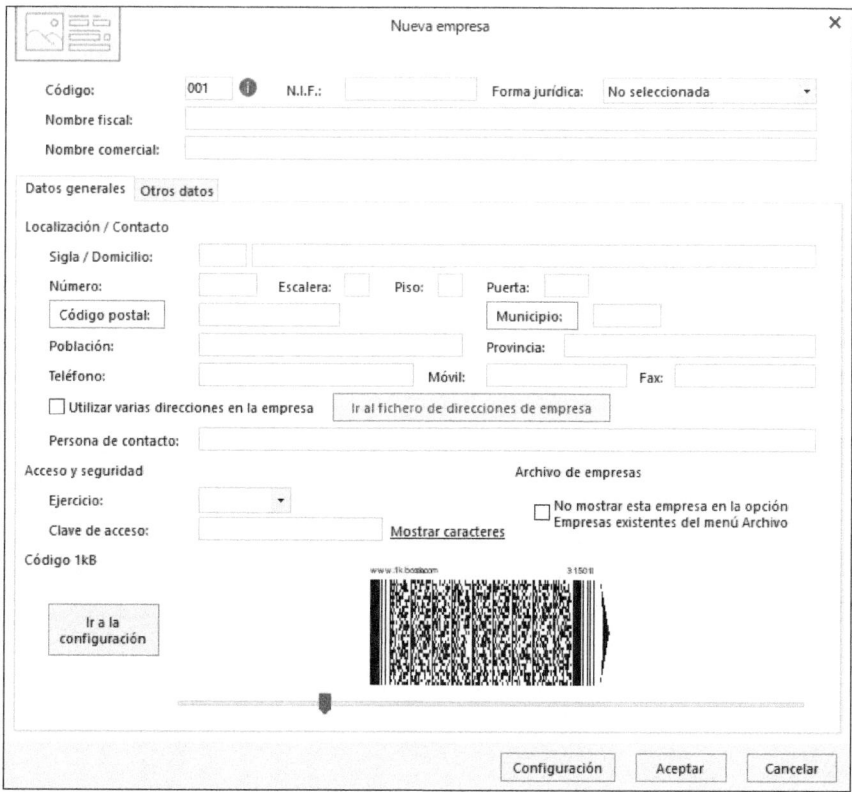

En la parte superior, se cumplimentarán los diferentes campos de identificación, tales como: NIF, nombre social y su nombre comercial. A continuación se cumplimentarán las dos fichas de la parte inferior, las cuales son:

- **Datos generales:** contendrá datos referentes al domicilio fiscal de la empresa, así como otros datos de contacto, los cuáles serán los que aparezcan en los documentos oficiales, como nóminas, modelos tributarios, informes, etc.
- **Otros datos:** incluirá información complementaria de la empresa relativa a datos de Internet y a datos sobre el Registro Mercantil.

A través del botón **Configuración** se cumplimentarán datos sobre la Seguridad Social (CNAE, tipos y bases de cotización, códigos de cuentas de cotización, Sistema RED, etc.); la Agencia Tributaria (IAE, Código de la Delegación y Administración de Hacienda, etc.); información laboral (convenio colectivo, calendario laboral, etc.); datos de administración (cuentas corrientes a utilizar, Mutua, etc.); cálculo de nóminas; bonificaciones aplicables; exclusión de contingencias; datos de la explotación agraria para empresas de este sector; información del hogar familiar; y datos para realizar el enlace contable.

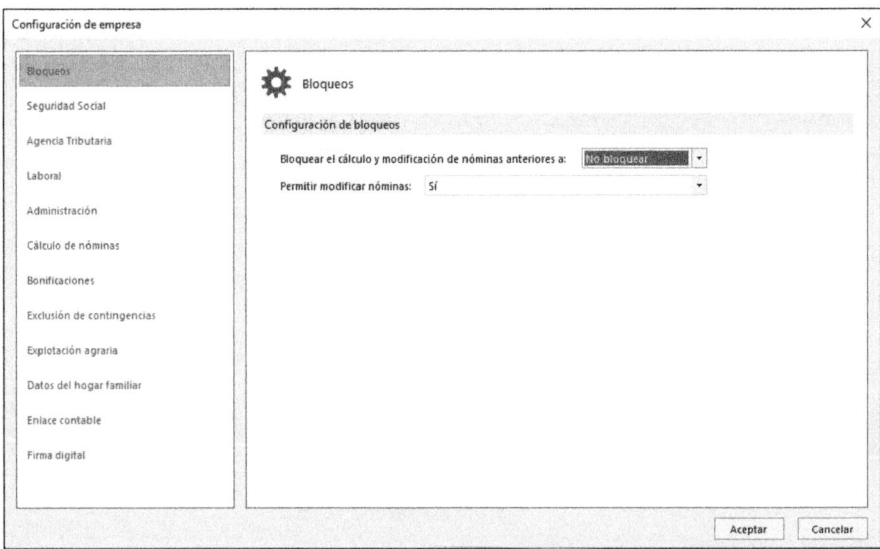

Para proceder finalmente a la creación de la empresa bastará con pulsar el botón de **Aceptar** y ante cualquier modificación de los datos ya introducidos o simplemente introducir nueva información, bastará con acceder a la ficha **Empresa** y en el grupo **Configuración,** seleccionar la opción **Empresa.**

Además, dentro de la opción **Datos** se podrán configurar datos de interés para la empresa, tales como los departamentos y bancos; información sobre el volumen de trabajo y los convenios colectivos; y permite también realizar búsquedas de información diversa.

Una vez creada la empresa se deben introducir los trabajadores y las trabajadoras que la componen.

Datos de trabajadores/as

Tras la creación de la empresa y seleccionada para poder trabajar con ella, ya se podrá dar de alta a sus trabajadores y trabajadoras. Para ello, se accederá a la ficha **Empresa** y se hará un clic sobre la opción **Trabajadores -> Trabajadores** del grupo **Ficheros.**

Con ello se abrirá una nueva ficha que permitirá llevar a cabo diversas tareas relacionadas con el personal, desde su alta, modificación, confección del contrato de trabajo y generación del fichero para su transmisión al SEPE a través de Contrat@, etc.

Para crear un/a trabajador/a se pulsará el botón **Nuevo** y se abrirá una ventana que estará compuesta a su vez por las siguientes fichas: Trabajador, I.R.P.F., Contratos, Conceptos retributivos y Nóminas.

Trabajador

En la primera ficha **Trabajador,** se deberán introducir todos los datos relacionados con la persona que estamos dando de alta en la aplicación. Para ello, se cumplimentará la información que se solicita en las distintas opciones del grupo **Mostrar** y que son:

- **General:** se corresponde con datos generales, tales como: nombre, apellidos, estado (alta o baja), fecha de alta y fecha de antigüedad (si es distinta), así como los datos de contacto (domicilio, teléfono, *e-mail,* etc.).

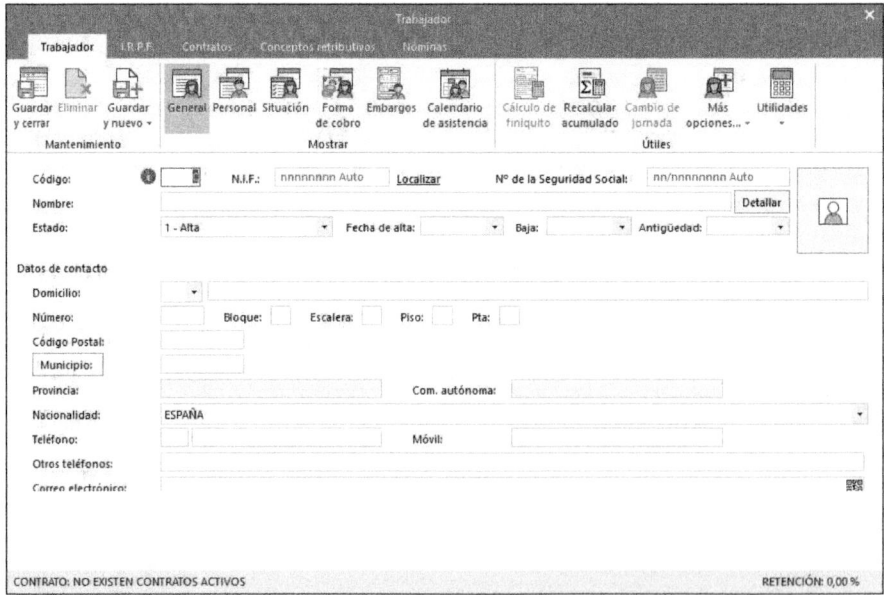

▪ **Personal:** contendrá datos personales como: fecha nacimiento, porcentaje de discapacidad, nombre de los padres, etc. También se podrá indicar el código de la cuenta contable para el traspaso directo de las nóminas a contabilidad y determinar el modelo de nómina a utilizar.

▪ **Situación:** se cumplimentarán datos sobre la descripción del puesto de trabajo, así como la determinación del convenio colectivo a aplicar, la categoría profesional, etc. Con ello el/la trabajador/a asumirá todos aquellos parámetros definidos a nivel del convenio (conceptos retributivos, pagas extras, etc.).

Para el correcto cálculo de las nóminas, será de gran importancia la cumplimentación correcta de los campos de forma de cobro (mensual, diario, por horas), el tipo de jornada ya sea a jornada completa o parcial (de trabajar todos los días se indicará el correspondiente porcentaje de parcialidad, y de trabajar días concretos, se indicará el número de horas), y ante jornadas irregulares, se podrá hacer uso del acceso directo al calendario de cada mes.

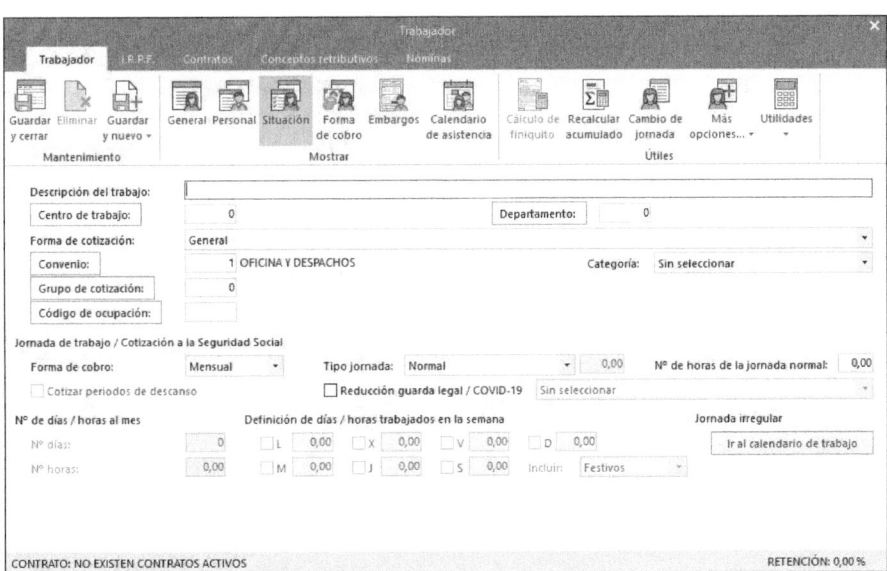

▪ **Forma de cobro:** incluirá información relacionada con la fórmula elegida por el trabajador y la trabajadora para el cobro de sus nóminas.

■ **Embargos:** cuando se dé esta situación, se cumplimentará este apartado con toda la información necesaria para practicar el embargo en la nómina.

■ **Calendario de asistencia:** muestra en un calendario del año completo, los días de falta en el trabajo de un/a empleado/a, así como las IT (Incapacidades Temporales).

I.R.P.F.

La segunda ficha de I.R.P.F. contendrá datos personales, familiares y económicos del trabajador y de la trabajadora, que van a determinar el **tipo de retención aplicable** al mismo.

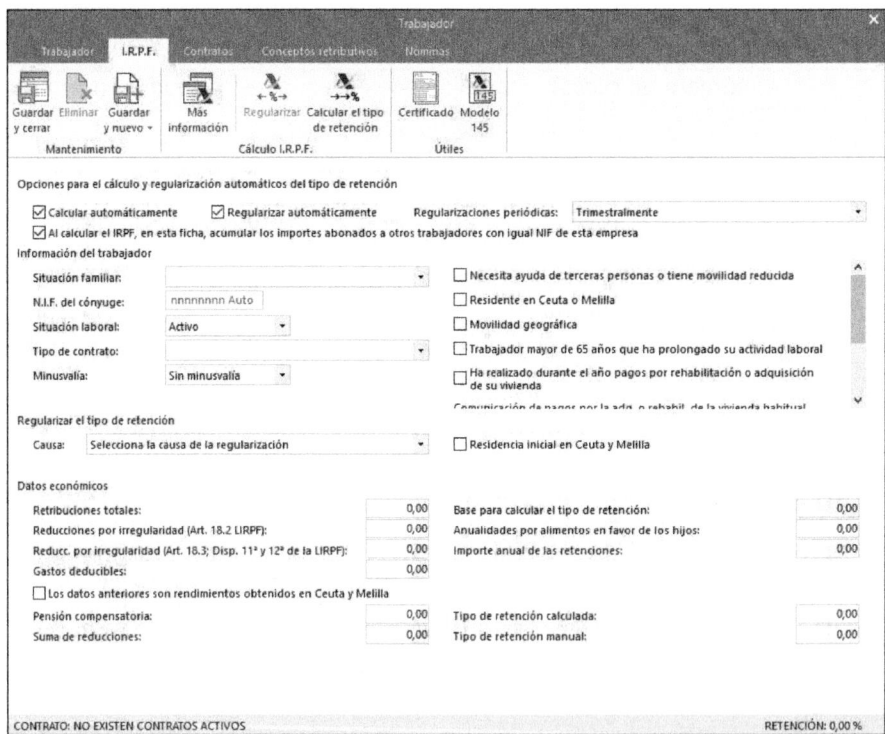

Se podrá, a través de las diferentes casillas de verificación, configurar:

▪ El cálculo automático de la retención (también ejecutable en Procesos → grupo IRPF → Calcular I.R.P.F.).
▪ La regularización del porcentaje de retención ante cualquier cambio en la situación personal, familiar o económica.
▪ Establecer una regularización periódica mensual, trimestral y anual de las retenciones practicadas y de las pendientes a practicar.

Contratos

Al acceder a la tercera ficha, se muestra una nueva cinta con diferentes grupos de opciones, tal como se puede observar a continuación.

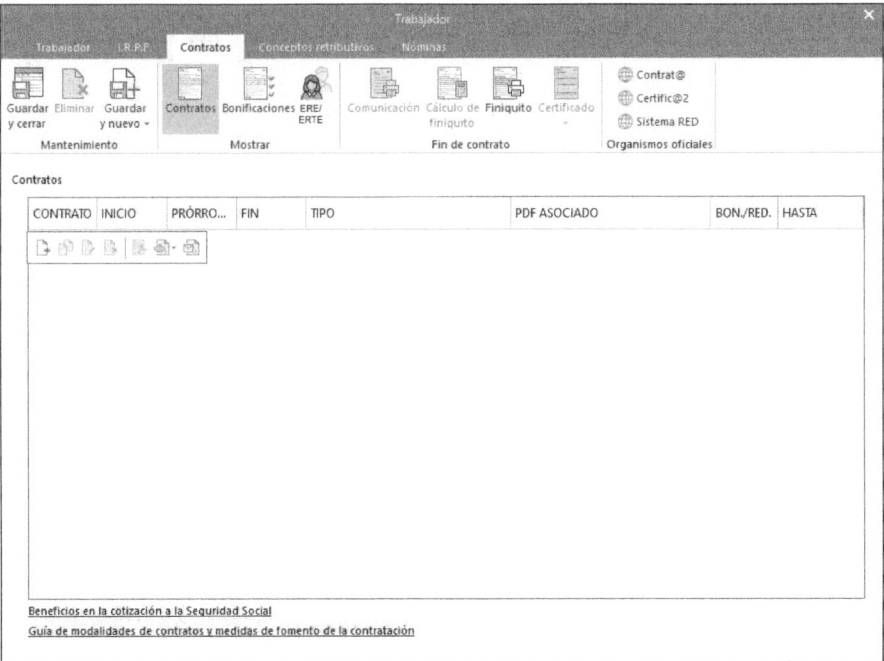

Los diferentes grupos de opciones de esta ventana muestran la siguiente información:

■ **Mantenimiento:** permite tres formas de guardar los contratos, así como la eliminación de estos.

■ En el listado de contratos que se muestran en la parte central, existen unos botones con los que se pueden modificar, duplicar o eliminar estos, y también obtener o ver el contrato en formato PDF y enviarlos a través de correo.

■ **Mostrar:** a través de sus diferentes opciones se comprueba y accede a los diferentes contratos (localizados en la parte central de la ventana), que se han ido realizando al trabajador y a la trabajadora en su trayectoria en la empresa, así como las posibles bonificaciones de los mismos y los datos del procedimiento de ERE/ERTE que ha podido afectarle.

■ **Fin de contrato:** permite generar la documentación necesaria ante la finalización de una relación laboral, como: cálculo de importe del finiquito y su documento, certificado de empresa y comunicado fin de servicio.

■ **Organismos oficiales:** ofrece los enlaces a las páginas Web del SEPE y la TGSS para la transmisión de fichero de afiliación, contratos de trabajo y certificados de empresa.

Conceptos retributivos

La cuarta ficha del expediente mostrará los conceptos retributivos asociados a la categoría profesional asignada al trabajador y a la trabajadora y así definida en la ficha Situación.

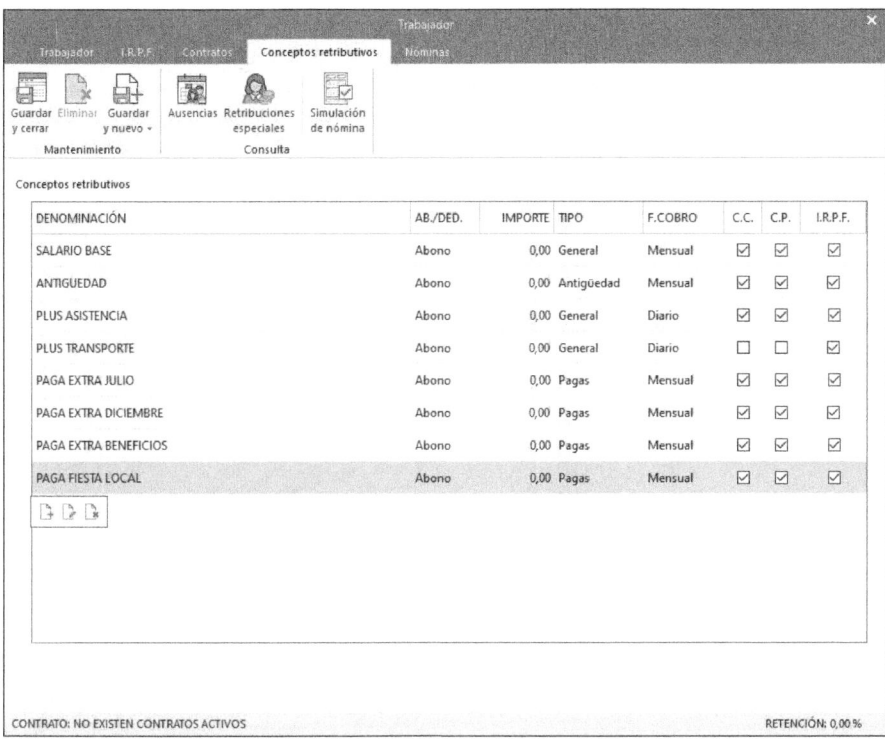

A este nivel también se podrán crear nuevos conceptos retributivos, así como modificar los existentes o eliminarlos.

En dicha ventana también se podrán simular nóminas y consultar las ausencias y retribuciones especiales, a través de las diferentes opciones de la cinta.

Nóminas

La última ficha muestra un listado con las nóminas calculadas al trabajador o a la trabajadora que previamente se ha seleccionado. En ella se permite guardar, eliminar, crear, emitir y visualizar nóminas.

13.2. Actualización de tablas, baremos y referencias de datos de los/as trabajadores/as

Las aplicaciones informáticas de gestión laboral, como *NominaSol,* cuentan con una serie de tablas, baremos y referencias que son necesarias para llevar a cabo el cálculo de retenciones y nóminas, confección de modelos tributarios, comunicación de datos a las diferentes Administraciones públicas, etc.

El contenido de dichas tablas, baremos y referencias es objeto de modificación, cada año, por los Presupuestos Generales del Estado y también por otras normas. De forma que ante cualquier cambio normativo es necesaria la actualización de datos. Para ello las entidades suministradoras de las aplicaciones informáticas facilitan la actualización automática de los datos.

En *NominaSol* el usuario realizará un clic sobre la ficha **Archivo,** en el menú lateral que existe en la pantalla se seleccionará la opción **Registro** y posteriormente se elegirá el botón **Asistente de actualizaciones,** tal como se muestra en la siguiente imagen:

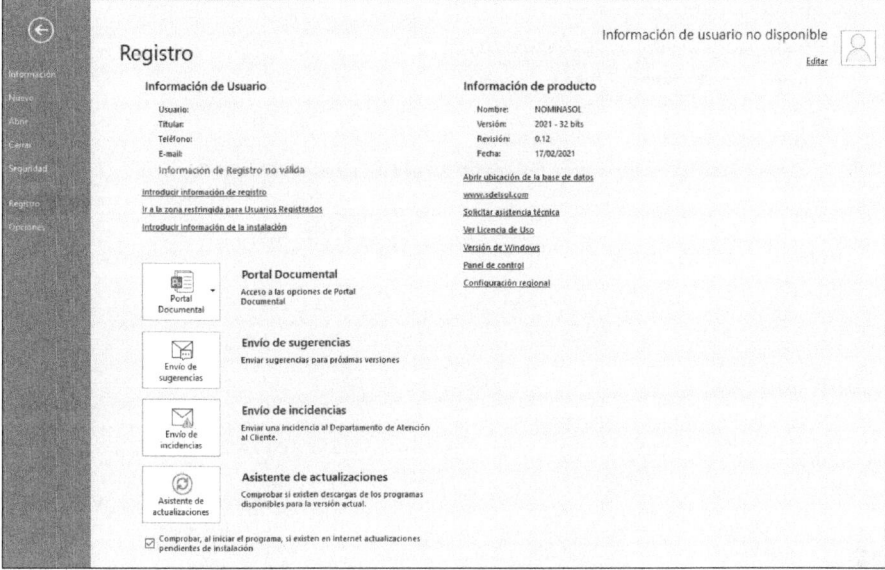

El acceso a dicho botón permite actualizar el programa, ante nuevas revisiones de las normativas, en el momento deseado. En el supuesto de no existir nuevas actualizaciones se mostrará un mensaje.

Pero el usuario, a pesar de la implicación de pérdida de tiempo que puede conllevar, ante cualquier necesidad, podrá actualizar cualquiera de las tablas, baremos y referencias existentes en la aplicación. Para ello, situados en la ventana principal de *NominaSol* se seleccionará la ficha **Empresa** y en el grupo **Configuración** se seleccionará la opción **Parametrización -> Actualizar configuración en empresas.**

A continuación se mostrará la ventana **Actualizar la configuración para nóminas en empresas,** que permitirá introducir cambios o insertar datos nuevos, en las empresas seleccionadas en la parte inferior, y en relación a los tipos y bases de cotización, así como al calendario laboral y en las tablas de I.R.P.F.

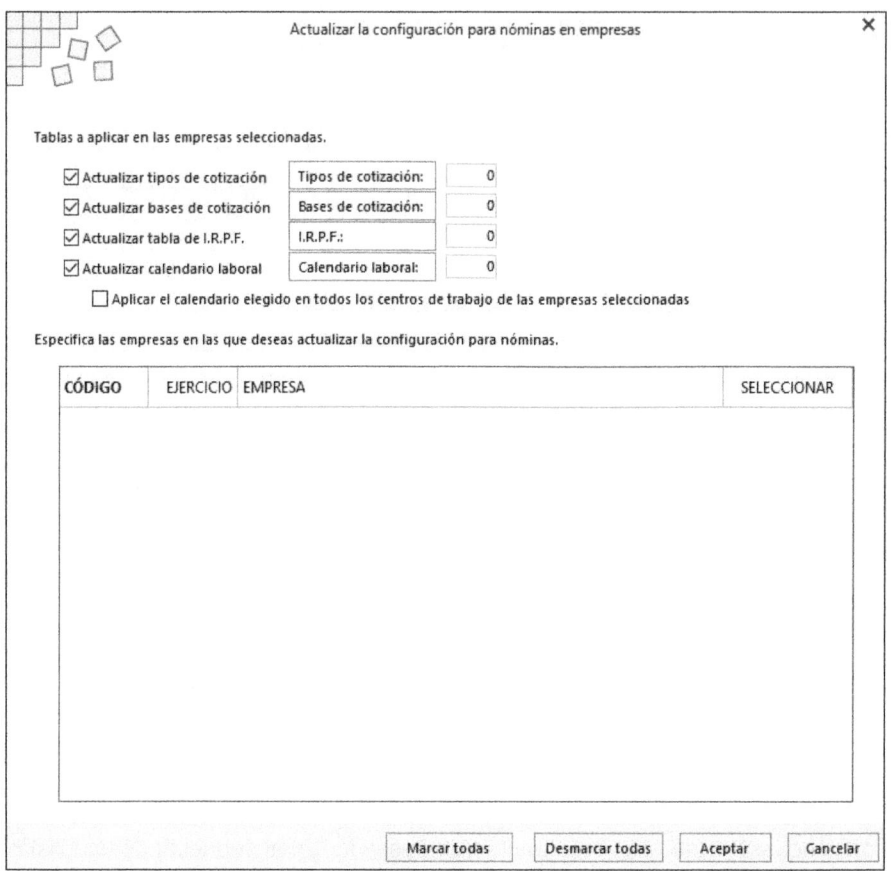

13.3. Procesos mensuales: Incidencias

Antes de proceder a calcular las nóminas de los/as trabajadores/as y para una correcta elaboración de las mismas, se deberá tener en cuenta e indicar todas aquellas incidencias ocurridas en el transcurso del mes, como pueden ser una enfermedad, nacimiento de un hijo, asuntos propios, absentismo, etc.

Para ello y situados en la ventana principal de *NominaSol* se seleccionará la ficha **Procesos** y dentro del grupo **Asistencia,** se hará un clic sobre la opción **Incapacidades, Ausencias, Trabajo en el extranjero** o **Actuaciones,** en función del tipo de incidencia a grabar, tal y como se muestra en la siguiente imagen.

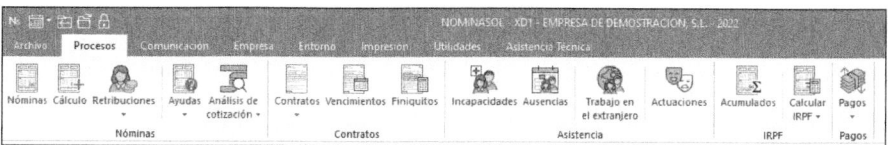

De seleccionar la opción de **Incapacidades,** se abrirá una nueva ficha de igual nombre, en la cual se podrán crear nuevas situaciones de IT, modificar una ya existente, obtener listados, generar el fichero del proceso de incapacidad para su transmisión al INSS, etc.

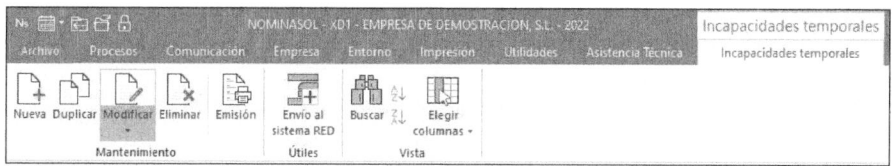

Tras hacer clic sobre el botón **Nueva,** se abrirá una nueva ventana cuya opción activa por defecto es **General** del grupo **Mostrar,** tal como se puede observar a continuación:

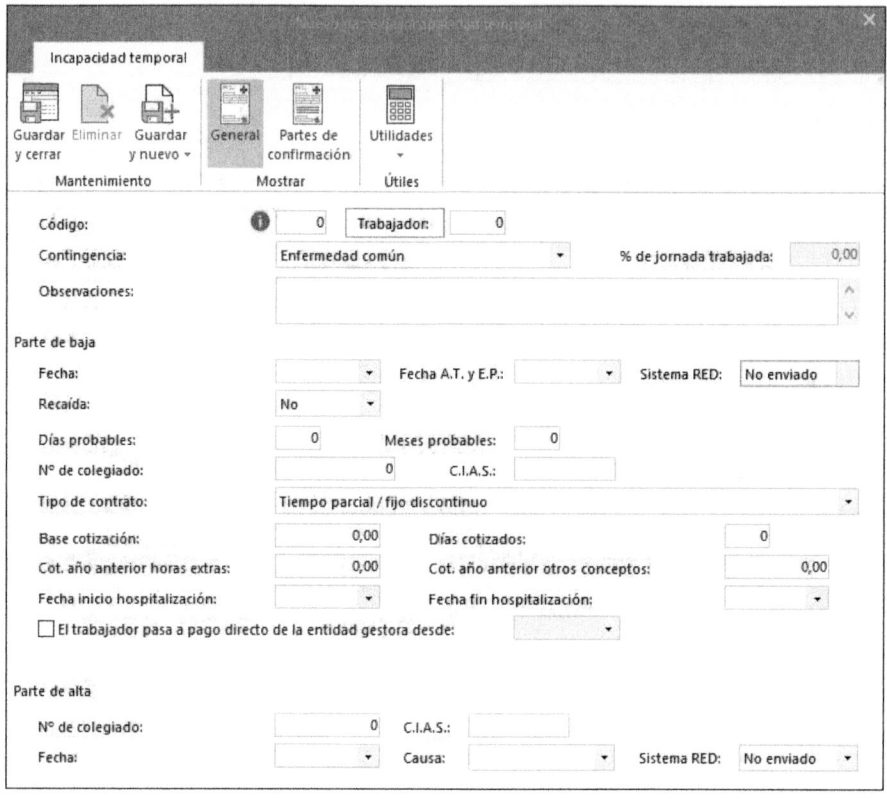

Aquí se procederá a generar un nuevo proceso de IT (parte inicial de baja), para ello se seleccionará el/la trabajador/a, el tipo de contingencia, fecha inicio baja médica, tiempo probable de baja, los campos de bases cotización y sus días se cumplimentarán automáticamente para trabajadores/as con antigüedad en la empresa, etc. Para guardar el proceso se deberá pulsar cualquiera de los botones de las opciones del grupo **Mantenimiento,** que irá en función de la tarea a realizar a continuación.

Para grabar los partes de confirmación, con un proceso de IT ya creado con anterioridad, se deberá seleccionar dicho proceso y pulsar la opción **Modificar** de la ficha **Incapacidades temporales.** A continuación, se realizará un clic sobre la opción **Partes de confirmación,** y seguidamente sobre el botón **Nuevo,** con ello se abrirá una nueva ventana denominada **Nuevo parte de confirmación,** tal como se muestra en la siguiente ventana:

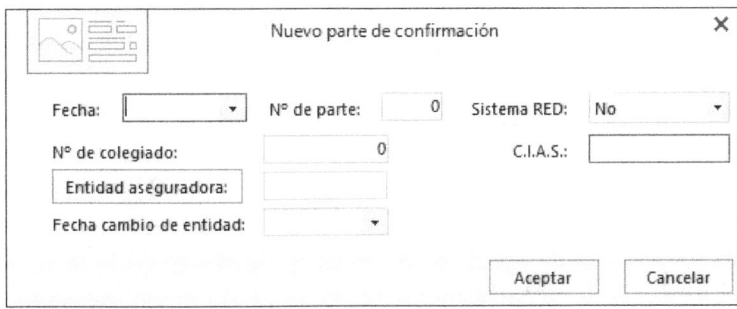

En dicha ventana se plasmarán los datos referentes al parte médico, tales como fecha, número del parte, Mutua, etc. Para guardar el parte bastará con pulsar **Aceptar** e ir guardando la información.

13.4. Procesos de duración superior al mes

Como procesos de duración superior al mes, está la **obligación empresarial de informar y liquidar a la Agencia Tributaria las retenciones** practicadas a los trabajadores y a las trabajadoras en sus nóminas a través de la generación trimestral o mensual (cuando el volumen de operaciones del año anterior exceda el importe de 6.010.121,04 €) del **modelo 111.**

Además, se deberá presentar el **modelo resumen anual de retenciones e ingresos a cuenta** (modelo 190), en el mes de enero sobre las retenciones practicadas en el año inmediatamente anterior.

También se deberá requerir al trabajador y a la trabajadora la aportación de información para determinar la retención a practicarle en sus nóminas, mediante la entrega del **Modelo 145,** y la empresa le entregará un **certificado de las retenciones practicadas** durante el año, para que pueda realizar la correspondiente declaración del impuesto sobre la renta de la persona física.

En *NominaSol,* dichos procesos, se realizarán a través de las diferentes opciones existentes en la ficha **Impresión,** del grupo **AEAT.**

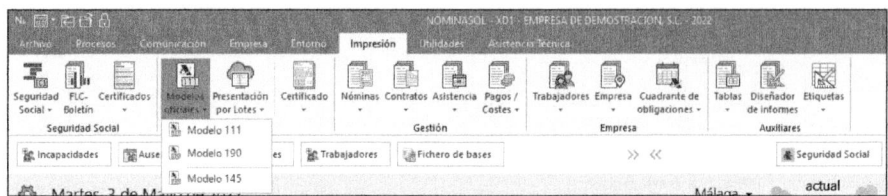

Al seleccionar el botón **Modelo 111,** se mostrará una nueva ventana, que permitirá seleccionar el modelo mensual o trimestral a elaborar, y a través de su barra de herramientas se podrán cargar los datos de forma automática o introducirla manualmente, así como importarlos, guardar la declaración, generar el fichero de transmisión telemática, etc.

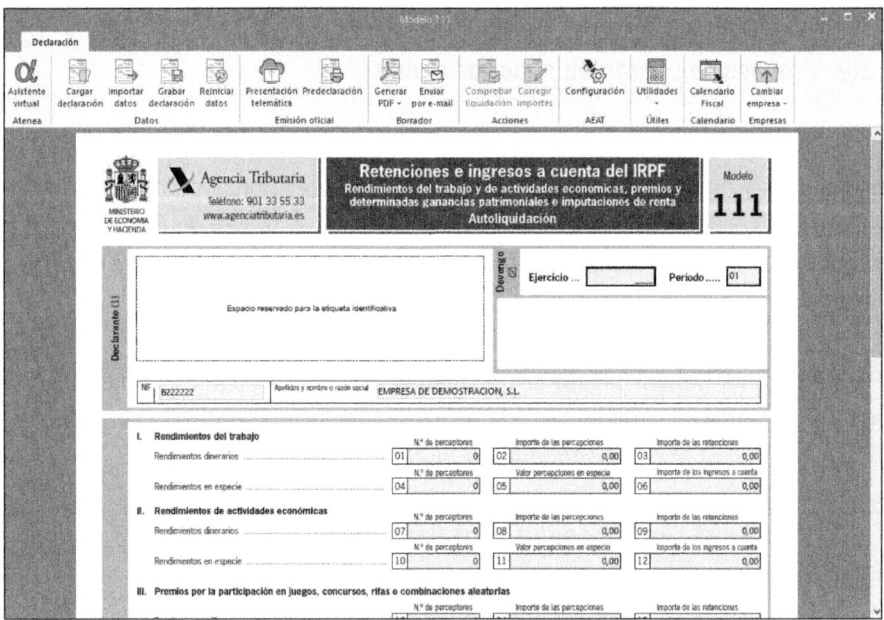

El resto de proceso, como la obtención de los modelos 190, 145 y certificado de retenciones, se realizará de igual forma y seleccionando la correspondiente opción en el grupo **AEAT.**

13.5. Cálculo de la retribución y cotización utilizando medios informáticos. Creación de ficheros para remisión electrónica a la Seguridad Social y a entidades financieras.

Una vez informadas todas las incapacidades y ausencias en *NominaSol*, se procederá al cálculo de las nóminas. Para ello se accederá al primer grupo, **Nóminas** de la ficha **Procesos,** tal como se muestra en la siguiente imagen:

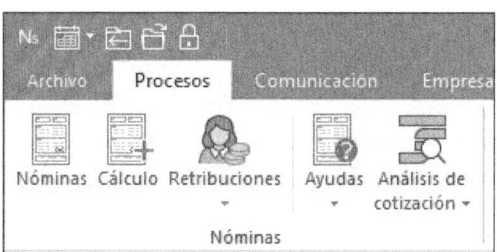

En dicho grupo se podrán visualizar las nóminas ya calculadas de una empresa, realizar simulaciones, calcular nuevas nóminas, acumular sus importes de cara a la confección de impuestos y consultar las nóminas de todas las empresas existentes en el programa de gestión.

Para calcular las nóminas del mes y tras seleccionar la opción **Cálculo,** se mostrará la siguiente ventana:

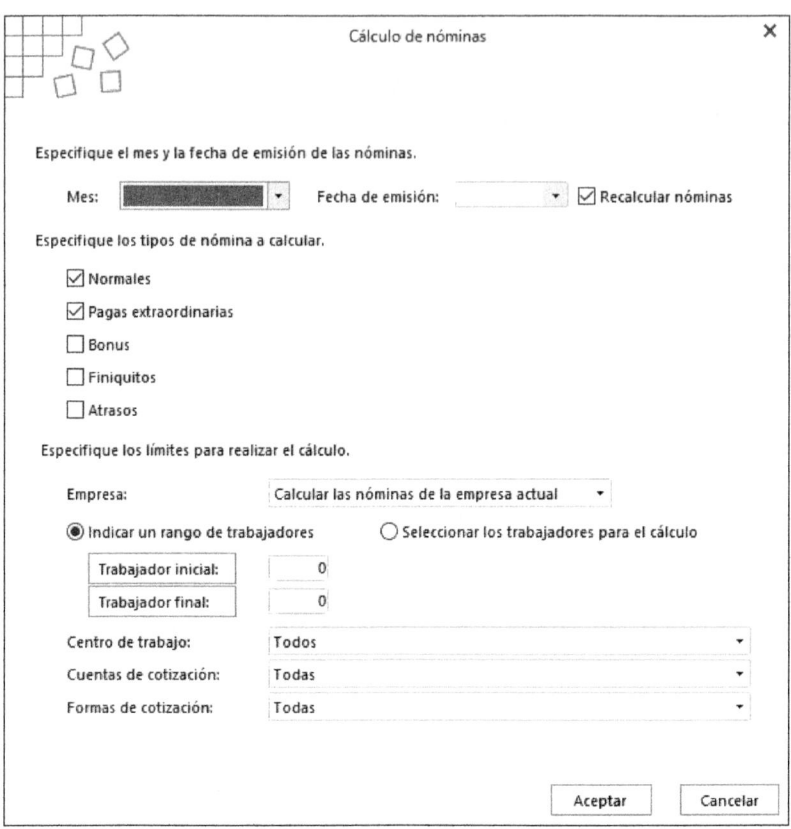

Una vez abierta la ventana de **Cálculo de nóminas,** se deberán especificar datos como: el mes de cálculo, fecha de emisión, el tipo de nóminas a calcular (normales, pagas extras, finiquitos, y atrasos). También se podrá seleccionar la empresa, centro de trabajo, cuenta de cotización y formas de cotización, de la cual se desean obtener las nóminas, así como establecer un rango de los/as trabajadores/as a calcular.

Para iniciar el proceso de cálculo, bastará con pulsar el botón **Aceptar,** mostrándose información sobre el mismo, un mensaje de finalización y el resultado obtenido.

Finalizado el proceso de cálculo de nóminas, la empresa ya está en disposición para proceder:

- **La impresión de las nóminas:** accediendo a la ficha **Impresión,** seguidamente al grupo **Gestión** y pulsando la opción **Nóminas -> Nóminas.** Con ello se abrirá la ventana **Listado de nóminas,** que permitirá establecer una serie de filtros para su posterior impresión.
- **Pago de las nóminas y proceso de liquidación de las cotizaciones,** tal como se verá a continuación.

Pago de las nóminas

Para la generación de un fichero de pago de remisión electrónica a la entidad financiera en *NominaSol,* se accederá a la ficha **Procesos,** grupo **Pagos** y opción **Transferencias.** Seguidamente, se abrirá la ventana **Transferencias bancarias** y para generar el fichero que englobe todas las nóminas se seleccionará la opción **Generar Transferencia** del grupo **Acciones,** tal y como se muestra en la siguiente imagen:

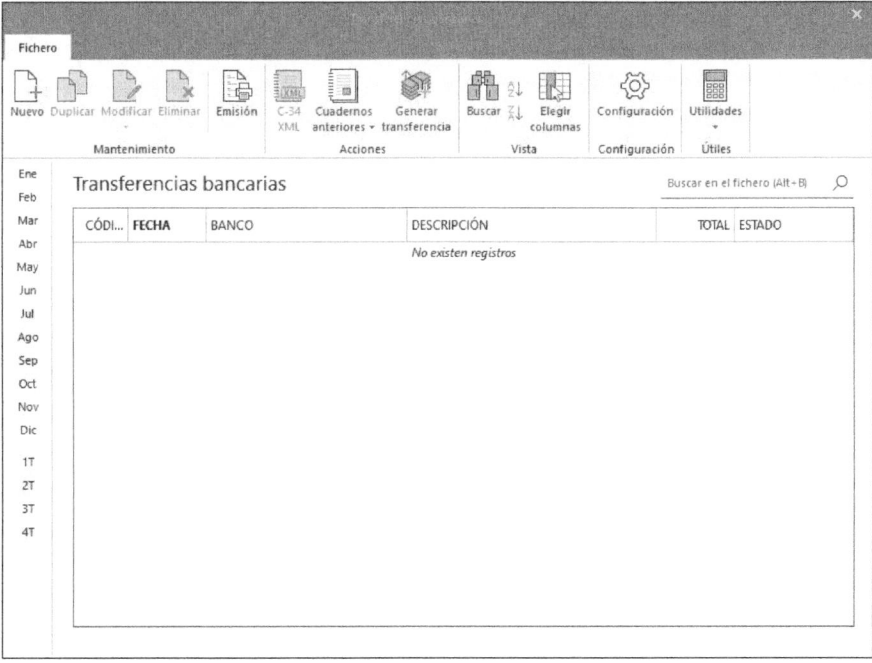

Al seleccionar la opción de **Generar transferencia,** se accederá a la ventana **Cálculo automático de transferencias,** en la cual se determinará el tipo de transferencia, el rango de trabajadores/as y nóminas que se van a pagar mediante transferencias, así como la fecha de emisión de la orden de pago.

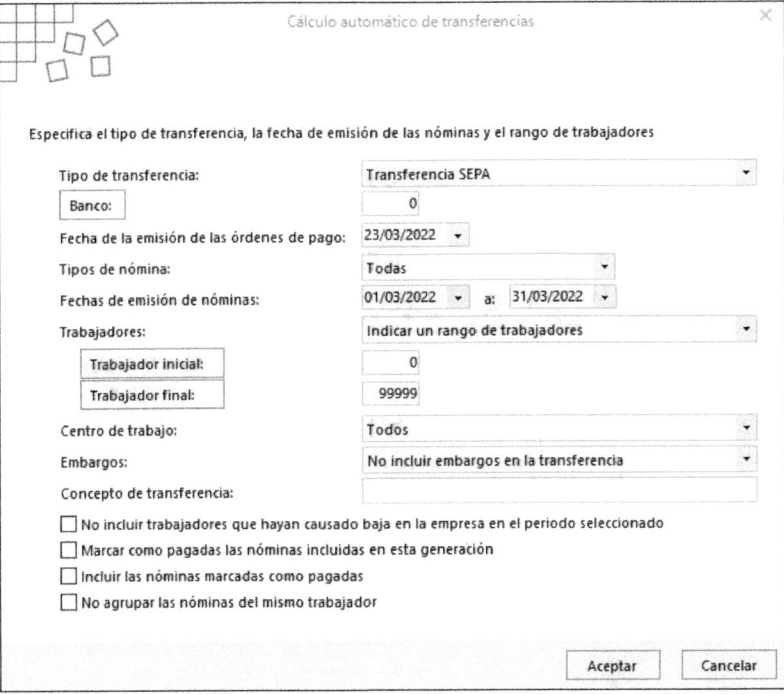

Para generar el fichero de transferencia bastará con pulsar el botón **Aceptar,** mostrándose a continuación el fichero en la ventana **Transferencia bancaria.**

Seguidamente, se deberá procesar el citado fichero para su adaptación al formato requerido por las entidades bancarias (Cuaderno 34) para su posterior transmisión telemática. Para ello se seleccionarán del grupo **Acciones,** los cuadernos que correspondan.

Cotización utilizando medios informáticos

Tal como se ha estudiado con anterioridad, una vez calculadas las nóminas y desde el primer día del mes siguiente al devengo de las mismas, las empresas deberán ingresar las cuotas de la SS y por conceptos de recaudación conjunta, por cada trabajador y trabajadora.

Para ello, las empresas transmitirán telemáticamente a la TGSS, a través del Sistema de Liquidación Directa (SLD), aquellos datos desconocidos por esta, tales como: bases de cotización, número de horas en contrato a tiempo parcial, coeficientes a tiempo parcial en caso de ERE, número de horas extraordinarias, bonificaciones en formación continua, etc.

Dicha transmisión de datos a la TGSS, se llevará a cabo tras la generación de los correspondientes ficheros de cotización mediante las aplicaciones informáticas de gestión laboral, las cuales están adaptadas para la generación y transmisión de dichos ficheros a través de la aplicación SILTRA. En *NominaSol* se deberá acceder al grupo **SILTRA** de la ficha **Comunicación.**

Tal como se ha estudiado con anterioridad, las empresas podrán transmitir diferentes ficheros en materia de cotización a la TGSS, que dependerán del tipo de información a transmitir o que se desea obtener de la propia TGSS.

Las diferentes opciones que se muestran, permitirán generar los diferentes ficheros a transmitir a la Tesorería, según las necesidades y de acuerdo a lo estudiado con anterioridad.

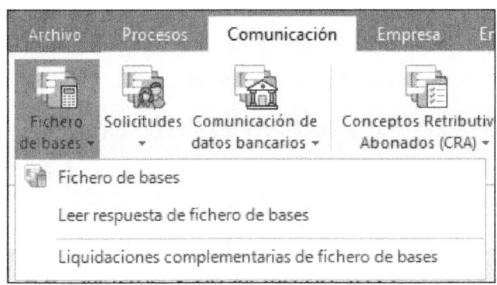

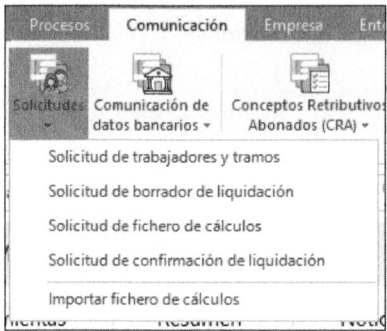

Recuerde

- Fichero de Bases: es el fichero enviado el primer mes de adhesión al SLD, y se usa siempre y cuando sea necesario enviar datos nuevos, como cambios en los trabajadores y las trabajadoras con respecto al mes anterior o nuevas contrataciones.
- Solicitud de Borrador: se usa para declaraciones que no hayan tenido cambios con respecto al período anterior.
- Solicitud de Trabajadores y Tramos: se utiliza para pedir información sobre cotización y tramos del período.

En esta ventana se tendrá que seleccionar el mes de liquidación así como el tipo de nóminas (todas, normales, vacaciones o atrasos) y tipo de cotización (todas, general, de formación, becarios, agrarios, etc.), así como seleccionar las empresas cuyos ficheros de bases se van a generar y determinar si el fichero rectifica uno anterior. Tras pulsar el botón de **Generar,** se procederá a la generación del fichero.

Al seguir la ruta **Fichero de bases -> Fichero de bases,** se mostrará la ventana **Generación del fichero de bases.** En esta ventana se tendrá que seleccionar el mes de liquidación así como el tipo de nóminas (todas, normales, vacaciones o atrasos) y tipo de cotización (todas, general, de formación, becarios, agrarios, etc.), así como seleccionar las empresas cuyos ficheros de bases se van a generar y determinar si el fichero rectifica uno anterior. Tras pulsar el botón **Generar,** se procederá a la generación del fichero.

A través del segundo botón **Leer respuesta de fichero de bases,** el usuario de *NominaSol* podrá descargar las repuestas de la TGSS al envío de fichero de bases.

Con el botón **Liquidaciones complementarias de fichero de bases** se pueden crear los ficheros correspondientes.

Al seleccionar **Solicitud de trabajadores y tramos** de la opción **Solicitudes,** mostrará la siguiente ventana:

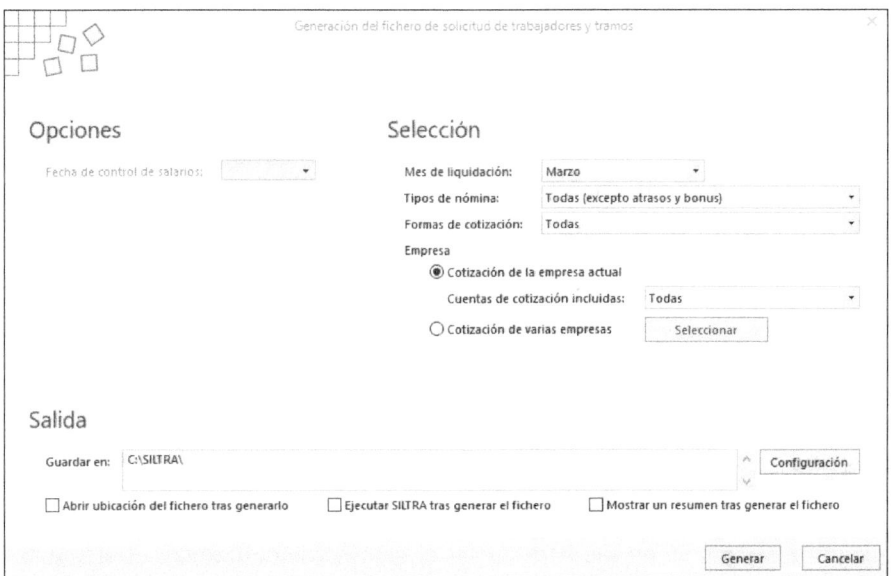

En la ventana **Generación del fichero de solicitud de trabajadores y tramos,** al igual que en el fichero de bases, se tendrá que seleccionar el mes de liquidación, el tipo de nóminas, el tipo de cotización y seleccionar las empresas cuyos ficheros de bases se van a generar. Tras pulsar el botón de **Generar,** se procederá a la generación del fichero.

Al seleccionar el botón **Solicitud de borrador de liquidación,** se mostrará la siguiente ventana:

En la ventana **Generación del fichero de solicitud de borrador,** también se informará de los mismos datos que en el fichero de solicitud de trabajadores y tramos. Además, se puede solicitar la recepción o no de la relación nominal de trabajadores. Tras pulsar el botón de **Generar,** se procederá a la generación del fichero.

Además de las opciones anteriores, que engloban las diferentes solicitudes que utilizarán las empresas para iniciar el proceso de cotización, el programa de *NominaSol* desde la opción **Solicitudes,** permite la generación de:

- **Solicitud de fichero de cálculos:** es un documento de tipo opcional que solo se envía por petición expresa del usuario. El fichero para su petición es la solicitud de fichero de cálculos, donde vendrá detallada la cuenta de cotización y el período sobre el que se hace la consulta. Es meramente informativo de los cálculos que se han realizado para obtener el recibo de liquidaciones y no genera ningún tipo de obligación por parte de ninguno de los implicados.
- **Solicitud de confirmación de liquidación:** las empresas lo utilizarán para transmitir a la TGSS su conformidad con los datos aportados para las liquidaciones enviadas con anterioridad. Dicha confirmación podrá ser

del borrador de una liquidación total o parcial y permitirá la obtención del documento Relación Nominal de Trabajadores (RNT).

- **Importar fichero de cálculo:** a través de esta opción se importa el fichero de cálculos y se comprueban las diferencias con los datos calculados en la aplicación.

Los ficheros generados por las diferentes opciones, serán enviados a la TGSS mediante la conexión con SILTRA, tal como se verá a continuación.

14. Sistema electrónico de comunicación de datos. Autorización, funcionamiento, afiliación y cotización

El sistema electrónico de comunicación de datos que ofrece la Seguridad Social y más conocido como Sistema RED, tiene la finalidad de poder contactar directamente, y gracias a los avances tecnológicos y a la seguridad necesaria, con la Tesorería General de la Seguridad Social. Ofrece por tanto, la posibilidad de acceder a los datos de la empresa y del personal, y facilita el envío de documentos de cotización, afiliación y partes médicos.

El ámbito de actuación del Sistema RED tiene una vertiente dual:

- La afiliación y cotización que se realizan mediante la Tesorería General de la Seguridad Social.
- Los partes de alta y baja médica se hacen a través del Instituto Nacional de la Seguridad Social.

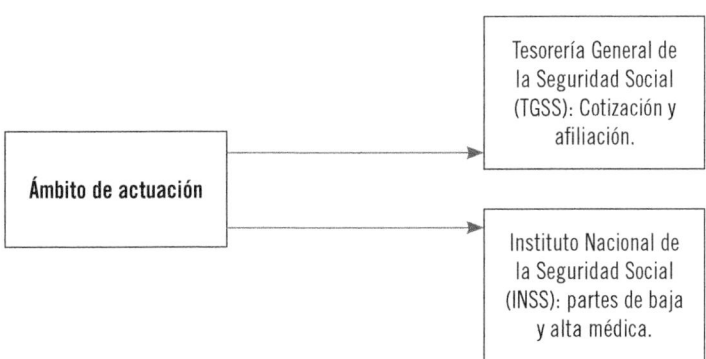

Las principales ventajas que ofrece este sistema son:

- Eliminación del circuito papel.
- Mejora la calidad de los datos.
- Agiliza los trámites con la TGSS.

El Sistema RED incluye a los/as trabajadores/as y empresarios/as que se encuentren en los siguientes regímenes:

- Régimen general (empresas que tengan la obligación de cotizar y estén encuadradas en este régimen).
- Régimen especial de la minería del carbón.
- Régimen especial de los trabajadores del mar.

14.1. Autorización

Para trabajar con Sistema RED (RED Internet, RED Directo y Sistema de Liquidación Directa), es necesario estar autorizado por la Tesorería General de la Seguridad Social, además de estar en posesión de un **certificado digital válido** que garantice la seguridad en la comunicación. Estos certificados se corresponden con todos aquellos admitidos para la realización de operaciones con la Seguridad Social. A través de la Página web de Sistema RED, se puede consultar la lista de certificados digitales válidos, ya que existen diferentes tipos y distintas Autoridades de Certificación.

Una vez obtenido el certificado digital correspondiente, se deberá presentar la **solicitud de autorización al Sistema RED,** que puede ser para actuar en nombre propio o en nombre de otros, siendo en este último caso, o bien a través de la figura de un Profesional Colegiado o bien de un tercero.

? Sabía que...

Cuando se habla de la autorización al Sistema RED, se podrá obtener una autorización para:

▌ RED Directo, que es una autorización que solo se puede utilizar para gestionar cuentas de cotización con un número menor o igual a 15 trabajadores/as.
▌ RED Internet, que es una autorización que no tiene limitaciones en cuanto al número de trabajadores/as.

Este tipo de autorización se puede conceder tanto a persona Física como Jurídica. Al formulario de solicitud se adjuntará la siguiente documentación:

- Fotocopia del DNI, NIE o Pasaporte del solicitante.
- Documentación acreditativa de la Personalidad Jurídica o Física.
- Si es autorización del tipo Profesional Colegiado, será necesario el certificado acreditativo de ello.

En la solicitud de autorización para RED Directo es importante que se especifiquen como máximo tres Códigos de Cuentas de Cotización, para que una vez habilitados, el usuario pueda realizar prácticas en afiliación.

Este trámite se puede realizar tanto de forma presencial en la Unidad de Atención al Usuario de la TGSS o mediante la Sede Electrónica.

Además, es necesario solicitar **la asignación a la autorización de los Códigos de Cuentas de Cotización o NAFs** que se vayan a gestionar. Se puede realizar de forma presencial ante la TGSS o bien mediante el servicio de Gestión de Autorizaciones disponible en Sistema RED Online.

Una vez concedidas las autorizaciones, el usuario está preparado para trabajar con Sistema RED.

14.2. Funcionamiento

El usuario podrá transmitir y recibir información a la Tesorería General de la Seguridad Social, a través de dos medios que se exponen a continuación.

Conectándose directamente a los servicios *online* de Sistema RED (RED internet o RED directo), donde podrá obtener información sobre la empresa y sus trabajadores/as, así como enviar información sobre altas, bajas, variación de datos de trabajadores/as, etc. Para ello, cada vez que el usuario acceda a los servicios de Sistema RED, se le mostrará una primera ventana en la que deberá seleccionar de entre los certificados digitales que tenga instalados en su navegador o en su PC, aquel que esté incluido en la lista de certificados admitidos por la Seguridad Social.

Una vez seleccionado el certificado, así como introducida la contraseña correspondiente, el sistema realiza el proceso de autentificación del usuario. Posteriormente se mostrará una nueva ventana que nos permitirá realizar la inscripción y afiliación, cotización, gestión de partes por incapacidad temporal, consulta de transferencias de ficheros, certificado de empresa maternidad/paternidad, gestión de autorizaciones, gestión de devoluciones y saldos acreedores, y comunicación de conceptos retributivos abonados; todo ello de forma *online,* es decir, en el momento, quedándose la información grabada en las bases de datos de la administración. Dicha ventana es la siguiente:

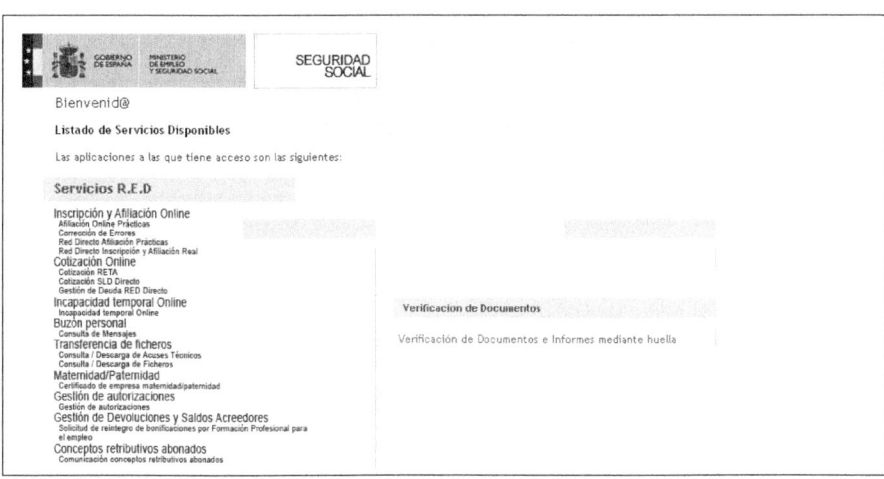

A través de la aplicación SILTRA. Para facilitar la utilización del Sistema RED, la Tesorería General de la Seguridad Social ofrece de manera gratuita en su página web, la aplicación informática denominada SILTRA. Esta aplicación, una vez descargada e instalada, se deberá configurar para una correcta conexión con la administración y con ello permitirá enviar información a la Seguridad Social, a través de la generación de ficheros de datos por los propios programas de gestión laboral, así como recibir información o respuestas a los diferentes trámites iniciados por el propio interesado.

Así que, tanto las tareas de cotización como las de afiliación de trabajadores y trabajadoras (alta, baja, o variación de datos), se podrán llevar a cabo:

- Directamente, es decir, conexión *online* tras acceder a Sistema RED en la página Web de la Seguridad Social.
- Indirectamente, a través del envío de ficheros a Sistema RED por la aplicación de SILTRA.

Ambos métodos permiten realizar casi las mismas gestiones, aunque cada uno presenta sus ventajas e inconvenientes en relación al otro. Por ejemplo, en el proceso de alta de un/a trabajador/a, se podrá observar:

	Ventajas	Inconvenientes
Online	Permite grabar la acción directamente en la base de datos de la Tesorería, tal como si lo realizara un funcionario.	Tiene que introducir todos los datos necesarios para la acción, cuando dichos datos han tenido que ser grabados con anterioridad en el programa de gestión laboral.
SILTRA	Envío de varias acciones en un solo fichero, permitiendo un ahorro en el tiempo al no tener que introducir los datos de cada acción de forma individualizada.	Se necesita validación de los datos del fichero por parte de la Tesorería, implicando la espera de una repuesta.

En los próximos apartados se va a abordar la comunicación de datos mediante la generación de ficheros con el programa laboral y su posterior transmisión a través de SILTRA.

14.3. Cotización

Tras acceder a SILTRA, se muestran las diferentes opciones que permitirán el envío y recepción de ficheros, ya sean de afiliación, cotización o partes de IT, tal como se muestra en la siguiente ventana:

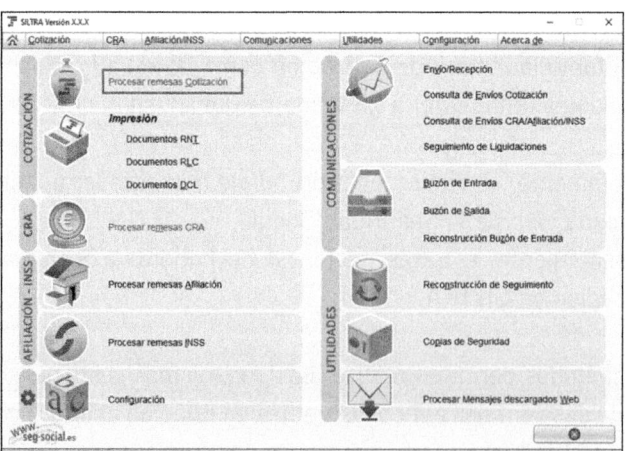

Las empresas, una vez calculadas las nóminas de su personal y cerrado el período, estarán en disposición de dar inicio al proceso de cotización, tal como se ha estudiado con anterioridad, mediante la generación de un fichero (de bases, solicitud de borrador o solicitud de trabajadores y tramos) que transmitirá a la TGSS a través de SILTRA. Para ello, se accederá a la opción de **Procesar remesas Cotización** del grupo de opciones **Cotización,** y a través del botón **Seleccionar,** tal como se puede observar en la siguiente ventana, se podrá localizar el fichero deseado.

Localizado el fichero, el siguiente paso será proceder a la validación del mismo, para ello se pulsará el botón **Procesar,** dando lugar al inicio de la validación del mismo.

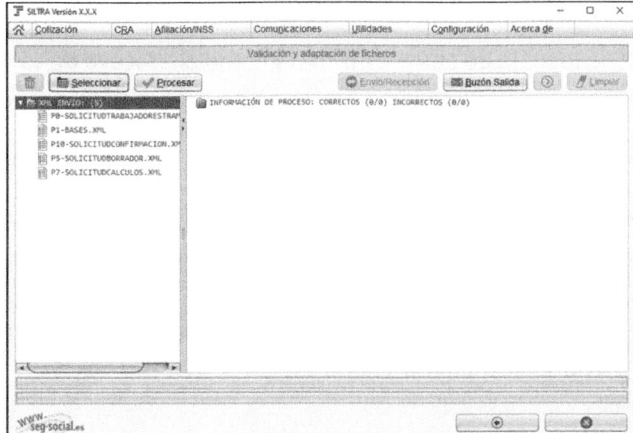

El resultado de dicho proceso podrá dar lugar a:

- **Validación con errores:** se mostrará un mensaje sobre el error e información detallada del proceso.
- **Validación sin errores:** con ello se mostrará un mensaje de que el proceso de validación se ha llevado a cabo con éxito, situándose el fichero en el buzón de salida, de forma que el usuario podrá llevar a cabo alguna de las dos siguientes acciones, para proceder al envío del fichero a la TGSS:

  - Pulsar el botón **Envío/Recepción.**
  - Pulsar el botón **Buzón Salida.**

 Sabía que...

SILTRA permite configurar los procesos de validación y envío de los ficheros, de forma que ambos procesos podrán ser realizados de forma conjunta y en un solo paso. O bien, realizarlo por separado como dos tareas independientes, primero validación y después envío del fichero. Dichas opciones se configurarán en la pestaña de Aplicación, tras acceder a la opción de Configuración de la ventana principal de SILTRA.

Con independencia de como esté configurado el proceso de validación y envío de ficheros, ya sea en un único proceso o en dos, en la transmisión del mismo, se requerirá autentificación del usuario mediante certificado digital válido.

Si la contraseña introducida es errónea, se mostrará una ventana informando de ello. Una vez autentificado con la contraseña correcta, se realizará el envío de los ficheros, quedando informado del éxito del mismo mediante un nuevo mensaje. Finalmente, aparecerá una ventana mostrando el resultado del proceso de envío y recepción de ficheros.

14.4. Afiliación

A través de la aplicación SILTRA se pueden crear, seleccionar y procesar los ficheros de afiliación, para que una vez validados por la TGSS, sean adaptados para su posterior envío.

Estas tareas se realizan desde la opción **Procesar remesas Afiliación,** a la que se puede acceder por dos vías:

- Mediante el menú de navegación superior siguiendo la ruta Afiliación/ INSS -> Procesar remesas Afiliación.
- Desde la ventana principal de la aplicación, accediendo al acceso directo de la opción Procesar remesas Afiliación del apartado Afiliación/ INSS.

Tras acceder a la citada opción se debe elegir entre:

- Seleccionar uno o varios ficheros ya creados por el programa de gestión de personal de la empresa, para que sean procesados por la aplicación SILTRA. Su ventana es:

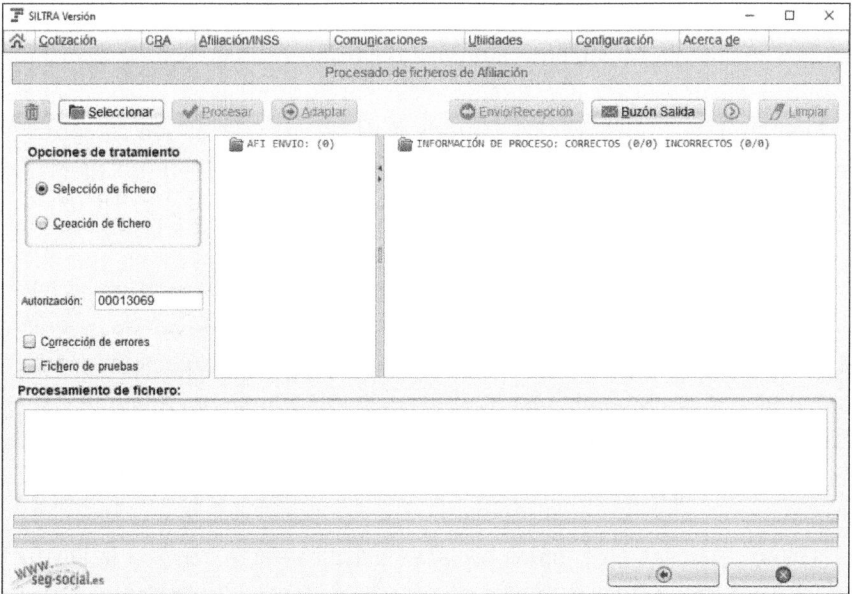

■ Crear un fichero nuevo a través de SILTRA, introduciendo los datos que son requeridos por el asistente de creación. Una vez completados, la aplicación da la opción de adaptar el fichero para enviarlo, guardarlo para tratarlo posteriormente o salir de la aplicación sin guardar. La ventana inicial es:

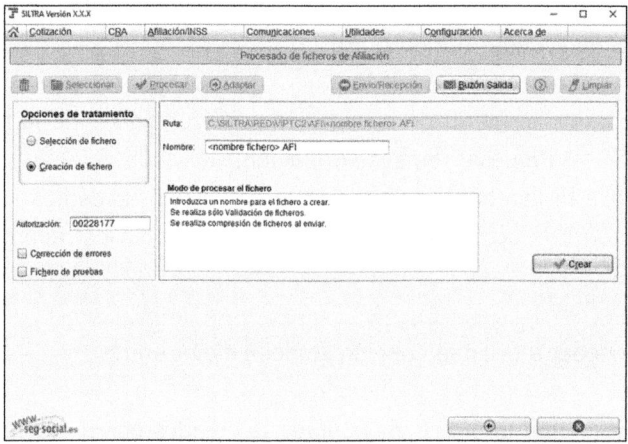

15. Infracciones y Sanciones

Se consideran infracciones administrativas en el orden social, las acciones u omisiones de los distintos sujetos responsables tipificadas y sancionadas en el Real Decreto Legislativo 5/2000, de 4 de agosto, por el que se aprueba el texto refundido de la Ley sobre Infracciones y Sanciones en el Orden Social (LISOS), así como también en las leyes del orden social.

Las infracciones se califican como leves, graves y muy graves en atención a la naturaleza del deber infringido y la entidad del derecho afectado, y serán objeto de sanción mediante previa instrucción del oportuno expediente, conforme con el procedimiento administrativo especial en la materia, a propuesta de la Inspección de Trabajo y Seguridad Social, sin perjuicio de las responsabilidades de otro orden que puedan concurrir.

Las infracciones en el orden social se clasifican atendiendo a la afectación de las siguientes materias: relaciones laborales, prevención de riesgos laborales, empleo, empresas de Trabajo Temporal y empresas usuarias, empresas de inserción, Seguridad Social, movimientos migratorios y trabajo de extranjeros, Sociedades cooperativas y obstrucción a la labor inspectora.

Por lo tanto, las **infracciones laborales** son las acciones u omisiones de los/as empresarios/as contrarias a las normas legales, reglamentarias y cláusulas normativas de los convenios colectivos, ya sean relaciones laborales tanto individuales como colectivas, de colocación, empleo, formación profesional para el empleo, etc., entre las cuales se pueden señalar:

Infracciones leves

- No exponer el calendario laboral vigente.
- No entregar puntualmente al personal el recibo de salarios o no utilizar el modelo aplicable.
- La falta de entrega al personal por parte de la empresa del documento justificativo al que se refiere el artículo 15.9 del ET.
- No informar a los/as trabajadores/as a tiempo parcial, a distancia, a los fijos-discontinuos y a los/as trabajadores/as con contratos de duración determinada, temporal o formativos, sobre las vacantes existentes en la empresa, en los términos previstos en los artículos 12.4, 13.3, 15.7 y 16.7 del ET.
- No informar a las personas trabajadoras sobre los elementos esenciales del contrato y las condiciones de prestación del trabajo.
- Cualesquiera otros incumplimientos que afecten a obligaciones meramente formales o documentales.

Infracciones graves

- Falta de contrato de trabajo por escrito cuando sea exigible o solicitado por el/la trabajador/a o no se haya formalizado el acuerdo de trabajo a distancia según los preceptos legales.
- Transgresión de la normativa de contratación temporal.
- No consignar en el recibo de salarios las cantidades realmente abonadas al trabajador y a la trabajadora.
- Incumplimiento de las obligaciones en materia de tramitación del finiquito.
- Transgresión de las normas sobre el tiempo de trabajo.
- Modificación unilateral de las condiciones de trabajo.
- Incumplimiento del derecho de información y audiencia y consulta a los representantes de las personas trabajadoras.
- Transgresión de derechos de los representantes de las personas trabajadoras y secciones sindicales.

Continúa en página siguiente >>

<< Viene de página anterior

Infracciones graves

- Vulneración de los derechos de las secciones sindicales establecidos legalmente o convencionalmente.
- Establecimiento de condiciones de trabajo inferiores a las reconocidas legalmente o por convenio colectivo.
- Incumplimiento del deber de información a los/as trabajadores/as en caso de contratas (art. 42.3 ET) y sucesión de empresa (art. 44.7 ET).
- No disponer la empresa principal del libro registro de las empresas contratistas o subcontratistas que compartan de forma continuada un mismo centro de trabajo, cuando implique la ausencia de información a los representantes legales de las personas trabajadoras (art. 42.4 ET).
- Incumplimiento de las obligaciones que en materia de planes de igualdad establecen el ET o el convenio colectivo de aplicación.
- Incumplir la prohibición de formalizar nuevos contratos cuando la empresa esté inmersa en un expediente de regulación de empleo temporal.

Infracciones muy graves

- Impago o retrasos reiterados del salario.
- Cesión ilegal de trabajadores/as.
- Proceder al despido colectivo de trabajadores/as o a la aplicación de medidas de suspensión de contratos o reducción de jornada por causas económicas, técnicas, organizativas o de producción o derivadas de fuerza mayor sin acudir a los procedimientos establecidos en los art. 51, 47 y 47 bis del ET.
- Transgresión de las normas sobre trabajo de menores.
- Impedir el derecho de reunión de los/as trabajadores/as, de sus representantes y de las secciones sindicales.
- Impedir el acceso a los centros de trabajo de los cargos electivos de organizaciones sindicales más representativos.
- Transgresión del deber de colaborar en las elecciones sindicales.
- Transgresión de las cláusulas normativas sobre materias sindicales establecidas en convenios colectivos.
- Negativa a la reapertura del centro de trabajo tras el requerimiento de la autoridad laboral en casos de cierre patronal.
- Sustitución de trabajadores/as en huelga por otros no vinculados al centro de trabajo al tiempo de su ejercicio, salvo casos justificados por el ordenamiento.
- Actos contrarios a la intimidad y dignidad de los trabajadores.
- Decisiones unilaterales de la empresa que impliquen discriminaciones directas o indirectas desfavorables o adversas.
- Acoso sexual cuando se produzca dentro del ámbito a que alcanzan las facultades de dirección empresarial.

Continúa en página siguiente >>

<< Viene de página anterior

Infracciones muy graves

- Acoso por razón de origen racial o étnico, religión, convicciones, discapacidad, edad, orientación e identidad sexual, expresión de género o características sexuales y acoso por razón de sexo.
- Incumplimiento por el/la empresario/a de la obligación establecida en el art. 51.10 del ET o de las medidas sociales de acompañamiento asumidas por el empresario en el marco de los procedimientos de despido colectivo.
- Incumplimiento de la proporción mínima de trabajadores/as con contrato indefinido establecida en Ley 32/2006.
- No elaborar o no aplicar el plan de igualdad, o hacerlo incumpliendo manifiestamente los términos previstos.
- El incumplimiento por la empresa de la obligación de instrumentar los compromisos por pensiones con el personal de la empresa en los términos establecidos en la normativa reguladora de los planes y fondos de pensiones.
- No presentar, en tiempo y forma, ante la entidad laboral competente en la gestión de prestaciones, el certificado sobre despido colectivo establecido en el apartado 7 de la DA 16ª de la Ley 27/2011.
- Incumplimiento de la prohibición de contratar a personas que se encuentren registradas en el Registro Central de Delincuentes Sexuales y de Trata de Seres Humanos, en trabajos que supongan un contacto habitual con menores de edad.
- Incumplimiento de la prohibición de externalizar actividades cuando la empresa esté inmersa en un expediente de regulación de empleo temporal.

En cuanto a las **infracciones en materia de Seguridad Social,** atendiendo a la calificación de leves, graves y muy graves, se pueden citar:

Infracciones leves

- No conservar, durante cuatro años, la documentación, registros o soportes informáticos en que se hayan transmitido los correspondientes datos que acrediten el cumplimiento de las obligaciones en materia de afiliación, altas, bajas o variaciones, documentos de cotización, y recibos justificativos de salarios y prestaciones.
- No exponer en lugar destacado del centro de trabajo, dentro del mes siguiente al que corresponda el ingreso de las cuotas, el ejemplar del documento de cotización o copia autorizada del mismo.
- No comunicar en tiempo y forma las bajas del personal que cese en el servicio de la empresa así como las demás variaciones que les afecten, o la no transmisión por medios informáticos, electrónicos o telemáticos.
- No facilitar o comunicar fuera de plazo a las entidades correspondientes los datos, certificaciones y declaraciones que estén obligados a proporcionar, u omitirlos, o consignarlos inexactamente.

Continúa en página siguiente >>

<< Viene de página anterior

Infracciones leves

- No comunicar a la entidad correspondiente cualquier cambio en los documentos de asociación o de adhesión para la cobertura de las contingencias de accidentes de trabajo y enfermedades profesionales, o en su caso, para las contingencias comunes.
- No remitir a la entidad correspondiente las copias de los partes médicos de baja, confirmación de baja o alta de incapacidad temporal, facilitadas por los/as trabajadores/as, o la no transmisión por medios informáticos, electrónicos o telemáticos.

Infracciones graves

- Iniciar su actividad sin haber solicitado su inscripción en la SS; no comunicar la apertura y cese de actividad de los centros de trabajo a efectos de su identificación; no comunicar las variaciones de datos u otras obligaciones establecidas legal o reglamentariamente en materia de inscripción de empresas, incluida la sucesión en la titularidad de la misma, e identificación de centros de trabajo, así como en materia de comunicación en tiempo y forma de los conceptos retributivos abonados a los/as trabajadores/as, o su no transmisión por los obligados o acogidos al uso de sistemas de presentación por medios informáticos, electrónicos o telemáticos.
- No solicitar la afiliación inicial o el alta de los/as trabajadores/as que ingresen a su servicio, o solicitar la misma, como consecuencia de actuación inspectora, fuera del plazo establecido. A estos efectos se considerará una infracción por cada uno de los afectados.
- No ingresar, en la forma y plazos reglamentarios, las cuotas correspondientes que por todos los conceptos recauda la TGSS o no efectuar el ingreso en la cuantía debida, habiendo cumplido dentro de plazo las obligaciones establecidas en art. 26.1 y 2 de la LGSS, siempre que la falta de ingreso no obedezca a una declaración concursal de la empresa, ni a un supuesto de fuerza mayor, ni se haya solicitado aplazamiento para el pago de las cuotas con carácter previo al inicio de la actuación inspectora, salvo que haya recaído resolución denegatoria.
- Incumplimiento de las obligaciones económicas derivadas de su colaboración obligatoria en la gestión de la Seguridad Social.
- Formalizar la protección por accidentes de trabajo y enfermedades profesionales, y en su caso de la incapacidad temporal.
- No entregar al personal en tiempo y forma, cuantos documentos sean precisos para la solicitud y tramitación de cualesquiera prestaciones, incluido el certificado de empresa, o la no transmisión de dicho certificado, en el caso de sujetos obligados o acogidos a la utilización de sistemas de presentación por medios electrónicos, informáticos o telemáticos, conforme al procedimiento establecido.
- No solicitar los/as trabajadores/as por cuenta propia su afiliación y hasta tres altas en el año, en el correspondiente régimen especial de la Seguridad Social o solicitarlas fuera de plazo (exista o no actuación inspectora); o el resto de altas que se produzcan en el año, cuando la omisión genere impago de la cotización correspondiente.

Continúa en página siguiente >>

<< Viene de página anterior

Infracciones graves

- No abonar a las entidades correspondientes las prestaciones satisfechas por estas a los/as trabajadores/as cuando la empresa hubiera sido declarada responsable de la obligación.
- Obtener o disfrutar indebidamente cualquier tipo de reducciones, bonificaciones o incentivos en relación con el importe de las cuotas sociales que corresponda, entendiendo producida una infracción por cada trabajador/a afectado/a, salvo que se trate de bonificaciones de formación profesional para el empleo y reducciones de las cotizaciones por contingencias profesionales a las empresas que hayan contribuido especialmente a la disminución y prevención de la siniestralidad laboral, en la que se entenderá producida una infracción por cada empresa y acción formativa.
- Solicitud de afiliación o del alta de los/as trabajadores/as que ingresen a su servicio fuera del plazo establecido al efecto, cuando no mediare actuación inspectora, o su no transmisión por los obligados o acogidos a la utilización de sistemas de presentación por medios informáticos, electrónicos o telemáticos.
- No comprobar por empresarios y las empresarias que contraten o subcontraten con otros la realización de obras o servicios correspondientes a la propia actividad de aquellos o que se presten de forma continuada en sus centros de trabajo, con carácter previo al inicio de la prestación de la actividad contratada o subcontratada, la afiliación o alta en la Seguridad Social de los trabajadores y las trabajadoras que ocupen en los mismos, considerándose una infracción por cada uno de ellos.
- No llevar a cabo dentro del plazo reglamentario el alta y cotización por los salarios de tramitación y por las vacaciones devengadas y no disfrutadas antes de la extinción de la relación laboral.
- No comunicar a la entidad gestora de la prestación por desempleo, con carácter previo a su efectividad, las medidas de despido colectivo o de suspensión o reducción de jornada, en la forma y con el contenido establecido reglamentariamente, así como la no comunicación, con antelación a que se produzcan, de las variaciones que se originen sobre el calendario inicialmente dispuesto, en relación con la concreción e individualización por trabajador/a de los días de suspensión o reducción de jornada, así como en este último caso, el horario de trabajo afectado por la reducción.
- Dar ocupación, habiendo comunicado el alta en la Seguridad Social, a trabajadores/as, solicitantes o beneficiarios/as de pensiones u otras prestaciones periódicas de Seguridad Social, cuyo disfrute sea incompatible con el trabajo por cuenta ajena.
- Incumplir, las entidades de formación o aquellas que asuman la organización de las acciones formativas programadas por las empresas, los requisitos de cada acción formativa establecidos por la normativa específica sobre formación profesional para el empleo, cuando haya dado lugar al disfrute indebido de bonificaciones en el pago de cuotas, salvo cuando la infracción sea calificada como muy grave de acuerdo con el artículo siguiente. Dichas entidades responderán solidariamente de la devolución de las cantidades indebidamente bonificadas por cada empresa y acción formativa. Se entenderá una infracción por cada empresa y por cada acción formativa.
- Comunicar la baja en el régimen general de la Seguridad Social y continuar la misma actividad laboral o prestación de servicios en un régimen de trabajadores/as por cuenta propia.

Infracciones muy graves

- Dar ocupación como trabajadores/as a beneficiarios/as o solicitantes de pensiones y otras prestaciones periódicas de la Seguridad Social, cuyo disfrute sea incompatible con el trabajo por cuenta ajena, cuando no se les haya dado de alta en la Seguridad Social al inicio de su actividad.
- No ingresar, en la forma y plazos reglamentarios, las cuotas correspondientes que por todos los conceptos recauda la TGSS, no habiendo cumplido dentro de plazo las obligaciones recogidas en art. 26.1 y 2 de la LGSS, así como actuar fraudulentamente al objeto de eludir la responsabilidad solidaria, subsidiaria o mortis causa en el cumplimiento de la obligación de cotizar o en el pago de los demás recursos de la Seguridad Social.
- Realizar declaraciones, o facilitar, comunicar o consignar datos falsos para que los/as trabajadores/as obtengan o disfruten fraudulentamente prestaciones.
- Pactar con sus trabajadores de forma individual o colectiva la obligación de pagar total o parcialmente la prima o parte de cuotas a cargo de la empresa.
- Incrementar indebidamente la base de cotización del/de la trabajador/a de forma que provoque un aumento en las prestaciones que procedan, o la no contratación laboral real para la obtención indebida de prestaciones.
- Efectuar declaraciones o facilitar, comunicar o consignar datos falsos o inexactos, que ocasionen liquidaciones, deducciones o compensaciones fraudulentas en las cuotas a satisfacer a la Seguridad Social, o incentivos relacionados con las mismas.
- No facilitar al organismo público correspondiente los datos identificativos de titulares de prestaciones sociales económicas, los de los beneficiarios, cónyuges y otros miembros de la unidad familiar; o importes, clase de prestación y fecha de efectos de su concesión.
- Incurrir las empresas, las entidades de formación o aquellas que asuman la organización de las acciones formativas programadas por las empresas, en el falseamiento de documentos o en la simulación de la ejecución de la acción formativa, incluida la teleformación, para la obtención o disfrute indebido de bonificaciones en materia de formación profesional para el empleo. Se entenderá una infracción por cada empresa y por cada acción formativa.
- Incumplir la obligación de suscribir el convenio especial en los supuestos establecidos en el artículo 51.9 del ET.
- Dar ocupación a los/as trabajadores/as afectados por la suspensión de contratos o reducción de jornada, en el período de aplicación de las medidas de suspensión de contratos o en el horario de reducción de jornada comunicado a la autoridad laboral o a la entidad gestora de las prestaciones por desempleo, en su caso.
- Retener indebidamente, no ingresándola dentro de plazo, la parte de cuota de Seguridad Social descontada a sus trabajadores o efectuar descuentos superiores a los legalmente establecidos, no ingresándolos en el plazo reglamentario.
- Incumplimiento de los reglamentos europeos sobre la normativa de seguridad social aplicable, cuando dicho incumplimiento ocasione la inscripción o el alta en el sistema, de empresas o personas trabajadoras; u ocasione la falta de tal inscripción o alta, en el caso de personas trabajadoras procedentes de otro Estado miembro de la UE y que se hayan desplazado a España para prestar sus servicios por cuenta propia o ajena.

Las sanciones por las infracciones tipificadas en los epígrafes anteriores que se podrán imponer en los grados de mínimo, medio y máximo, según los criterios establecidos, sancionando en el máximo de la calificación toda infracción consistente en la persistencia continuada de su comisión.

La facultad de imposición de sanciones en el orden social corresponde al ministerio competente en materia de trabajo, tras la instrucción del oportuno expediente sancionador a propuesta de la Inspección de trabajo y Seguridad Social.

Una vez que las infracciones han sido calificadas, las sanciones se graduarán conforme a la negligencia e intencionalidad del sujeto que comete la infracción, incumplimiento de las advertencias previstas y requerimientos de la Inspección, cifra de negocios, número de trabajadores/as o de beneficiarios/as afectados/as en su perjuicio causado y cantidad defraudada, y se aplicará la multa prevista.

La cuantía de las sanciones dependerá de la materia, de su calificación en leve, grave o muy grave, y de la graduación en mínimo, medio y máximo.

Las infracciones en materias de relaciones laborales y empleo, Seguridad Social, movimientos migratorios, trabajo de extranjeros, de empresas de trabajo temporal y usuarias y por obstrucción de la labor inspectora, se sancionarán, con carácter general, con:

Infracciones			
Tipificación/Grado	Mínimo	Medio	Máximo
Leves	70 a 150 €	151 a 370 €	371 a 750 €
Graves	751 a 1.500 €	1.501 a 3.750 €	3.751 a 7.500 €
Muy graves	7.501 a 30.000 €	30.001 a 120.005 €	120.006 a 225.018 €

De forma particular, las infracciones graves en materia de Seguridad Social previstas en el artículo 22.3 de la LISOS, consistentes en no ingresar, en forma y plazo, las cuotas correspondientes que por todos los conceptos recauda la

TGSS, o no efectuar el ingreso en la debida cuantía, habiendo presentado los documentos de cotización, siempre que la falta de ingreso no obedezca a una situación extraordinaria de la empresa y que dicho impago de cuotas y conceptos de recaudación conjunta no sea constitutivo de delito, se sancionarán con la multa siguiente:

- **Grado mínimo,** con multa del 50 % al 65 % del importe de las cuotas de Seguridad Social y demás conceptos de recaudación conjunta no ingresados, incluyendo las cuantías por recargos, intereses y costas.
- **Grado medio,** con multa del 65,01 % al 80 %.
- **Grado máximo,** con multa del 80,01 % al 100 %.

Asímismo, las infracciones muy graves en materia de Seguridad Social previstas en el artículo 23.1.b) de la LISOS, consistentes en no ingresar, en forma y plazo, las cuotas correspondientes que por todos los conceptos recauda la TGSS, no habiendo presentado los documentos de cotización ni utilizado los sistemas de presentación por medios informáticos, electrónicos o telemáticos; así como, retener indebidamente la parte de cuota de la Seguridad Social descontada a sus trabajadores/as o efectuar descuentos superiores a los legalmente establecidos, siempre que no sea constitutivo de delito, se sancionarán con la multa siguiente:

- **Grado mínimo,** con multa del 100,01 % al 115 % del importe de las cuotas de Seguridad Social y demás conceptos de recaudación conjunta no ingresados, incluyendo las cuantías por recargos, intereses y costas.
- **Grado medio,** con multa del 115,01 % al 130 %.
- **Grado máximo,** con multa del 130,01 % al 150 %.

 Nota

El artículo 40 de la Ley sobre Infracciones y Sanciones en el Orden Social recoge la totalidad de las cuantías por sanción aplicables a las infracciones tipificadas.

16. Resumen

En este último capítulo se ha estudiado los regímenes que integran el Sistema de la Seguridad Social, así como los procesos de inscripción de las empresas y de su personal a los mismos.

Estos regímenes se engloban dentro de dos categorías: Régimen general y Regímenes especiales.

La formalización de los diferentes procesos de afiliación de la plantilla se realiza a través del modelo TA.1, para ello previamente la empresa se ha tenido que inscribir como tal en la Seguridad Social y obtener su correspondiente cuenta de cotización.

La contratación de trabajadores/as conlleva la obligación empresarial de abonarle sus nóminas, en forma y plazo, las cuales van a tener una estructura salarial determinada y van a facilitar información sobre los diferentes conceptos retributivos así como de las diferentes bases de cotización y la base sujeta a retenciones por IRPF.

Gracias a la tecnología, las tareas propias del departamento laboral se gestionan con la ayuda de aplicaciones informáticas de gestión, que permiten calcular nóminas, generar los ficheros necesarios de cotización y modelos de liquidación de retenciones, para su posterior transmisión telemática a las Administraciones públicas.

En este sentido, todas las gestiones y comunicaciones a la administración competente deben realizarse de forma correcta, en forma y plazo. En caso de no ser así, podrían dar lugar a infracciones y sanciones en el ámbito laboral y de la Seguridad Social, derivadas estas de incumplimientos empresariales, contractuales, de no cumplimiento de plazos y entrega de documentación, etc.

Ejercicios de repaso y autoevaluación

1. ¿Qué es el salario?

_____
_____
_____
_____

2. Indique los tipos de salarios que existen.

_____
_____

3. Complete la siguiente fórmula:

Salario neto	=		-	

4. Complete el siguiente texto:

La comunicación de _____ de un/a trabajador/a debe realizarse antes del _____ de la prestación de servicio, mientras que las de _____ o variación de datos deberán de realizarse en un plazo máximo de _____ días naturales.

Los justificantes de las altas, bajas y _____ de datos deben ser _____ por empresario/a durante un periodo de tiempo de _____ años.

5. Enumere las características del Salario Mínimo Interprofesional.

_____
_____
_____
_____

6. Una con flechas la opción correcta:

Componentes personales

Componentes de
puesto de trabajo

Antigüedad

Nocturnidad

Conocimientos especiales

Peligrosidad

7. ¿Cuántas pagas extraordinarias mínimas tiene el/la trabajador/a al año?

_____

_____

8. Complete la siguiente figura:

		REGÍMENES DE LA SEGURIDAD SOCIAL		

9. Indique si la siguiente afirmación es verdadera o falsa.

El/La empresario/a no tiene la obligación de inscribir a la empresa en la Seguridad Social.

☐ Verdadero
☐ Falso

10. Defina tipo de cotización.

_____

_____

Bibliografía

Monografías

▌ CARMONA Ruiz, A.: *Retribuciones salariales, cotización y recaudación.* Antequera: IC Editorial, 2023.

▌ CHICANO Tejada, E.: *Cálculo de prestaciones de la Seguridad Social.* Antequera: IC Editorial, 2023.

▌ GARCÍA Segura, V.: *Básico de Prevención de Riesgos Laborales para el Sector Oficina.* Antequera: IC Editorial, 2023.

▌ JIMENEZ García, A.: *Ley Orgánica de Protección de Datos Personales y garantía de los derechos digitales.* Antequera: IC Editorial, 2023.

▌ JIMÉNEZ García, A.: *Gestión de Personal. Nóminas.* Antequera: IC Editorial, 2024.

Legislación

▌ Constitución Española de 1978.

▌ Reglamento (UE) 2016/679, del Parlamento Europeo y del Consejo, de 27 de abril de 2016.

▌ Ley Orgánica 3/2022, de 31 de marzo, de ordenación e integración de la Formación Profesional.

❙ Ley Orgánica 3/2018, de 5 de diciembre, de Protección de Datos Personales y Garantía de los derechos digitales.

❙ Ley 58/2003, de 17 de diciembre, General Tributaria.

❙ Ley 31/1995, de 8 de noviembre, de prevención de Riesgos Laborales.

❙ Real Decreto Legislativo 2/2015, de 23 de octubre, por el que se aprueba el texto refundido de la Ley del Estatuto de los Trabajadores.

❙ Real Decreto Legislativo 8/2015, de 30 de octubre, por el que se aprueba el texto refundido de la Ley General de la Seguridad Social.

❙ Real Decreto Legislativo 5/2000, de 4 de agosto, por el que se aprueba el texto refundido de la Ley sobre Infracciones y Sanciones en el Orden Social.

❙ Real Decreto 39/1997, de 17 de enero, por el que se aprueba el Reglamento de los Servicios de Prevención.

Textos electrónicos, bases de datos y programas informáticos

❙ Agencia Tributaria, de: <https://sede.agenciatributaria.gob.es/>.

❙ Fundación estatal para la formación en el empleo, de: <https://www.fundae.es/>.

❙ Página web de software DelSol, NominaSol, de: <https://www.sdelsol.com/>.

❙ Servicio Público de Empleo Estatal, de: <http: www.sepe.es>.

❙ Seguridad Social, de: <http://www.seg-social.es>.